數位時代
社會傳播

Social Communication
in Digital Genesis

◉作者— 黃葳威

理想與現實的橋樑──趙序

《數位時代社會傳播》是一本探討數位科技變革中，社會傳播過程多個議題的整體性研究。作者黃葳威博士匯合社會心理學者賀夫蘭（Carl Hovland）等人的理論模型，化約為「媒體近用」、「訊息產製」和「環境結構」三大面向，旁徵博引，深入探討，對於有心鑽研數位媒體與閱聽行為互動的讀者，本書將提供極為完備的認知。

「近用篇」論及身處數位時代的閱聽大眾，尤其是學習中的青少年或高齡銀髮族，使用數位媒體的動機與行為。「產製篇」聚焦於生產者和產製過程，諸如紙媒的議題設定以及傳統媒體轉型網路直播的實際經驗。「結構篇」集中在影響社會傳播過程的三個環境因素：媒體的自律約束、新科技帶來的產業變革和國家管理政策。

當然，本書的宗旨不限於傳播實證研究的論述，更高層次的寓意實為對現代人類所共同承擔的社會責任（social responsibility）給予全面觀照。作者先後指認本地報刊的議題取捨常以「隱善揚惡」為尚，而主流電視的「網路新聞自律公約」也多係聊備一格，凡此皆對閱聽大眾的自主意識與人格養成無益。換言之，時下的台灣媒體似乎愈來愈忽視本身對公眾社會的責任。

作者的筆觸從媒體擴及到企業與大學。企業社會責任論（CSR）已成國際社區共識，而大學的社會責任（USR）近來也被歐美與亞洲各國高教機構納為校務發展方針。無論校園綠能、地方創生、兒童福利、公衛健康、文化保護、社會平等、民主參與或國際合作等等攸關人類社會永續發展的重要課題，都成為大學在教學、研究之外的重要服務項目。由此觀之，今

日的大學欲成其為「世界一流學府」，必須採取有效的策略和措施去教化社會、改善環境、濟助弱勢，並投注大筆心力於籌謀解決未來世代所將面臨的生存和發展問題。我相信，在立即的將來，會有許許多多長年固守教室、研究室、實驗室或圖書館中的高級知識分子被迫走出戶外，以擴充視野，造福大眾，真正做到「以天下國家為己任」。

談到台灣的廣電事業，總讓人大興不堪回首之慨。早年由於黨政軍壟斷媒體經營，易於形成市場規模，曾經創下人才輩出、節目優質、業務鼎盛、利潤豐厚的榮景，惟在民主浪潮衝擊下，終告解體；此後，台灣視聽媒體的天空雖日益開放，經營權亦由政治力轉為商業力來支配，但囿於市場狹小、競爭者眾，以及政府政策未能與時俱進，非僅無助於產業振興，反致江河日下，遠落於韓、日、大陸之後。千禧年後的網路傳播與近年來的數位匯流席捲全球市場，造成媒體樣態徹底改變，然而改變未必一定帶來轉機，畢竟現代傳播科技產業複雜多變，投資經營者若根本難於在客觀環境中生存，專業媒體人即使滿懷理想，恐怕也落得有志難伸、無枝可棲，連帶犧牲的更是大眾殷殷期待的社會責任。平心而論，台灣廣電事業的學術、實務、市場和法規政策面，從來不曾口徑一致、攜手前行，原因之一厥為理想與現實之間的距離太過遙遠。

不久前，國際媒體報導過幾件與數位經濟有關的大新聞。第一，是川普政府為保障 5G 產業的全球霸權，宣布全方位封鎖華為科技；第二，是北京當局下令 OTT 匯流業者連袂「出海」，向全世界傳遞中華文化並「講好中國故事」；第三，則是歐盟規定 Netflix 等 OTT 巨擘在片庫中至少存放 30%的在地內容，替當地業界注入活水。反觀台灣的媒體政策制訂者，除了層層管制之外，究竟能否端出促進正向經營以振興產業的積極做法？

本書作者黃葳威博士不但精研理論、發表著述、作育英才，也長期穿梭於媒體產業、主管官署及第三部門之間，或提供諮詢、或推動改革、或參與立法、或投入公益，更能直面傳媒科技的日新月異，舉出獨到見解與

創新之道，允稱國內罕見的傳播學者。有鑑於黃教授多年來在業學兩界的卓越表現，謹以此序賀其新作付梓，也衷心寄望她在傳播學理、知識良心與產業現實之間扮演起橋樑的角色，為科技巨變下的華文媒體以及有志投身傳播事業的莘莘學子們，做出更大的貢獻。

謹誌

於指南山下

2020.06.08

數位時代社會責任——郭序

　　大學教授寫書通常有三種類型，第一類型是撰寫專業的教科書，這樣的教科書除了自己研究及教學的心得，也參考諸多學者的文獻加以整理；第二類型的撰寫，是將自己的研究或教學心得創作，這一類的創作大部分來自自己心得，所以原創性比較高，也可有較多的特色；最難的是第三類型，是學者將自己的研究心得，以較為學術的方式呈現，並將學術的文章集結成冊，彼此前後有一定的邏輯與理論貫串。在台灣大部分的學者仍然是以第一類型與第二類型為主，第三類型的學術出版專書其實非常少。

　　葳威的這本書就是屬於第三類型的學術型創作，在本書中你可以讀到九章文章，每一章可獨自閱讀，都有自己完整的起承轉合，有嚴謹的文獻、有理論的介紹、有研究方法的敘述、有實證研究、最後有研究成果說明。本書八章文章亦可分類成近用篇、產製篇、結構篇，前後連貫，自成體系，構成數位時代社會傳播的專書，值得一看。

　　本書前言第一章就提到大學應盡到社會責任，看起來葳威本身有著這樣的理念，做為一個大學教授，她也在具體的呈現一位大學教授的社會責任。「文以載道」，她以傳播學者的身分，闡明在數位時代下社會傳播新義。

　　我們常常以為科技是改善世界最重要的因素，尤其目前數位科技當道，更是改善世界最大的助因。無可諱言數位科技確實有這樣的功能，但是觀察整個商業世界的運作，卻發覺好的科技要創造好的商業模式也是困難重重，如果沒有辦法成為一個好的商業模式，再多的科技也難以在市場上生存。但是，有好的商業模式，卻常對我們的社會、法治帶來巨大的衝擊，例如共享經濟、社群網路、新媒體等等，所以社會、法治常是文明演

進下最具衝擊的因素。

　　葳威在本書以社會傳播的角度，提供一個宏觀的視野，闡明在數位時代下社會傳播所面臨到各類影響，本書啟發我們更多的思考空間，也讓我們看到在科技、商業當道之下，做為一個社會傳播者的發聲。書中提到諸多問題，需要我們面對，也希望讀者能在本書中找到對你的啟示，共同關注數位時代的社會傳播。

郭瑞祥　謹誌

台大管理學院商研所教授

台大創創中心主任

柳暗花明又一村——自序

教育心理學者杜威（John Dewey）相信，經驗始終是一個動態的雙向過程。「體驗永遠是交換的結果，發生在個人與身處的環境之間」。

整理與傳播結緣的日子才發現，自己是「做中學、學中做」的實踐者。

英國成人教育學者賈維斯（John Jarvis）認為，學習結合個人一生中各種歷程，主張人們的經驗深植於個人各自的生涯。

中學時代，仁愛國中成為國內視聽教育的實驗校園，攝影棚就在我的教室對面，每當攝影棚錄製教學節目，需要助手時，地利之便，常自告奮勇加入製播團隊。高中課堂常可正當性地請公假去校刊室，編輯《北一女青年》校刊，讓我在煩躁不安、調皮搗蛋的青春期，可以開心度過。

進入新聞系升大二的那一年夏天，高中學姊常玉慧建議我參加暑期記者營後，大學期間便一直擔任幼獅社暨電台特約記者，並經恩師歐陽醇老師推薦替中央副刊、自由青年撰寫專題報導；大四晚上到中視國際新聞組擔任實習編譯；這些點點滴滴，豐富了大學生活。

大學畢業的暑假，因著高中教官的介紹，進入華視視聽中心服務；爾後考進聯合報系《民生報》編輯部任文字記者；趁著研究所寒假期間，申請到 ICRT 實習；這些半工半讀經歷成為自己就讀研究所期間，理論實務印證的養分。

赴德州大學奧斯汀校區攻讀廣播電視電影研究所的第一個暑假，婉拒前往休士頓華文媒體工作，希望自己可以專心讀博士班。返台應聘到天主教輔仁大學大眾傳播所任教，婉謝當時《聯合晚報》主編方紫苑邀請兼任週末版專題記者（撰寫本書自序前，《聯合晚報》宣布停刊）。

　　申請轉任教政大傳播學院後，極高密度的整合教學研究，完成教授升等接系所主管階段，開始思考自己如何讓往後的日子，心意更新而變化。

　　為了研究宗教傳播，我趁年休假去讀衛理神學院聖經研究；為了支援國際傳播碩士班英語授課，申請進修英語教學碩士學程；為了印證白絲帶關懷協會會務，推動兒少權益立法並創立網路內容防護機構計畫辦公室，又利用年休假到台灣大學管理學院進修EMBA。

　　1999年開始推動白絲帶關懷行動，2004年在政大公企中心成立數位文化行動研究室，展開全台資訊素養社區兒少、家庭、樂齡服務。2005年起開設「社區與參與傳播」服務學習課程，承辦跨部會辦公室七年後，2020年有幸再度和重視人文關懷的政治大學團隊，一起實踐大學社會責任，深入偏鄉離島進行數位文化美感在地創生。

　　服務社區樂齡的過程，好似重溫與先父母相處的暖心記憶。整理這些日子的行動實踐、體驗學習與研究論述，匯集本書。

　　面對資訊社會的急遽發展，《數位時代社會傳播》一書從數位匯流角度，檢視閱聽接收者的社會資本、社會資本類型、社群與網路直播，以及相關理論實例分析。

　　全書爬梳數位時代社會傳播模式的要素，並介紹大學社會責任、服務學習的緣起及推動。從近用、產製、結構等三層面，依序呈現數位時代直播模式、家庭傳播、樂齡媒體近用權、兩岸影音匯流、網安治理等社會傳播案例與實證。

　　賈維斯（Jarvis）將社會互動作為情感、行動和反思之外的變革活動。也就是說，我們可以學習並將對他人世界的理解，界定為一種互動的社會過程。進入偏鄉離島服務的過程，結識許多默默付出的榜樣，看到生命的多樣及美好。謝謝在每一站認識的老師與朋友。

　　人生柳暗花明又一村。特別感謝趙怡副校長、郭瑞祥主任撥冗寫序，謝謝李永得部長、林紀慧院長、邱志偉博士、吳俊彥執行長、范巽綠政務

次長、侯西峰董事長、胡心慈博士、胡青中董事長、郭昭佑院長、張立博士、張庭翡副總裁、賴士葆教授，推薦《數位時代社會傳播》的出版。

家人無盡的支持與包容，讓我可以學習享受、調整自己的步伐。呂頤姍小姐、林卓安先生協助本書校對，揚智出版社團隊協助編排校訂等，在此一併致謝。

黃葳威 謹誌

於大學社會責任USR計畫辦公室／

數位文化行動研究室

目　錄

第一章

數位時代社會傳播

第一節　前言

「睿智始於我們對未來負有責任，而非來自數算過往。」（George Bernard Shaw）

「承擔社會責任，大學始得永續。」（Craig Mahoney）

身處資訊社會的洪流，亞歐基金會副執行董事，也是藝評劇作家——黎阮國慶（Le Nguyen Quoc Khanh）在「第二屆亞歐教育論壇」引用蕭伯納（George Bernard Shaw）的名言，黎阮國慶（Nguyen Quoc Khanh, 2011）認為，「對未來負責，不僅適用於個人，且適用於整個社會」。

蘇格蘭西部大學副校長——馬奧尼（Craig Mahoney）關注大學社會責任，語重心長地強調（Weiss, 2016）：「我們需要更具創造力和更有效地思考，如果我們不承擔社會責任，大學就沒有前途。」

面臨不斷變化的環境，大學需要重新審視自己的角色，承擔大學社會責任（university social responsibility, USR），促進社會永續發展。

2011 年「第二屆亞歐教育論壇」以「知識社會」為主題，「亞歐基金會高等教育計畫」和奧地利因斯布魯克大學（University of Innsbruck）邀集 26 位來自亞洲和歐洲大學主管和學者專家、公／私部門利益關係代表、媒體從業人員……偕同研商大學與社會責任。

「如何推動知識社會中的大學社會責任？」早在 2009 年「第一屆亞歐會議校長會議」、2010 年「第二屆亞歐會議校長會議」，先後對大學社會責任進行雙重詮釋（Shawyun, 2011）：

1.角色扮演：如進行研究，並提供政治、經濟、生態、技術、文化和其他社會進步的高等教育等多面向的角色扮演。

2.服務取向：社會上涉及與公平有關的各面向（含接近權等）。

「大學社會責任」借鏡於「企業社會責任」（corporate social responsibility），後者已被廣泛討論、辯證解釋（Friedman, 1962, 1970; Caroll, 1974, 1991; Davis, 1973; Epstein & Roy, 2001）與研究應證（Dahlsrud, 2008; Heslin & Ochoa, 2008）。企業社會責任文獻有從：企業的社會績效（Hocevar & Bhambri, 1989; Sethi, 1979; Preston Ed., 1978; Ullmann, 1985; Wartick & Cochran, 1985; Wood, 1991）、對財務底線的影響（Margolis & Walsh, 2003; Orlitzky, Schmidt & Rynes, 2003）、公司的競爭力（Kong, Salzmann, Steger & Lonescu-Somers, 2002; Burke & Logsdon, 1996; Porter & Kramer, 2002, 2006; Weber, 2008）等多方角度分析應證。

哈佛管理學院學者麥克‧波特（Michael Eugene Porter）及柯雷默（Mark R. Kramer）甚至提出策略導向的「企業共享價值」（creating shared value, CSV），但備受爭議（Beschorner, 2013; Beschorner & Hajduk, 2017; Hartman & Werhane, 2013; Crane et al., 2014）。各式論述提出多樣的觀點、方法和框架，相關共識成為推動企業社會責任的方向與基礎。

上述企業社會責任的整合方向大致有（Shawyun, 2011）：

1.關注人、地球和利潤等，涵蓋社會、環境與經濟等三位一體的面向。
2.公司對內部／外部利益關係人皆有倫理和道德的執行原則。
3.企業可以在健康的社會中成功並永續發展。

有關企業社會責任案例的論點（Caroll, 1974; Davis, 1973; Epstein & Roy, 2001）聚焦於：

1.提高企業的長期利益、市場占有率和長期生存。
2.公眾形象。
3.透過員工／動機／風險管理、成本降低、差異化、效率提高和資源

保護來提高業務生存能力等的展現。企業社會責任可以經由流程和產品收益來提高公司的競爭力，且與財務績效成正比，提升企業獲得稅務以及資金取得的優勢。

4.避免政府干預和法規。

5.對社會文化規範的責任。

6.股東利益。

依據聯合國工業發展組織（United Nation Industrial Development Organization）對企業社會責任的定義：企業社會責任是一種管理概念，通常被認為是公司實現經濟、環境和社會要求之間平衡的方式，所謂「三重底線方法」（triple-bottom-line-approach），同時滿足股東和利益關係人的期望（Guliani & Rizwan, 2016）。意即企業承諾持續遵守道德規範，為經濟發展做出貢獻，且以改善員工及其家庭、在地社區、社會的生活品質為目標，從事合於道德及誠信的社會行為，對所有的利害關係人負責（林慧芬, 2015）。

幾世紀以來，「大學」作為人類教育和持續發展的基礎。大學的社會責任為何，近年引起各方討論。各國高等教育在大學運營方面面臨的變化和挑戰（Vukasovic, 2008; Felt, 2003）：諸如高等教育的大規模拓展與國際化、學生獲取和流動性、公共支出縮減、高等教育的多樣化和商業化，以及資訊通信技術（ICT）的影響。優質的自學教育、學術自由以及教育平等權等創新觀念，不斷衝擊大學的存在價值（Vasilescu, Barna, Epure & Baicu, 2010），這使得大學的公司化以及作為一個好的企業公民的呼聲愈來愈高（Nagy & Robb, 2008）。

一些大學陸續提出大學社會責任的願景和使命宣言，計有（Shawyun, 2011）：

1.預期成果：

(1)學習新知：在學習型社會中重視學習新知的學生和學者社群，包括社會成員和意見領袖，以及身處各環境中認真的全球公民。

(2)德智兼具：兼具均衡的知識和智慧、良好品格的畢業生；聰明、理性思考、具道德意識的行為；具備生活技能和領導才能；關心公共利益和共同利益；治理有方，具社會責任感，能夠在國際就業市場上產生競爭力，成為對社會負責任的全球領導人。

2.預期貢獻：

(1)社會富而好禮：提高國家競爭力，加強國際往來，保存藝術、宗教和文化遺產，持續發展文化創意；提供社區服務，尊重國家和世界公民價值，重視社會福利、正義、安全，維護主權和平。

(2)培育創新人才：開發當地的人力資源，通過各種規模、形式和平台的知識創造財富，促進國家發展和人類文明的進步，在社會中培養具有創造力、品德的——創新型／企業家型領導者。

(3)兼顧人文科技：發展一個充滿活力、博學有責任感的社會，持續傳遞科學、科技和藝術領域知識，使國家和國際社會受益。

(4)促進世界文明：培養愛好和平的畢業生，促進世界文明，鼓勵畢業生具有寬宏的胸襟，追求知識與真理，並致力於國家發展和社會責任。

(5)建立知識社會：跨大普及有品質的研究和教育以及學習管道，擴大人類知識學習圈。

數十年來，企業社會責任一直是商業世界中的固定內容，隨著高教的領導者尋求——具有發展性的「社會責任」替代方案，企業社會責任已融入許多大學。

企業社會責任目的是根據 ISO 商業標準，指導組織「以符合道德規範和透明的方式為社會的健康和福祉做出貢獻」。

倡議大學社會責任（USR）已是國際潮流，美國和加拿大從 2010 年

開始推動大學社會責任；歐盟也在 2012 年時提出歐盟大學社會責任架構
（EU-USR），定義歐洲的大學有責任採取透明化的策略與行動去正面影
響社會和環境。

　　一些大學將自己稱為：參與「民事和社區服務」或「外展活動」的「參
與型」機構（Weiss, 2016）。例如，由 77 個國家的 363 所大學組成的全球
塔羅亞爾網絡（Talloires Network）。

　　世界各地愈來愈多的大學將社會責任納入他們的使命宣言，包括他們
的研究和教學使命。他們認為，當高等教育回饋負責資助它的社會時，高
等教育會更好。

　　「蘇格蘭西部大學」除了發布其定義的「企業社會責任方式」的聲明，
還積極鼓勵社區參與，並與當地和國際組織共同合作來發揮其對社會的影
響。

　　例如，蘇格蘭西部大學與當地政府合作，推動在地創生，企圖在 2021
年爭取英國文化城市稱號；並與當地中小學合作，與家中傳統上忽視接受
高等教育背景的孩子互動，幫助他們瞭解高等教育的好處，且與大學、企
業甚至社區收容所建立夥伴關係（Weiss, 2016）。

　　新加坡代理教育部長王乙康（Ong Ye Kung）在新加坡管理大學發表
演講時，敦促該國大學承擔社會責任，回饋社區和社會，且代代相傳
（Fernandez, 2016）。

　　以南洋理工大學為例，透過一項名為「校園外展」（campus outreach）
計畫，對學生培訓手語技能，建立與聽障青少年的夥伴關係，提高聽障青
少兒的信心和希望。該校鼓勵學生參加多個國際青年競賽，培養企業家精
神和創新能力（Fernandez, 2016）。

　　2014 至 2019 年期間，擔任英國萊斯特大學（Leicester University）副
校長的保羅・博伊爾（Paul Boyle），從人文地理學者角度，提出 PROUD
五點行動計畫，闡釋大學對於在地社區的社會責任如下（Weiss, 2016）：

1.促進健康和福祉（promoting health and well-being）。

2.恢復環境（restoring the environment）。

3.開放接近文化和遺產的管道（opening access to culture and heritage）。

4.提升 21 世紀的技能（upskilling for the 21st century）。

5.推動兒童和年輕人的發展（developing children and young people）。

　　大學將社會責任列為校務發展重要項目已是全球趨勢，歐盟提出「大學社會責任參照架構」（European Union University Social Responsibility, EU-USR）。EU-USR（2018）將大學社會責任定義為：歐洲的大學有責任採取透明化的策略和行動去正面影響社會和環境，其策略和行動有：

1.培養學生對於正義公平、民主參與、和永續發展的行動。

2.持續推動社會的健康福祉。

3.對利害關係人負責。

4.符合國際對社會責任的行動標準。

5.符合透明化和公共績效責任的標準。

　　美國哈佛大學自 2015 年迄今推動「哈佛大學永續發展方案」（Harvard University Sustainability Plan），揭示校園綠能、在地連結、在地創生等計畫，期望能增進環境生態的多樣性及個人福祉，將校園作為一個教育實驗室去解決未來世代永續發展的課題，將環境共生融入學術工作和校園實踐（Harvard University, 2015）。

　　我國教育部為強化大專校院與區域的連結及合作，實踐大學社會責任，培育對在地發展能創造價值的大學生。自 2017 年啟動「大學社會責任實踐計畫」（USR 計畫），並於 2018 年連結「高教深耕計畫」，引導大學師生組成跨領域團隊，達成以下目的（教育部大學社會責任推動中心，2020）：

1.扮演區域發展中地方核心智庫角色。

2.主動發掘在地需求。

3.透過在地優勢分工合作解決問題。

4.帶動當地企業及社區文化的創新發展。

藉由學習與參與的過程，讓大學生感受到「被社區需要」，凝聚在地認同。

根據台灣教育部「大學社會責任推動中心」統計（2020），第一期計畫（107-108年度）已吸引116間大學、220件計畫投入大學社會責任的實踐，並逐漸受到社會各界重視。教育部也委託專業團隊成立「大學社會責任推動中心」，陪伴及協助各大學落實USR計畫的目標及成效。

台灣大學社會責任推動主軸涵蓋「在地關懷」、「產業升級」、「環境永續」、「健康促進」等領域，整合聯合國提出之十七項永續發展指標，並希望落實下列目標（教育部大學社會責任推動中心，2020）：

1.強化區域產學鏈結，協助在地產業發展與升級：為帶動在地產業創新發展與技術升級，透過區域凝聚共識，由學校針對在地發展及產業需求議題進行盤點，研提可行實踐方案，期能對區域發展能產生實質貢獻，並可提升在地價值。

2.整合區域學校資源，協助城鄉發展：由學校積極連結區域學校，協助縮短城鄉差距，並能帶動各地區的繁榮與發展。同時，透過大學深入引導與協助在地中小學進行教學翻轉，以培育學生「做中學」的解決問題能力，並透過學校與產業互動的經驗，更貼近產業的需求，培育學生具備實踐及行動的能力。

3.串連部會與地方政府資源，挹注在地發展：由大學以校層級組織運作機制，長期與中央部會與地方政府互動合作，共同規劃當地長期發展願景。透過協力爭取資源，由大學與各界形成活躍的地方創新

生態系統，鼓勵大學師生參與社會創新實踐，藉由教師帶動學生發掘及解決在地議題，進而改善在地居民與大學的相互認同及肯定，共同創造價值。

4.落實大學社會責任，推動師生社會創新：「大學」建構區域發展需求與人才供需橋接機制，透過師生實地探尋與耕耘，以培育產業及社會發展所需實務人才，期能發揮促進學生在地就業或創業的效益。

由此可見，全球各大學推展大學社會責任理念，需要結合部會政策、媒體宣導、校園行政資源、社區團體合作等挹注，整合相關配套，使得從各大學校園社區紮根、萌芽、成長。

第二節　社會傳播與社會行銷

類似大學社會責任的主張、理念、目標、執行、推展，係將貼近全球方興未艾的價值理想，透過組織、人際、媒體等管道傳遞給相關部門，乃至社會大眾；形同「社會傳播」的實踐。

「社會傳播」一詞，最早出現於心理學者賀夫蘭（Carl Hovland）的論述，在〈社會傳播〉（Social Communication）一文將其界定為：從個人傳播信息以影響另一個人的行為的過程（Hovland, 1948; Cheung & Thadani, 2012）。當時將社會視為由一群烏合之眾所組成。

賀夫蘭將「傳播」定義為個人（communicator）通過傳遞刺激（通常是口語）來修改其他個人（communicatee）的行為過程。

上述定義將研究任務定義為對以下五個因素的分析：

1.來源（the commnunicator who transmits the communication）。

2.刺激（the stimuli transmitted by the communicator）。

3.接收（the individuals who respond to the communication）。

4. 回應 （ the responses made to the communication by the communicatee）。

5.結構：分析與上述要素有關的法律和原則（the laws and principles relating the above elements）。

政治學學者拉斯威爾（Harold Lasswell）從以下「社會傳播模型」審視傳播過程：來源、信息、管道、和回應（Lasswell, 1948）。

社會傳播模式經過多位學者諸如社會心理學者米德（George Herbert Mead）、結構主義學者巴赫汀（Mikhail Mikhailovich Bakhtin）、現象學者胡賽爾（Edmund Gustav Albrecht Husserl），還有社會學者舒茲（Alfred Schutz）、盧克曼（Thomas Luckmann）、賀伯瑪斯（Habermas, Jürgen）等各理論家的影響下，繁衍於人文和社會科學領域（Grant, 2003）。

時移至數位時代，現有交流的網路帳號受到「互動典範」的影響，這種「互動典範」一直在當今的社會傳播模式占主導地位。

用「社會傳播」一詞檢視傳播模式的文獻，隨著前述人文與社會科學領域，紛紛衍生不同學門，如大眾傳播、人際傳播、組織傳播、傳播心理學、傳播社會學、政治傳播、視覺傳播、口碑傳播、行銷傳播、資訊傳播等。

文獻中仍使用「社會傳播理論」一詞的大抵有兩個取向：其一為語言分析取向（Grant, 2003），其次為關注傳播對於社會大眾的效果，如口碑傳播（Porter, 2017）。

「社會傳播」的傳遞過程，影響其傳遞效果（Naylor et al., 2012）。訊息可透過語言和非語言形式，溝通交流是為了建立共識（Conrad & Poole, 1998）。

「社會傳播模型」是一種強有力的傳播理論，可以檢視傳播模式中的

行銷程度，以及閱聽接收角度對於訊息、服務的態度及行為，其要素包括（Porter, 2017）：

1.來源／誰（source），等同傳播者。

2.消息／說什麼（message），如內容、主題或要點。

3.管道／如何（channel），即消息的發送方式。

4.閱聽眾／向誰傳播（audience），指訊息的接收者。

5.回應／效果（response），評估社會傳播的成效。

1970 年代開始，行銷概念逐漸被應用在政府或非營利組織的公共政策或社會服務，為了更有效地分析非營利產品的行銷成效（Kotler & Levy, 1969；莊文忠，2016），「行銷傳播」論述拓展行銷學的視野，「社會行銷」領域因而出現，且關注分析社會的變遷。

「社會行銷」引進新的觀念、新行為模式，逐步取代舊的觀念與舊有行為模式。「社會行銷」是從閱聽使用者出發，設法瞭解目標對象的真正需求，再結合社會議題，針對需求設計出「社會產品」；產品傳達的訴求，除了改變公民的行為以外，更期待促進「社會整體福祉」（Kolter & Zatlman, 1971; Fox & Kotler, 1980; Andreasen, 1994; Hastings & Saren, 2003; 莊文忠，2016）。

「商業行銷」的目標是購買行為、產品選擇行為和產品促銷行為。人們被要求購買產品，更換品牌，並就公司的產品進行正面評價。「社會行銷」通常針對複雜且引起爭議的行為，進行新觀念、新主張、新行為模式的宣導，目的在提升生活品質。

自 1960 年代以來，社會行銷一直是行銷傳播文獻中的一環。以採用各種「社會行銷」的手段來促進交通安全、菸害防制、預防藥物毒品濫用、兒童免疫接種、改善營養和飲食，以及環境行為，並降低嬰兒死亡率。

依其主張與服務對象的需求，社會行銷有不同的關注取向：

1. 權力取向：英國生物醫學學者瓊絲（Sue Jones）認為，社會行銷是一個群體企圖改變另一個群體的價值信念和行為，為了打入這些群體，行銷人員必須從事許多「政治的」活動，才能達到目的（Jones, 1982）。

2. 策略取向：社會行銷也被視為一種變革社會的管理技術。如何技術性運用社會行銷的過程，涉及社會變革方案的設計、執行和控制，使人們改變或接受新的理念與行為模式。相關的「產品」可分為理念與習性：前者包括信念、態度、價值；習性如行為舉止和日常行為（Kotler, Roberto & Lee, 1989）。

3. 整合取向：整合，係指結合社會資源以及目標對象本身的意願。其主張社會行銷的目的是運用企業行銷的技術，提升目標群體對於特定社會理念的接受程度，以影響他們的自願性行為（Andreasen, 1994）。

4. 公益取向：除了影響個人行為外，也有學者認為，個人行為改變有助於社會的「公共利益」，故利用行銷原理和技術來影響群體使其接受新行為，拒絕潛在的行為，修正目前的行為，或是放棄舊有的行為（Kotler, Roberto & Lee, 2002）。

5. 改變取向：社會行銷要達成的是價值、行為的改變，認為從容易到困難可分為四種（Kotler, 1982）：

   (1) 促成認知改變：所有社會行銷過程中，這是最簡單的，因為不需要支付任何代價，但卻不一定成功。

   (2) 行動改變：要改變行動須付出時間、心理成本。

   (3) 行為改變：比行動改變要付出更多的成本，需要戒除舊習慣，學習新行為。

   (4) 價值改變：須透過長期維持新行為而形成「新的習慣」來達成，是社會行銷人員最大的挑戰。

　　換言之，社會行銷傳遞的終極理想是「社會整體」在不同階段有階段性目標。「社會行銷」儼然成為社會傳播的重要一環。

　　「社會行銷」偏重觀念、行為、價值的傳遞及影響。「社會傳播」固然強調分析理念和主張其行銷效果，但也兼顧環境結構、訊息可信度等層面。

　　研究者提出社會傳播框架中的建構面向還有（Porter, 2017）：

1.來源可信度（Berger, 2014）：訊息來源的可信度可提高其說服力。

2.管道涉入（Spielmann et al., 2013）：傳播溝通的動機層次可影響說服力。

3.接收者共識（Burgoon et al., 2002）：閱聽眾與訊息來源的相似性可增加訊息說服力，理由在於增強了接收者的自我概念，並有助於接收者對其他人的分類。

4.回應效益（Mudambi & Schuff, 2010）：傳播效益可反映訊息說服力。

　　社會傳播理論研究取徑多樣，大抵聚焦社會傳播的效益分析。以國立政治大學華人宗教研究中心，以及輔仁大學近年的研討會主題為例：政大「2019第五屆現代中國本土基督教神學之發展學術研討會」便規劃了「基督教的社會傳播」主題；輔仁大學傳播學院主辦「2019 媒介與生態環境研討會」，其中社會傳播論壇也將「新媒體生態中社會傳播之創新與發展」排入議程。

　　隨著資訊社會的演進，社會傳播的對象可能是社會大眾、特定社群／族群／團體成員或個人；社會傳播的訊息來源來自媒體、公私部門、特定團體或個人。社會傳播模式包含以下角度（黃葳威，2019）：

1.來源：訊息來源包含傳播媒體、人際、組織部門等，以各國推動大學社會責任計畫為例，透過教育決策部門、跨國組織討論合作，以及各式傳播媒體等傳遞，大學社會責任逐漸成為顯學。

2.訊息：訊息呈現有口語、文字、圖像、影像、聲音、音樂、肢體互

動、氛圍等形式；歐美及亞洲國家推展大學社會責任計畫，除提出責任報告書、研究論述、社會責任藍圖外，也有結合影音、文創、關懷服務等，營造大學與社區相輔相成的共識與環境。

3.製碼、解碼：訊息傳遞過程中，不論經由媒體或人際管道，會經過製碼、解碼等程序；隨著各大學的服務社區與成員特質不同，其提供的行動計畫與動員方式，也須規劃客製化的溝通元素。

4.接收：訊息傳遞的接收方，可能有個人、組織、社群、族群、網路成員、社會大眾等；大學社會責任的接收方，未必只是社區與成員，有時往往先需要在各大學教職員生當中，先進行溝通互動，取得共識，方可齊心進入校園周邊社區或社群。

5.回饋：指訊息接收方對於接獲訊息的回應。社會傳播流程的每一環節對訊息的回應，都可成為後續修正、調整或拓展的參考。

6.噪音：噪音形同訊息傳遞的干擾，例如接收方的文化背景差異、傳遞管道的受阻，或解碼的誤差等；噪音可能來自管道、解碼、環境結構、接收端或來源端等。

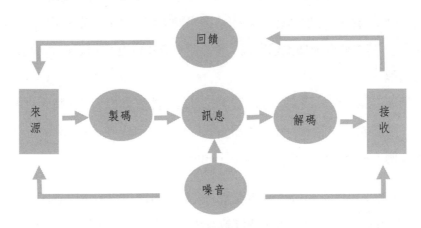

圖 1-1　社會傳播模式

資料來源：黃葳威（2019b）。

不可否認，訊息來源的可信度、管道涉入接近程度，乃至於接收者的共識，也受到所屬社會制度結構的影響。這也呼應早期賀夫蘭提出傳播結構的重要，即分析相關的法律和原則。

第三節　本書章節

綜上所述，社會傳播不論應用於面對面的「口碑傳播」，或電腦中介的「網路傳播」，其傳播模式可以從「訊息產製」、「媒體近用」、「環境結構」等三層面觀察。

本書第一章〈數位時代社會傳播〉，將從社會心理學者賀夫蘭提出社會傳播出發，爾後社會傳播理論於人文社會科學等跨領域架接，爬梳數位時代社會傳播模式的要素，並介紹大學社會責任、服務學習的緣起及推動。全書將從近用、產製、結構等三層面，依序呈現數位時代社會傳播案例與實證。

首先在〈近用篇〉，網路直播平台如同舞台，人們在其中扮演自己的角色，也彼此觀看或參考比較個人的表現。從網路直播接收面觀察，到底網路直播使用者的消費形象如何？第二章〈數位時代消費形象〉，小三至大三青少兒直播使用者的消費形象分為三個構面，分別是外貌導向、個人導向及成就導向。其中成就導向得分，分別高於外貌導向、個人導向。這顯示青少兒直播使用者的消費形象，偏重專業表現，其次為外貌展現，個人導向的比例較低，反映此階段成長的年輕直播使用者相當在意同儕、網友的觀感或點閱率。

第三章〈數位時代社會資本〉，將從數位匯流角度，檢視閱聽接收者的社會資本、社會資本類型、社群與網路直播，以及相關實例分析。很明顯地，網路直播使用過程，社群間已經形成一定的凝聚力，「社群」也是

e 世代青少兒的重要同儕。「社群關係」有助於創造社會資本，網路直播服務為透過社群網絡的新型態內容與服務，所使用的社會資本連結也各有特色。

根據內政部 2018 年的統計，台灣 65 歲以上老年人口人數為 331 萬人，占總人口比率已達 14.05%；以世界衛生組織（World Health Organization, WHO）定義，台灣自 2018 年正式進入「高齡社會」（aged society）。。

面對資訊社會的急遽發展，第四章〈數位時代樂齡近用〉，重新審視媒介近用權的理念，將媒介近用進一步分為科技近用、資訊近用、參與近用、傳播近用等層面；並提出以樂齡人士得以友善地使用智慧型手機的建議。

第二篇〈產製篇〉，聚焦網路直播傳遞模式與家庭議題呈現。其中第五章〈數位時代傳播模式〉，分析基督教電台網路直播服務，透過訪談顯示其可傳遞正面訊息，即時互動，或在直播後關心個案。但也有挑戰，即如何面對各式網友的回應，或可能遭遇的網路霸凌，如何回應溝通網路上各式言論，理性溫和地主張核心價值，始能提升社會傳播的效益。

第六章〈數位時代家庭傳播〉，檢視台灣報紙頭版新聞呈現家庭議題新聞，結果以隱善揚惡居多，對於現代人的獨立自主與養成，沒有太多存在的意義。

報紙有關藝文、歷史文化、資訊傳媒、農林漁牧、生命科學的頭版新聞，對於家庭的呈現付之闕如。

檢視四大報紙頭版新聞報導家庭議題是否落實公共利益，很明顯地，在議題自由化（不受市場擺布）、多樣化、資訊化、兼顧社會秩序和整合的角色，以及擔負文化傳遞功能等，都有相當改善空間。

第三篇〈結構篇〉，探討數位匯流發展下的媒體自律、兩岸影音發展，以及亞太國家網路治理。第七章〈數位時代新聞自律〉，以五家無線電視台為例，審視網路新聞平台的自律公約，結果發現上述無線電視台網路新

聞自律公約，以降低傷害為主，其次為專業操作指南，與美國專業新聞從業人員協會（Society of Professional Journalists）自律公約，亦兼顧道德情操的價值有別（Stanley, 2016）。

第八章〈數位時代影音匯流〉，整理先進國家以及兩岸的數位匯流發展，聚焦數位時代兩岸影音媒體的經營策略、傳播技術與跨媒體結合三面向。

面對新匯流時代來臨，兩岸間文化交流，須評估引進「國際標準」與「新興通訊技術」，協助台灣產業發展數位匯流終端應用平台、建構國際標準與寬頻網路相關之測試認證能量，並推動軟硬體與服務整合，發展數位匯流解決方案。

自由主義看重人的平等性，政府的存在是為了建構一社會成員都可合理接受的公共制度。新自由主義則以「市場至上」為核心，強調市場、個人自由、國家退位。第九章〈數位時代網安治理〉，關注新加坡、日本、韓國等三國的網安治理。結果顯示三國皆重視網路社會責任：新加坡與韓國以立法促成資訊產業自律；日本則由公部門資助民間團體、產業、協會，提供網路舉報服務，公部門退居幕後。

其中新加坡與韓國的網路安全治理，大抵從自由主義出發；日本網路安全治理模式，則從新自由主義著眼。

近 用 篇

第二章

數位時代消費形象

第一節　前言

　　虛擬社群之成員經由線上之參與及合作，可累積社會資本，將有助於資訊之學習效果。故社會資本對資訊使用行為之影響，係透過社群成員之參與互動，加深成員瞭解「使用者的資訊需求」（Timms, Ferlander &Timms, 2001）。

　　「社群關係」有助於創造社會資本，「網路直播服務」為透過社群網絡的新型態內容與服務。文獻顯示，網際網路和社群網站如臉書的使用，皆與個人的自我意識和心理發展相關（Steinfield et al., 2008）。

　　成員群聚互動關係如同古諺「近朱者赤，近墨者黑」，在日常生活中，個人行為不可避免受到他人影響，這種社會影響力已普遍被稱為「從眾」，也被視為形同於「順從」，或「同意多數人的行為」（Jahoda, 1959）。

　　「從眾」強調的是個體受到多數他人或團體規範的影響，使態度或行為發生改變；「順從」則意指在人際互動中，他人藉由一些特定的要求策略，使得我們順從於其心意的過程；「服從」則清楚描繪出當我們面對權威形象時，會聽命行事的情形或產生改變的行為。個人行為最普遍是受到周圍他人的影響，這種「社會影響力」已普遍被稱為「從眾」，以及被視為「順從」，或「同意多數人的行為」（Jahoda, 1959）。換言之，一個人的行為致使他人的想法或行動因而有所改變，其實是產生「社會影響」。

　　曾佩珊（2008）分析部落格使用者的資訊尋求與知識分享，將「BABYHOME 親子網」使用動機分為五個構面：人己互動、資訊使用、工具介面、追隨潮流與娛樂放鬆等五項。發現親子網的社群媒體以「資訊使用」為最主要的使用動機。由此可見，「社群媒體的意見與留言」對於社群成員有相當的意義。

　　網路直播形成一種即時的影音自媒體實踐，一種流動影音的自我展現。網路直播文獻實證研究大致分為「經營」、「使用」兩面向，除關注網路直播的電商營運模式（鄭維婷，2018；蕭竣瑋，2018；龍裕鴻，2016）、社交直播的愉悅傳播（Bründl, Matt & Hess, 2017）之外，亦有網路直播的使用動機（Lottridge et al., 2017; 倪瑞陽，2018），或探討網路主播的情感勞動過程（余富強、胡鵬輝，2018；鄭佳興，2017）的相關研究。

第二節　直播營運

　　本節將從經營面分析：網路直播的電商營運模式（鄭維婷，2018；蕭竣瑋，2018；龍裕鴻，2016）、社交直播的愉悅傳播（Bründl, Matt & Hess, 2017）。

　　近年來直播迅速竄紅，許多網路平台和手機 APP 都加入了直播的功能，臉書也看準直播所帶來的商機，於 2016 年 2 月開放所有用戶使用直播功能。在直播過程中，由於觀眾能夠即時留言，與直播者進行即時互動，臉書因此成為各式業者的銷售管道（包含線上拍賣）。不同於傳統購物頻道，直播銷售能讓觀眾即時與業者進行互動，提升觀眾的下標意圖。

　　自從社群媒體推出直播服務，利用直播進行拍賣成為網路拍賣的新趨勢，許多賣家紛紛開設線上直播拍賣節目，面臨諸多管理的挑戰。

　　直播電商即是透過直播服務在網路上進行商品販售，謝佳蓉（2016）兼採實驗法與焦點座談法，探討消費者觀賞直播電商節目後的消費意願與決策得知：「內容」與「直播主」為直播電商關鍵成功因素：實用性價值高之內容、具專業性之直播主較能促使購買意願；具知名度之直播主能吸引消費者注意以及提升購買意願，且當產品與直播主具有高度關聯性時較能說服消費者；直播功能對於消費者而言為附加價值，但是當消費者對於

直播內容與直播主感到滿足、滿意時，直播功能便能有效提升購買意願。直播透過導購功能、互動功能，能夠縮短消費者購買決策流程的資訊蒐集以及評估方案階段。

張簡郁庭（2017）以「環境心理學」行為學派「刺激－有機體－反應」的 SOR（stimulus-organism-response）模型為基礎，從衝動購買的觀點，探討哪些環境以及個人因素會影響觀眾在「臉書直播拍賣」的觀看情緒，進而產生下標衝動意圖。結果顯示，環境因素中的朋友、群眾與布置三項因素會正向顯著影響顧客的情緒；在個人因素中，具有「渴望贏」之特質會正向顯著影響顧客的情緒，進而影響下標意願；個人的衝動傾向也會直接影響下標意願。

林韋婕（2018）以「服務劇場理論」建構之臉書直播拍賣「消費者整體行為模式」具有良好的配適度，發現臉書直播拍賣消費者之「劇場知覺」正向影響直播體驗感受，「直播體驗」正向影響直播拍賣消費者後續行為意圖。研究發現，形成「劇場知覺」最重要的因素為演員及表演，透過提供服務及表演的完整度，可建構消費者良好的體驗感受。

「制度型信任機制」可否增強消費者對網路拍賣者的信任與消費者知覺價值，提升購買意願？何彥鋌（2018）探討「影響買方於直播拍賣網站平台競標意圖之因素」發現，觀眾的競標意圖受互動性、安全性、知覺風險的正向影響。然而，信任和便利性並沒有顯著影響競標意圖。

網路紅人經濟出現，網路直播的行銷方式也影響直播主在直播平台的商業經營模式。龍裕鴻（2016）在《我播故我在：網路影音直播主之對話性探討台灣網路直播產業商業模式之研究》，從巴赫茲對話理論的「視域剩餘」（surplus of seeing）概念探索直播主如何看待自己與媒體的關係。經由「線上非參與觀察法」分析發現，直播平台成為直播主自我主體的延伸。

直播主由視域剩餘的外在性與粉絲網友交流，透過平台與「他者」進

行價值交換與對話，以「超載性的視角」在自身、直播媒介、粉絲網友三者間建構自我認同與主體性。

鄭佳興（2017）分析網路紅人以直播發展出新興的商業模式，經由質化訪談台灣八組使用臉書社群直播的網路紅人，從規劃直播、社會交換理論與劇場理論，爬梳網路紅人如何經營直播，如何建立與觀眾的互動模式，並進行印象管理，最後，又如何將社群直播運用在商業價值之上。研究顯示，網路紅人必須要善用直播的媒體特性經營「內容」與「互動」，才是直播成功經營的關鍵；互動過程中達到互饋平衡、強化粉絲對社群的認同感，才能發揮良好的互動模式；直播必須要讓觀眾看到真實性，直播才得以永續經營。

線上直播拍賣與經營網路拍賣的關鍵成功因素不盡相同，蕭竣瑋（2018）探討的關鍵成功因素，由文獻彙整及專家訪談七位台灣的線上直播拍賣實務工作者，利用模糊德爾菲法（fuzzy Delphi method）計算各項因素的重要程度，結果顯示，經營台灣線上直播拍賣的關鍵成功因素包含：(1)提供好品質的商品；(2)信譽良好的物流合作夥伴；(3)出貨前確認實際商品；(4)開拍價格具吸引力；(5)成交價低於市價；(6)選擇主流直播平台；(7)頻道的曝光率高；(8)商品多樣且易被搜尋；(9)拍賣的商品常令買家驚奇。

上述因素分為商品品質、拍賣價格、節目質感、便利性與多樣性等五個構面，其中以商品品質與開拍價錢最為關鍵。結果顯示，「線上直播拍賣者」重視商品品質、彈性訂定商品拍賣價格、使用主流的直播平台、讓拍賣頻道有高曝光率和提供多樣化商品等，期能在線上直播拍賣市場具有選購優勢。

第三節　直播消費行為

　　台灣網路直播平台業者仍在摸索經營及獲利模式，鄭維婷（2018）針對直播主和使用直播的閱聽眾，兼用深度訪談法與焦點團體法，訪談直播主及直播使用者。結果發現，台灣網路直播平台商業模式主要分為：(1)打賞與贊助；(2)品牌合作與廣告；(3)整合行銷和技術；(4)電商與導購等模式。

　　針對直播閱聽眾贈禮與打賞的消費行為，發現主要消費動機可分為（鄭維婷，2018）：情感型消費、共鳴型消費、事件型消費、功能型消費。研究主張「網路直播平台」欲蓬勃發展，除了須善加運用經營平台直播主外，生產「內容」亦至為重要。業者如發展出嶄新的產業商業模式，將可望藉此找到更明確的定位並創造競爭優勢。

　　直播平台在不同發展階段其營運模式有何差異？楊以凡（2018）結合「九宮格商業模式」之關鍵經營要素，以及平台經營管理的核心概念，選擇台灣最具代表性的兩個直播平台——「17直播」與「浪 Live」，進行深入的個案研究。結果發現，直播平台在經營初期，會先吸引「直播主」的加入，並建立直播主與觀眾的基本互動機制；在後期則一方面會藉由相關活動與機制之設計，積極促進直播主與觀眾的互動，另一方面則會著重多元化與精緻化的內容之經營，將本身從單純「媒合者」轉變為「內容供給者」之角色。直播平台也會透過培訓來提升直播主的能力與滿足知名度成長的需求，採取彈性付費的打賞機制，以及針對收益主要貢獻用戶設計的防範機制，以確保平台的正面網路效應能持續運作。

　　前項研究提出不同於過往平台經營相關文獻所強調的特性，包括（楊以凡，2018）：「平台可能從原本單純媒合者而後來又扮演生產者的角色」、

「平台的邊際用戶取得成本並不一定趨近於零」、「平台的負面網路效應，可以『激化』而非『消除』的方式處理」，以及「平台的網路效應不僅會受其他用戶『數量』的影響，也會受其『質量』的影響」。

文獻也針對特定的平台進行案例分析，以內容分析臉書直播發現（倪瑞陽，2018）：台灣臉書直播以「公眾人物的日常閒聊」為主，時間一小時以內，且以商業直播居多；「直播主和粉絲之間」的互動以中高頻率為主，且會透過回應特定留言、呼喊粉絲名字和問好等等作為主要的互動方式。「粉絲彼此之間」的互動則是以中低頻率為主，以彼此問問題推薦和共同話題為主要互動方式。

倪瑞陽（2018）進一步以深度訪談粉絲網友得知，臉書直播中男女閱聽人分別透過直播尋求不同的情感：男性多以功能性為互動基礎；女性則是會傾向投入更多情感。情境觀點中，閱聽人擁有高的情境主控權，同時卻受到情境中的規範來反映行為。另外，直播主的身分並非公眾人物時，臉書直播情境中的狂歡氛圍更為明顯，因為支持和擁護者不多，閱聽人更容易恣意謾罵嘲笑直播主。媒介因素觀點其結果則是呈現，閱聽人媒介經驗是其中重要的影響因素。

電競產業也透過即時影音提供網路直播服務，即社群直播服務（SLSS）。研究者以 Twitch.TV 為例（Gross, Wanner, Hackenholt, Zawadzki & Knautz, 2017），分析 Twitch 用戶在觀賞電競比賽並與網友交流的動機和行為，經由 791 份有效問卷調查，將用戶使用動機分為資訊、娛樂、社交等三面向，發現用戶觀看電競直播的主要動機來自娛樂，其次為資訊需求，僅有社交動機與用戶的消費、打賞有關。研究結果呈現「社群成員交流」影響用戶的消費行為。

社群直播服務（SLSS）成為一種新型的享樂社群媒體（hedonic social media）。文獻偏向內容產製者對「SLSS 的使用經營」，較少觸及消費者的使用觀點，社群直播服務如何吸引用戶的感知享受，尚待驗證。

　　有項研究進行（Bründl, Matt & Hess, 2017）網路調查 127 名用戶得知，消費者的「感知共同體驗」對他們的積極行為（聊天）和被動行為（觀看）的享受具顯著影響。然而，感知效應僅對分享聊天的積極行為有所影響，不影響用戶享受體驗的「觀看直播被動行為」。

　　關於閱聽人愉悅感的研究發現（倪瑞陽，2018），閱聽人的控制性愉悅，來自於和直播主「共創文本」以及「融入直播情境的程度」，然而多數掌控權偏向以直播主為主要文本控制者，閱聽人則透過留言和直播主互動，獲得掌控文本的愉悅感。臉書直播多了「實名制」和社交平台的特性產生更多認同感和隸屬感，閱聽人更易於形成信任感高的社交愉悅感、敘事性愉悅感；再者，臉書直播文本操控權在直播主，因此直播主說故事的方式對閱聽人來說更為重要。

　　另外，即使消化再製文本的循環加速，缺乏掌控權的閱聽人在直播中的「展演性愉悅」獲得仍占少數。臉書直播滿足了閱聽人對直播主的窺視慾望，此一窺視慾望的滿足，取決於該閱聽人是否對直播主有好奇或是喜愛。迷群閱聽人，會因為窺視自己喜愛的偶像私底下的樣子而獲得意義。

　　有研究參考「科技接受模型」（technology acceptance model, TAM）及「期望不確認理論」（expectation disconfirmation theory, EDT），檢視網路使用者對網路直播持續收看意圖的影響因素發現（曹文瑜、林政坤、楊惠貞，2009）：(1)知覺易用性會顯著的影響知覺有用性；(2)正向不確認會顯著的影響知覺有用性；(3)知覺易用性和知覺有用性會顯著的影響態度；(4)知覺有用性、知覺易用性和正向不確認會影響滿意與否；(5)態度和滿意會影響持續收看意圖。

　　使用直播平台觀賞網路影音檔案逐漸在網路使用者間形成風潮，賴明弘、張峻維（2016 年 12 月）將「資策會 FIND 網站」進行次級資料分析，結合創新決策過程、需求動機與獎勵形式觀點，獲悉「直播內容使用者」來自社群網站的原因，在於方便、開心及現場感、立即性與互動性等因素。

「實況主」要滿足的是自尊需求與自我實現需求；使用者要滿足的是社會需求。其中精神獎勵才是持續使用網路影音直播平台的主要原因，物質獎勵則扮演著輔助的角色。

直播使用者對網路直播的黏著度，受到哪些因素影響？研究者將黏著度區分為網路直播平台黏著度、直播主黏著度。分析發現，網路直播平台優勢對於直播平台黏著度並無顯著影響，直播主吸引力必須透過「直播主黏著度」的間接關係才會影響到「直播平台黏著度」；用戶個人使用動機，明顯影響其對平台或直播主的黏著度。

為瞭解影響觀眾觀看直播的因素與途徑，林奕辰（2017）調查分析313份有效問卷，顯示台灣民眾約有65%透過社群網站觀看直播，主要因為單純喜歡直播而觀看，對直播的好感主要來自於直播能讓人心情愉快、紓解壓力；其次則是受直播主的魅力所吸引，視性別而略有不同。女性會因欣賞直播主本身而增加對直播的好感，男性則藉由直播當下與直播主或其他觀眾互動而增加對直播的正面態度。年輕族群較會因沉浸而喜歡直播，較年長者則不受沉浸所影響。

比較電視直播與網路直播持續使用行為，劉希望（2017）對實際操作過電視直播與網路直播的企業管理者、員工與一般使用者進行問卷施測，提出初步結論：(1)「電視直播認知易用性」與「電視直播認知有用性」存在顯著正相關；(2)「網路直播認知易用性」與「網路直播認知有用性」有正相關；(3)「電視直播認知易用性」與「電視直播使用滿意度」存在顯著正相關；(4)「網路直播認知易用性」與「網路直播使用滿意度」存在顯著正相關；(5)「電視直播認知有用性」與「電視直播使用滿意度」存在顯著正相關；(6)「網路直播認知有用性」與「網路直播使用滿意度」存在顯著正相關；(7)「電視直播的使用滿意度」與「電視直播持續使用行為」存在顯著正相關；(8)「網路直播的使用滿意度」與「網路直播持續使用行為」存在顯著正相關。

　　林怡廷（2018）以「刺激─有機體─反應（S-O-R）理論」為基礎，觀察直播平台用戶的內在、外在動機與虛擬社群認知等構念，採用階層迴歸分析 524 份有效問卷發現：打發時間動機、資訊動機、社會互動動機、成員歸屬感、成員影響力和沉浸程度等動機皆會影響知覺價值，進而影響消費者之購買意圖及分享意圖；此外，打發時間動機、資訊動機、社會互動動機、成員歸屬感、成員影響力和沉浸程度等動機也影響知覺風險，進而影響消費者之購買意圖，但知覺風險未顯著影響用戶的分享意圖。

　　蔡廷軒（2018）從使用與滿足理論，進行網路問卷調查，迴歸分析 230 份有效問卷得知：「網路成癮宅」及「社交障礙宅」兩種人格特質，對「休閒娛樂」、「互動表演」、「各式活動」及「主題資訊」構面下的部分直播內容有觀看意願的影響；換言之，直播使用者的個人特質，影響其對網路直播的使用與滿足。

第四節　網路直播與自我形象

　　如果將人生視為一齣戲，網路直播平台如同舞台，人們在其中扮演自己的角色，也彼此觀看，或參考比較個人的表現。

　　社會學者將「舞台」的概念應用於自我形象或自我展現詮釋（Goffman, 1959；徐江敏、李姚軍譯，1992），整個社會情境形同一小型舞台，人們身處情境互動時會給對方一個印象，這個印象代表自我。人們運用不同的布景和道具演出各種印象角色，彼此獲取各種資訊來定義情境，以便在相處互動時展現出最佳的反映，因而，彼此會因情境來創造印象，或為了面子等不同因素做出與內心不一的演出，以求監控自己或取悅他人。

　　當人們從街頭宣傳看板，或電視廣告、新聞報導，接觸到有關資訊科技用品發表：如新手機、超薄筆記型電腦、新型觸控式螢幕結合聲光俱佳

的影音和文字說明，這些新推出的資訊用品在廠商的包裝行銷下，如同增添個人魅力與造型的行頭。

除卻「功能」考量之外，數位資訊時代的消費者，追逐最新款式、時尚、品牌或流行設計的部分原因，與各人喜好塑造的形象或面子、生活品質或品味，難以切割。

一、特質與自我形象

人類終其一生在追尋自我成長與自我實現。特質理論（trait theory）主要在探索個人所具備的性格、社會、身體或智力及人際關係等的特質，一般常用來區別領導者與非領導者。特質理論在古代「君權神授說」時代最為風行（Stogdill, 1948）。

「特質理論研究」常著眼於領導者個人特質或特性，然後再評估他們與「領導效果」的關聯，並關注如何從特有的心理特徵，以量化方式或實證方式來測量個人的人格特質。成功的領導者被認為是積極、有智慧，或具有其他個人特質。所謂「特質」被界定為：每個人獨特且與眾不同的方式（Guilford, 1959）。

特質理論分別探討測量閱聽消費行為的面向（黃葳威，2008；Schiffman & Kanuk, 2000, p.100）：

1. 對於新經驗的開創特質（innovativeness）：創新傳布觀點接近上述新經驗的開創與接受度，像是對於資訊科技新產品的採納與否、採納過程或採納選擇的階段評估等。

2. 對於擁有全世界的唯物觀（meterialism）：對於新科技產品（如數位音訊服務）的擁有類似唯物觀的角度，將擁有新資訊或新用品視為個人對於世界物質的掌握，或將擁有當成一種階級的象徵。

3. 接受舶來品與否的種族中心觀（ethnocentricism）：除了採納新產品、擁有產品之外，對於產品的「製造國」抱持特定取決的考量，

如提倡愛用國貨，或支持特定族裔開發的產品，或視技術轉移自英國的數位音訊服務為舶來品（形同種族中心觀）。

自我概念，顧名思義是個人對自我的觀感，個人對自己的整體認知與想法。雖說是個人，卻又受到周圍習得的信仰、態度、意見等複雜且有機整體所影響（Huitt, 2009）；也就是說，每個人隨著成長歷程的不同，其自我概念的形成也有所差異。自我概念受到個人所處環境人、事、物的牽動，這是因為我們會從中習得如何適應和生存。

自我概念與自尊有別：自尊是個人感受自我的價值、自我滿意的程度，或自我陳述（Purkey, 1988）。

自我概念和自尊都有個人適應、關照他人與自己的過程，可說是一體兩面，互相影響，卻未必呈正相關。自我概念從「心」思索「個人」，自尊為「外顯形式」。自我概念低落的人，其自尊心可能外顯較高姿態，也可能外顯較為低姿態。

已故哥倫比亞大學心理系講師賴基（Prescott Lecky）提出「自我一致論」（self-consistency theory），主張個人對自己的看法往往形成一致的態度，是人類行為的主要驅動力（Lecky, 1951）。

雷宓（V. C. Raimy）介紹諮商訪談過程自我概念的測量方式，並指出心理治療是改變個人自我概念的基礎過程（Raimy, 1948）。

榮格（Carl Gustav Jung）提出建立自我的「助人系統」，並認為「自我」是人格和個人調適的核心。他形容自我為社會的產物，發展自人際關係，力求一致性。榮格主張，人們有一基本需求，即主動在他人與自我之間尋求平衡。他相信每個人都趨向需要在一個被接納、鼓勵的環境中，尋求自我實現與發展（Purkey & Schmidt, 1996）。

自我概念理論風行於 1970 與 1980 年代間，近年則逐漸被「人本教育」所取代。派特森（Patterson, 1961）從個體心理學的角度說明，原因有四：

1.一些遊戲技術逐漸由業餘人士提供。

2.教育領域開始關注「回到基礎」，啟發學生在邁向學術卓越的情感需求。

3.一些諮商人員和老師對於價值澄清教案的錯誤選擇，導致公眾反對在校園介紹價值觀的任何嘗試。

4.反對人士排斥從「過於世俗化人本主義」的角度，引導學生發展。

　　社會大眾與專業人士最近察覺到自我概念的重要性，特別是在面對學生酗酒、吸毒、中輟、家庭功能失調等問題時。例如：一些認知學派的研究提出（McAdams & Cox, 2010）：負面的自我對話與思考，對於個人和世界會產生破壞力，是正向目標導向的自我對話則形成一定的動力。

　　自我概念在人們生命經驗中，或成功，或失意，多少與其生活圈和人際關係密切相關。心理諮商專家會從以下三個角度審視自我概念：

1.自我概念是學習得來的：人們建立自我概念的過程，會由生活周遭的人、事、物觀察，從重要他人的影響中，經歷或習得各式角色扮演，這些碰觸過程提供我們認識自己，挑戰自己，調整自己，型塑與建立自我的養分，有正向的，也有負向的。

2.自我概念是整合形成的：自我概念除了學習而來，也因應我們與他人的互動、實踐自我中，整合組成。有時候自己的人格特質會在和他人相處中被重新檢視，在「他我」中重新認識真實的自己。

3.自我概念是有機變動的：生活環境的變化，不斷因應、調適、磨合而成，人們無法離群索居。自我概念也在個人和生態互動的過程中，形成修飾、改變，或激發自我實現。有機變動所帶來的階段性影響，正反兼具。

二、消費大眾自我形象

心理學上，有關認知人格的研究，將閱聽消費大眾區分為兩種（Belk, 1985）：視覺型的人（visualizers）和語文型（verbalizers）的人。前者偏好視覺資訊，或用視覺強調的產品；後者偏好書寫和語言訊息，或用聽覺強調的產品。

不論視覺型或語文型的人，一旦將擁有（possession）或消費（consume）相關產品或服務，視為其主要的生活過程，都可能導致非自主性的強迫性消費或使用（compulsive consumption）行為。主因在於，這些人將擁有新科技視為加強自信心、自我認同與自我表現的重要價值（Schiffman & Kanuk, 2000, 2007）。

從電腦滑鼠、手機與音響設備造型、社群媒體、直播服務等，不斷推陳出新，有時外在造型變換多於實質功能改變，以吸引各式消費大眾，甚至推出個人化配件，均流露出當代社會成員也透過用品的設計造型，傳遞個人特色。

每一位閱聽消費者可以選擇或偏重上述各種自我形象，以引導其個人的態度與行為表現。例如，對於日用品的選擇，可能較受到真實自我形象的主導；出席公開聚會活動時的裝扮，則可能易受到社會自我形象的影響；當瀏覽穿戴精品名牌的媒體內容，則可能受到來自理想自我形象或理想社會自我形象的左右。

布希亞（Jean Baudrillard）從消費社會角度看人與物品的關係，人們被物品團團包圍，物品建構了符號具、符號義及訊息體系。人們透過物品來界定自己，甚至拋棄了主動的選擇與意志，朝客體邏輯靠攏（劉成富、全志鋼譯，2006；林志明譯，1997；王志弘，2002）。

米德（George H. Mead）認為，人類自我溝通的能力，可以將自己當作客體看待，自我中的「主體我」可以把自己投射成別人的立場，回頭來

檢視客體我（胡榮、王小章譯，1988），這種個人自我溝通的能力，使人們可以互相交流互動（黃光國，1995）。物質世界的品牌與流行文化便成為影響人們檢視客體我的一大部分。

如何平衡人們的理想自我形象與真實自我形象，不僅是閱聽消費者會面臨的調整與學習，更是一些新科技用品行銷部門宣傳或廣告的訴求。

除了真實自我形象、社會自我形象、理想自我形象、理想社會自我形象之外，還有以延展自我（extended self）來詮釋閱聽消費者的自我形象。當人們「擁有」某些新科技物品便可以確認（confirm）或延展（extend）個人形象，這些形同一部分的拓展自我（Dodson, 1996）。也難怪一些廣告會以展現自我的訴求，吸引閱聽大眾的注意。

自我形象（self-image）形同每個人從日積月累的許多個人印象中，型塑出對自己的觀感（Schiffman & Kanuk, 2000, p.111），包括個人自信心，與他人的相處關係，以及設想他人對自己的看法等。

自我形象也意味著（黃葳威，2008）：我們如何在與他人的關係中發現或觀看自己。形同如何看待自己的身體，或類似對自己的看法，即所謂自我概念（self-concept）。自我形象會影響自尊與自信，我們可以花上一生的時間確認我們的自我形象（http://www.bremercommunications.com/Self-Image.htm）。

自我形象包括（random house dictionary）：

1.對自己身體外貌的想法。
2.自己人格的形成。
3.設想自己是哪一種類型的人。
4.設想別人如何看自己。
5.喜歡自己的程度或設想別人喜歡自己的程度。

行銷學者根據五項研究、七組樣本的多重驗證，調查全美排名的

NCAA 一級足球隊的球員、專業時裝模特，以及一般樣本。定義了「消費自我」的「自負特徵」（vanity scale）：包括個人形象關注、個人形象展現、個人成就關注、個人成就展現等（Netemeyer, Burton & Lichtenstein, 1995）。

前述自負（自誇）量表（vanity scale）在消費者行為研究中，常被用來測量人們的自我形象——自我身體與成就表現的關注與觀感。這項量表包括（Schiffman & Kanuk, 2007; 黃葳威，2008）：

1.身體關注題項：
   (1)我的外貌對我來說很重要。
   (2)我很關心自己的外表。
   (3)好看對我來說很重要。

2.身體展現題項：
   (1)人們會注意我是否具吸引力。
   (2)人們會忌妒我有好的外貌。
   (3)我的身材非常吸引人。

3.成就關注題項：
   (1)我重視自己專業的表現。
   (2)在專業成就上超越同一輩分的人很重要。
   (3)我需要他人看到我的成就。

4.成就展現題項：
   (1)我的成就來自他人的評斷。
   (2)我被當成是在專業上表現成功的代表之一。
   (3)其他人希望像我一樣的成功。

探討人們新科技用品的採納與否，一般常從創新傳布觀點應證（李秀珠，2002；周昆逸，2004；Rogers, 2003），也就是分析每個人對於新科技用品的接受過程，究竟是「創新者」、「早期採用者」、「早期跟進者」、「晚

期採用者」及「落後群」。

如果由個人消費行為的層面出發，究竟類似採用新產品或服務的用戶其自我意象如何，是否使用或追逐新產品／服務，是為一種自我成就或意象的表現？

第五節　自我形象與價值型塑

自我形象可被界定為：個人對自我身體與表現的知覺與看法，以及設想他人對自我身體與表現的知覺與觀感。學者研究青少年的價值觀形成的過程，分別受到內在知覺、客觀環境，與社會行為的交互影響（Mayton, 1992）。換言之，自我形象可以反映一個人的價值判斷，也就是價值觀。

學者郭貞（Kuo, 1989）從社會學習和自我認同危機探討「青少年消費性價值觀」的型塑，青少年的自我概念一方面受到來自社會結構，如性別、家庭社經地位的影響，一方面也隨青少年個人年齡增長有所不同。

性別的不同是否影響對自我概念的看法，相關實證研究各有其研究發現。研究者主張，男女在身心發展方面有各自階段與差異，其對自我看法也不一樣。如研究學齡前兒童與國小學童的自我概念時發現，女孩對自我

圖 2-1　青少年自我認同對消費價值觀形塑模式

資料來源：Kuo, C. (1989).

的看法優於男孩對自我的看法（Clough, 1979）；另一個有關青少年男女自我概念的分析也有相似發現（Byrne & Shavelson, 1987）。

針對國中生自我概念的研究指出（黃拓榮，1997；林世欣，1999），女生對環境的接納知覺與自我價值信念高於男生，男生對個人生理特質的知覺高於女生。

美國一項對年齡 12 至 24 歲青年的長期觀察發現，這一階段不論任何年紀的男生與女生的自我概念沒有差異（Lissa, 1990）。有關國小高年級學童的研究也有相同的發現，不同性別在自我概念上沒有差異（施玉鵬，2002）。

發展心理學主張，隨著年齡與時間的增加，每個階段的身心發展都有不同的成長，一些國內外有關青少年的研究都證實（Monge, 1975；陳英豪、汪榮才、李坤崇，1991；洪若和，1995），自我概念的認識與瞭解會隨著年齡增長而增加。

一些中小學的自我概念文獻則提出相反的結果：自我概念隨著年齡增加有遞減的現象（楊國樞，1974；黃淑玲，1995；林世欣，2000）。另一項國小四年級至六年級學童自我對話與自我概念的研究則顯示（周佑玲，2001），國小兒童的自我概念並未因年級增加而有差異。

關於科技產品，如線上遊戲使用者的研究顯示（Suler, 1998, 2000），玩網路遊戲的青少年會因為遊戲的晉級，獲得心理回饋、滿足感與自信。此外，也有研究證實，熱中網路遊戲的青少年對自我概念抱持負面的看法，自尊較低，自我概念較不確定（王澄華，2001），也不相信自己會有出息（王秀燕，2002）。

一項針對日本手機使用者的社會文化分析發現（Ito, 2003a, 2003b），從手機使用者的角度來看，使用類似新的移動通訊設備，形同追求時髦，或渴望自家庭或社會組織控制中尋求解放。其中前者追求時尚，即類似「客體我」中的「物質我」追尋；後者如同尋求解放「理想自我形象」與「理

想社會自我」的拓展。

國內有關數位音訊服務的研究發現（黃葳威，2008；Huang, 2007），不同性別、學歷、職業的閱聽消費者，其自我形象有所差異。性別會影響受訪者對外貌導向自我形象陳述，其中女性較男性注重外表；在成就或社會導向自我形象方面，則沒有差異。教育程度為研究所以上的受訪者較高中學歷的受訪者重視社會他人對個人的看法；再者，企管人員最重視成就導向；家庭管理人員較不重視成就導向。軍公教、企管人員、專業人員、技術員、無業、學生重視成就導向的程度都顯著高於家庭管理人員。

當接觸到有吸引力的媒體，不論男女都會造成負面效應，在觀看影像前／後會對個人自尊與良心產生改變（Kates, 2008）。

一項實驗研究發現（Smeesters, Mussweiler & Mandel, 2010），女學生觀看媒體廣告的過程，較男學生易參考媒體塑造的廣告角色形象，例如，比對個人體重是否超重、正常，或過輕，形成社會比較。當正常的模特兒形象出現，受試者的反應適中；當模特兒特別輕巧或重，受測者的自我形象相較受到影響。模特兒過輕，受試者的自尊心自評下降；模特兒過重，受試者的自我形象自評上升。

使用社群媒體是否影響成員的自尊心？一項對巴基斯坦 150 名企業管理學院學生使用社群媒體的調查顯示（Jan, Soomro & Ahmad, 2017），大約 88％的人參與臉書的社交比較，這些比較者中有 98％往往採取向上的社會比較。研究證明，社群媒體使用的增加導致個人的自尊心降低；每天在臉書上花費一個小時會導致個人自尊得分降低 5.574。

行動直播已邁向第三波，科技載具操作的友善化，行動自拍直播已日益普及。加州矽谷調查了 2,247 名美國直播主，訪談二十名青少年使用直播的行為和動機。調查分析顯示（Lottridge, Bentley, Wheeler, Lee, Cheung, Ong & Rowley, 2017），青少年使用直播服務，分為玩直播及觀看直播。與其調查成年受訪者的比率相似。不同性別的青少年，使用直播行為沒有明

顯差異。

　　在使用動機與地點方面，青少年直播不是為了吸引大量觀眾，而是透過直播達成社群交流。青少年參與直播是為了與其他人在網路聊天。樣本中29%受訪者為玩直播或展示藝術，17%為玩「對話遊戲」，有27%的青少年邊直播邊玩遊戲，21%的青少年使用直播的分享交流服務。青少年較常在家使用直播，有別於過往文獻提及參與大眾實境活動，如抗議和音樂。

　　比較青少年和成年人使用直播的動機，經由調查與訪談發現，青少年感到無聊或孤獨時會使用直播，而且沒有太細緻的內容規劃。隨著直播社群成員形成，青少年可從中找到話題或有趣的遊戲，使用方式則自由隨興。

　　過去文獻提出直播類似於自拍，展現高度個性化和自戀；這項研究顯示，青少年玩直播反映高度社會性，他們將直播作為與朋友的聯繫一樣，將「自拍」理解為校準社會期望、探索規範和獲得回饋的社會實踐。

　　當人們在自我概念的重要層面（如：權力，智力，社交性）遭受威脅時，通常會通過消費產品來彌補，這些產品象徵著受威脅的自我領域（域內補償性消費）的成功，掌握或能力。

　　巴黎 HEC 商學院研究（Rustagi & Shrum, 2019）以七個實驗中驗證得知，「補償性消費」是否有效，取決於補償性產品與受威脅領域之間的聯繫的明確程度。當其間的顯著性明顯連接時（如經由產品名稱和營銷標語），自我修復受到阻礙；當連接只是隱含的（產品本質是自我威脅的象徵），自我修復可以成功。研究團隊強調，產品顯性連接的這些差異效應是通過反思來調節的：顯性連接引起對自我威脅的反思，這破壞了自我修復；隱性連接不會引起反思，反倒可促進自我修復。

第六節　實證分析

實證分析顯示，青少兒直播使用者將網路直播視為社會資本的建置與累積。

青少年直播族的消費形象如何？因素分析得知，小三至大三之青少兒直播使用者的消費形象分為三個構面，分別是外貌導向、個人導向及成就導向。其中成就導向得分（M=3.22），分別高於外貌導向（M=3.08）、個人導向（M=2.79）。這顯示青少兒直播使用者的消費形象偏重專業表現，其次為外貌展現，個人導向的比率較低，反映此階段成長的年輕直播使用者相當在意同儕、網友的觀感或點閱率。

成就導向包括：「我重視自己專業（學業或才藝）的表現」（M=3.57）、「在專業（學業或才藝）成就上超越同學朋友很重要」（M=3.1）、「我需要別人看到我的成就表現」（M=3.09）、「我是在專業（學業或才藝）上表現成功的代表之一」（M=3.12）等。

受訪青少兒直播使用者表示看重自己專業表現，自認為其中佼佼者，且認為自己在專業上超越同儕很重要。這反映其消費形象有與他人相較的心態，為時下網路直播爭取網友點閱率的寫照。

外貌導向包括：「人的外表好不好看很重要」（M=3.11）、「我很在意自己的外表好不好看」（M=3.2）、「外表好不好看對我個人來說非常重要」（M=3.07）、「別人會注意我是否具有吸引力（好看）」（M=2.96）、「別人說我好，我才覺得自己好」（M=3.05）等。

關注外貌的消費形象顯然已經內化到青少兒直播使用者的態度，直播使用者個人看重自己的外表，也認為人的外貌好看很重要。至於他人是否注意自己具有吸引力，得分略低。

表 2-1　消費形象百分比分布

題　　項	非常同意	同意	不同意	非常不同意	不一定	平均數	標準差
外貌導向						**3.08**	**1.09**
1.人的外表好不好看很重要	149 (15.9)	263 (28.1)	213 (22.8)	120 (12.8)	191 (20.4.)	3.11	1.284
2.我很在意自己的外表好不好看	183 (19.6)	270 (29)	221 (23.7)	116 (12.4)	142 (15.2)	3.2	1.332
3.外表好不好看對我個人來說非常重要	157 (16.8)	241 (25.8)	266 (28.4)	112 (11.2)	159 (17)	3.07	1.300
4.別人會注意我是否具有吸引力（好看）	132 (14.1)	203 (21.8)	260 (27.9)	121 (13)	217 (23.3)	2.96	1.257
10.別人說我好，我才覺得自己好	167 (18)	202 (21.8)	252 (27.2)	118 (12.7)	188 (20.3)	3.05	1.311
個人導向						**2.79**	**0.88**
5.別人會忌妒我長得好看	120 (12.8)	101 (10.8)	301 (32.2)	201 (21.5)	212 (22.7)	2.61	1.286
6.我的身材體格非常吸引人	118 (12.7)	145 (15.6)	281 (30.3)	178 (19.2)	206 (22.2)	2.72	1.288
12.其他人希望像我一樣的成功	166 (17.8)	165 (17.7)	232 (24.9)	115 (12.3)	254 (27.3)	3.04	1.277
成就導向						**3.22**	**0.78**
7.我重視自己專業（學業或才藝）的表現	278 (29.7)	316 (33.8)	148 (15.8)	95 (10.1)	99 (10.6)	3.57	1.329
8.在專業（學業或才藝）成就上超越同學朋友很重要	178 (19)	219 (23.4)	243 (26)	122 (13)	173 (18.5)	3.10	1.331
9.我需要別人看到我的成就表現	167 (17.9)	232 (24.9)	248 (26.6)	116 (12.4)	169 (18.1)	3.09	1.312
11.我是在專業（學業或才藝）上表現成功的代表之一	164 (17.6)	232 (24.9)	230 (24.7)	108 (11.6)	197 (21.2)	3.12	1.285
						3.05	**0.95**

個人導向有「別人會忌妒我長得好看」（M=2.61）、「我的身材體格非常吸引人」（M=2.72）、「其他人希望像我一樣的成功」（M=3.04）等。此一面向反映青少兒直播使用者認為在「他人欣賞自己的成就或外貌」等表

現上，自我表現良好，且可吸引其他人的目光，同時也顯示個人導向的消費形象，對於自我觀點的重視。

　　進一步以皮爾森積差相關分析發現，個人導向與外貌導向的相關係數（r=.361，p<.01**）高於個人導向與成就導向的相關係數（r=.355，p<.01**）。

　　成就導向與外貌導向的相關係數（r=.543，p<.01**）高於成就導向與個人導向的相關係數（r=.355，p<.01**）。

　　這反映，青少年直播使用者愈看重「外貌導向」消費形象，就愈看重「成就導向」消費形象，反之亦然；青少年直播使用者愈看重「外貌導向」消費形象，就愈看重「個人導向」消費形象，反之亦然。

　　正值國小三年級至大學三年級的青少兒直播使用者，正值青春年少階段，對於個人外貌的重視程度，由此可見。

　　整體來看，小三至大三青少兒直播使用學生的消費形象，可分為外貌導向、個人導向以及成就導向；偏重詹姆斯（William James）所謂的物質我及社會我。

　　青少兒成長階段，同儕對於態度、思考與行為的影響，備受關注（Makgosa & Mohube, 2007）。然而，網路世代的青少兒已經將網友對個人的評價與肯定，視為消費形象的評估。

　　審視外貌導向、個人導向、成就導向三個因素構面，三者呈正相關。其中外貌導向與成就導向的相關係數（r=.543，p<.01**）高於外貌導向與個人導向的相關係數（r=.361，p<.01**）。

　　個人導向與外貌導向的相關係數（r=.361，p<.01**）高於個人導向與成就導向的相關係數（r=.355，p<.01**）。

　　成就導向與外貌導向的相關係數（r=.543，p<.01**）高於成就導向與個人導向的相關係數（r=.355，p<.01**）。

　　這反映，青少年直播使用者愈看重「外貌導向」消費形象，就愈看重

表 2-2　消費形象因素分佈

		外貌導向	個人導向	成就導向
外貌導向	pearson相關 顯著性（雙尾） 個數	1 916	.361** .000 899	.543** .000 906
個人導向	pearson相關 顯著性（雙尾） 個數	.361** .000 899	1 920	.355** .000 910
成就形象	pearson相關 顯著性（雙尾） 個數	.543** .000 906	.355** .000 910	1 923

**在顯著水準為0.01時（雙尾），相關顯著。

「成就導向」消費形象，反之亦然；青少年直播使用者愈看重「外貌導向」消費形象，就愈看重「個人導向」消費形象，反之亦然。

正值國小三年級至大學三年級的青少兒直播使用者，正值青春年少階段，對於個人外貌的重視程度，由此可見。

法國社會學者皮耶‧布迪厄（Pierre Bourdieu）將社會資本定義為「真實或虛擬的資源的總和（the aggregate of the actual or potential rsources），這些資源是通過擁有一個持久的網絡或者一定程度上制度化了的相互認識和承認的關係，累積到個人或集體上」（Bourdieu, 1986）。

呼應國外文獻主張（Briggs, 1997），社會資本是一種行動的資源，蘊藏在人類關係的資源，它存在各種不同的層次，包括家庭、鄰居和社會。

很明顯地，網路直播使用過程，社群間已經形成一定的凝聚力，社群也是 e 世代青少兒的重要同儕。「社群關係」有助於創造社會資本，網路直播服務為透過社群網絡的新型態內容與服務。

調查分析得知，直播族在小三、國三、高三、大三最低，除小五、國一高於一成（10.8％），其他皆低於一成。

皮爾森相關分析得知，小三至大三青少兒直播使用者的外貌導向消費

形象與年級呈正相關。即這階段的青少兒直播使用者年齡愈長，外貌導向消費形象愈明顯。這代表年級愈長的青少兒直播使用者，其對於個人形象較年級較低者重視。

　　不同學習階段的青少兒直播使用者，其消費形象有所不同。經由單因子變異數分析（analysis of variance, ANOVA），發現使用者在外貌導向（F=7.74***）、個人導向（F=5.92**）、成就導向（F=6.78***）的消費形象，均有顯著差異。

　　經雪費（Scheffé）法事後檢定各學習階段的外貌導向消費形象，僅大學生的平均值（M=3.34）顯著高於整體平均值（M=3.07）。其他國小（M=3）、國中（M=2.93）、高中生（M=3.05）得分皆低於平均值。這或許是台灣多數中小學仍有升學的主要成長目標，且部分中小學校規定中小學生穿著制服，大學比較不直接面臨升學目標，也不需要穿著制服，關注面呈現差異。

　　事後檢定分析不同學習階段的個人導向消費形象，高中生（M=2.95）、國中生（M=2.94）直播使用者的個人導向消費形象得分，高於整體平均值（M=2.8），均明顯高於國小生（M=2.68）。大學生（M=2.64）、國小生直播使用者的個人導向消費形象得分，低於整體平均值，也顯著低於國中生、高中生。國中生及高中生正值青春期階段，追尋自我認同；大學階段較開始留意交友生活圈，較可能顧及生活周遭反映；小學生正值學習成長的開端，家人占一定影響，這些因素可能左右了學習階段的個人導向消費形象。

　　觀察成就導向層面，經雪費法事後檢定得知，高中生（M=3.04）、國中生（M=3.1）直播使用者的成就導向消費形象得分，低於整體平均值（M=2.78），且顯著低於大學生（M=3.4）。其中高中生成就導向消費形象得分，明顯低於小學生。大學生、國小生（M=3.3）直播使用者的成就導向消費形象得分，高於整體平均值（M=3.22）；其中小學生成就導向消費

形象得分,顯著高於高中生。大學生的修課與生活時間較彈性自主,小學生仍未面臨升學成長迫近的選擇;相較之下,高中生與國中生的生活比較一成不變,可能影響直播使用者的個人成就感與目標追尋。

以雪費法事後比較檢定,大學生直播使用者在外貌導向消費形象得分,均顯著高於小學生、國中生及高中生直播使用者(p<.01**;p<.001***;p<.05*),其中國中生在外貌取向的得分和大學生呈現極度顯著差異。

在個人導向消費形象方面,小學生直播使用者的個人導向消費形象得分,顯著低於國中生、高中生(p<.05*;p<.05*);大學生直播使用者的個人導向消費形象得分,顯著低於國中生、高中生(p<.05*;p<.05*)。國中、高中階段的青少年學生,其個人導向消費形象顯著高於其他學習階段的小學生、大學生。青春期的中學生適逢尋找自我認同的時期,此階段直播使用者顯然較以自我為中心,關注個人展現。

小學生直播使用者的成就導向消費形象得分,顯著低於高中生(p<.05*);大學生直播使用者的成就導向消費形象得分,顯著高於國中生、高中生(p<.05*;p<.01**)。隨著學習階段的提升,青少兒直播使用者的消費形象愈偏重專業成就感。

皮爾森績差相關分析顯示,網路對青少兒家長的重要性,與青少兒直播使用者的外貌導向、成就導向消費形象呈正相關。即網路對家長的生活愈重要,青少兒直播使用者的外貌導向、成就導向消費形象愈明顯。這意味著家長的生活模式,也影響青少兒直播使用者消費形象的建立與發展。

皮爾森績差相關分析發現,青少兒直播使用者上網時數與消費形象相關。不論週末假日或週間上網時數愈高,青少兒直播使用者的外貌導向、成就導向消費形象愈明顯;但個人導向消費形象反之。青少兒直播使用者的週末假日或週間上網時數愈短,其個人導向消費形象愈顯著。

青少兒直播使用者週間每日使用手機或平板時數愈多,其外貌導向消

費形象愈高，反之亦然。這表示青少兒直播使用者週間每日愈常使用手機或平板等行動載具，其消費形象愈看中外貌取向。行動載具可隨時使用，但對於個人消費形象的建立偏重消費面。

　　研究分別以 t 檢定分析個別動機不同，青少兒直播使用者的消費形象是否有所差異。結果發現，青少兒直播使用者隨著使用即時通訊、看色情網站、上論壇或 BBS、使用部落格、使用社群網站等不同上網動機，其外貌導向消費形象有顯著不同。

　　青少兒直播使用者隨著查詢資料的上網動機不同，其個人導向消費形象顯著有別。隨著使用部落格的上網動機不同，其成就導向消費形象顯著有所差異。

　　用逐步迴歸模式，以自變項是基本人口變項：性別、年級、學習階段、宗教信仰、家庭型態、家長教育、家長職業、家長科技觀、上網時間、上網頻率、網路社群參與類型、上網動機等變項；依變項則是整體消費形象所做出的預測模式，可以得到其方程式為：

整體自我意象＝ 0.33 父親職業＋0.02 年級

　　父親職業為專業者，或年級愈高，對青少兒直播使用者的整體消費形象具正向預測力。

整體自我意象＝ 0.38 父親職業

　　父親職業為專業者，對青少兒直播使用者的整體消費形象具正向預測力。

外貌導向自我意象＝0.39 父親職業＋0.03 年級

　　父親職業為專業者，或年級愈高，對青少兒直播使用者的外貌導向消費形象具正向預測力。

外貌導向自我意象=0.49 父親職業

父親職業為專業者，對青少兒直播使用者的外貌消費形象具正向預測力。

成就導向自我意象=-0.26 母親職業-0.29 上網頻率

這意味母親職業為工商服務業，上網頻率，對青少兒直播使用者的成就導向消費形象具負向預測力。母親職業為無業、家管、自由業、退休、其他等較彈性型態，親子相處與溝通機會較多，有助青少兒建立成就導向消費形象。

國內有關數位音訊服務的研究發現（黃葳威，2008；Huang, 2007），新科技採用者隨著學歷不同，其自我意象有所差異。研究驗證發現，青少兒家長職業的忙碌程度，影響親子相處、溝通品質及「青少兒成就導向消費形象」的建立。

有關日本手機的文化分析（Ito, 2003a, 2003b），追求時尚即類似「客體我」中的「物質我」追尋。觀察青少兒直播使用者的消費形象，對於新科技應用的接受與嘗新，即早掌握時尚，也有異曲同工的樣態。

第七節　結論與討論

青少兒生活與網路緊密結合，網路影音圖像更左右使用者的世界觀及價值觀。

前述實證研究以 t 檢定分析個別動機不同，青少兒直播族的消費形象是否有所差異。結果發現，隨著使用即時通訊、看色情網站、上論壇或BBS、使用部落格、使用社群網站等不同上網動機，青少兒的外貌導向和消費形象顯著不同。

　　青少兒直播使用者隨著使用部落格的上網動機不同，其成就導向、消費形象顯著有所差異。

　　直播服務隨著數位科技的發展，紛紛受到國內外產業與學術研究的關注。相關調查文獻多半針對立意抽樣成年人進行，對青少兒的直播使用行為分析則付之闕如。本文調查對象為台灣就讀小學三年級至大學三年級的大學生，可提供作為關注校園學生網路使用與消費的參考。

　　再者，文獻聚焦於調查對象的消費行為，期待從在校學生的學習階段，觀察青少兒直播使用者的自我形象，其個人、家庭以及上網行為，對於自我形象的影響。

　　人類學家賀爾（Edward T. Hall, 1976）在《超越文化》（*Beyond Culture*）一書提出所謂高情境文化（high-context culture）與低情境文化（low-context culture），前者偏重內團體成員間的經驗與相互影響。華人家庭文化為高情境文化，有別於西方個人主義（黃葳威，2018b）。

　　驗證結果顯示，父親職業為醫師、律師、會計師等專業，青少兒直播使用者的外貌導向自我形象較凸顯。相對地，父親職業為無業、自由業、退休、其他等，青少兒直播使用者的外貌導向自我形象則不明顯。

　　研究呼應過往兒少網路使用者的外貌導向自我形象，會隨母親職業類別不同而有所差異。家長職業的裝扮，有可能影響青少兒外貌導向自我形象的價值觀。

　　此外，母親職業為無業、家管、自由業等，青少兒直播使用者的成就導向自我形象較明顯。上述職業的角色，工作時間較有彈性或自主，青少兒直播使用者的成就導向自我形象較顯著，是否意味著親子相處對於青少兒價值觀具有影響？

　　即時通訊、論壇或 BBS、部落格以文字內容居多，色情網站則偏重視覺圖像，是否上述平台提供的訊息，以體態、外型為主，仍待後續分析。

　　網路對於個人消費形象的影響，有正面，也有負面，其中的勢均力敵，

仍待持續追蹤觀察。如何建立健康的消費形象，除了從資訊素養著手外，家庭、學校、社會等都扮演各自重要的角色。

伴隨直播自媒體興起浪潮，上網者個人如何乘風破浪，善用機會，遠離危機？提出以下 F6 建議：

1. 面對接納（face）：面對自己的優缺點，接納不完美，是提升自我的開始。
2. 聚焦正向（focus）：聚焦我能掌控的，正向思考我能努力的。
3. 尊重友善（friend）：尊重他人，包容異見，多鼓勵，少批評。
4. 釋放自己（free）：不因事情失控而過度感到罪惡，不須扛下所有意外的結果。
5. 饒恕他人（forgiveness）：寬恕他人失誤，忘掉不愉快經驗。
6. 保持彈性（flexibility）：避免受制於狹隘觀點，跳出框架，海闊天空。

第三章

數位時代社會資本

第一節　前言

近年台灣高中、大學入學方式，逐漸開放申請入學形式，希望提供年輕學子多元的選擇與升學管道。此舉引起諸多討論，反對方擔心來自不同背景的學生，可能因為所處環境、家庭與個人擁有的資本落差，而無法達到公平的理想。因此，各階段升學仍保留筆試入學的管道選項。

資訊社會發展過程，網路社群被視為是社群成員建立社會資本的一種途徑。數位時代社會傳播的媒介近用，網路社群的凝聚與黏著度，反映其可運用的社會資本。本章將從資本與社會資本角度，檢視網路社群近用網路直播的樣態。

第二節　資本與社會資本

資本（capital）一詞，追溯拉丁文起源，出自《出埃及記》三十四章30節：「到摩西從西乃山下來時，亞倫和以色列眾人看見他的面皮發光。」其中，面皮發光「קָרַן」，原意為「角」（horn）——黃昏日落，太陽光線看似巨大的角。因此「קָרַן」這個字衍生出「光線」（ray of light）的涵義，或動詞——「照耀」的涵義。

「קֶרֶן」（角），當時是儲存油的容器，隨著時代更迭，已逐漸演變為「容器」的意思（或是儲物處）。由此發展出「基金」、「企業資本額」（capital funds）的含意。動物的「角」，表徵其威勢及力量，因此「קֶרֶן」象徵性地代表「力量」及「威儀」。

從英文字根「CAP」觀察，《英國劍橋辭典》將「CAP」界定為帽子、

越過、保護等意涵。Capital 在中世紀和近代早期，意味著可投資或已投資於商業的資金，這個意義至今仍然存在。

蘇格蘭經濟學家亞當·史密斯（Adam Smith）將物質資產、機器和人力視為「資本」（謝宗林、李華夏譯，2000），這種主張開始主導經濟學的觀點。

亞當·史密斯在《國富論》提及，「資本」是指可用作抵押品的「貨幣」或其他可銷售「資產」。他認為，屬於某人的財物，就是這個人的資產。出讓使用權，以獲取利潤收益的資產，就是資本（謝宗林、李華夏譯，2000）。

《國富論》闡釋「資本的使用方法」有兩種（謝宗林、李華夏譯，2000）：一種是買進原料後加工，再將製成品賣出去獲利，或買進商品後轉售獲利——係所謂流動資本；第二種是買進土地、機器設備等不經由轉手就能獲利的資本——固定資本。

社會資本（social capital）一詞，最早是由美州政府鄉村教育監督人——韓尼凡（Lyda Hanifan）提出，他以「社會資本」陳述個人或家庭在日常生活互動所形成的資產，如團契夥伴關係（fellowship）、善意（good will）與同情心（sympathy）等（Hanifan, 1916）。

美國塔夫斯大學全球發展與環境研究所學者——妮娃·古德溫（Neva R. Goodwin）將資本區分為五種（Goodwin, 2003）：金融資本、自然資本、生產資本、人力資本和社會資本。

古德溫對五種資本的詮釋如下（Goodwin, 2003）：

1.金融資本：促進了經濟生產。儘管金融本身並不具有生產力，卻影響所有權制度或物質資本控制制度。

2.自然資本：由自然資源和生態系統服務組成。

3.生產資本：包括通過將人類生產活動應用於自然資本，並能夠提供商品或服務流而產生的有形資產。

4.人力資本：指通過教育和培訓繼承和獲得的個人生產能力。

5.社會資本：包含信任、相互理解、共同價值觀和社會知識（最具爭
議性和最難衡量）。

在經濟史上，焦點已從「物質密集型技術」轉向「訊息密集型技術」
（Goodwin, 2003）。這個技術可以同時節省三種生產要素：土地、勞動力
和生產資本。訊息技術可以承載物質資本背後的「非實體資本」，即共享
的理解和程序（人力和社會資本）。

其中維持「人力資本」和「社會資本」的存量同樣重要。一般傳統的
三項基本經濟活動——生產、消費、分配，三者仍須輔之以第四項功能
——「資源維持」。

古德溫（Goodwin, 2003）質疑經濟學家和社會學家對「資本」意義
的改變，強調「可抵押財產」對資本主義的重要性。如果涉及的人是奴隸，
「人力資本」只能是抵押。然而，「社會資本」永遠不能被當作抵押品，
甚至不能被他人擁有。

社會資本的界定，可區分為資源、互動、影響、集合、價值等取向。

一、資源取向

法國社會學者皮耶‧布迪厄（Pierre Bourdieu）將「社會資本」定義
為「真實或虛擬的資源的總和（the aggregate of the actual or potential
resources），而這些資源是通過擁有一個持久的網絡，或者一定程度上制
度化的『相互認識和承認的關係』，其累積在個人或群體」（Bourdieu,
1986）。

社會資本本身是一種資源，其形成的來源也是重要的資產。它是一種
行動的資源，蘊藏在人類的關係當中，它存在各種不同的層次，包括家庭、
鄰居和社會（Briggs, 1997）。

不論正式或非正式社會網絡的資產，皆屬於社會資本。個人可藉由生

產或分配物品／勞務而產生（Rose, 1998）。

二、互動取向

社會資本是指個人或家庭在日常生活互動中所形成的資產，如團契夥伴關係（fellowship）、善意（good will）等（Hanifan, 1916）。社會資本於人際關係與社會網絡資源中，是經過社會關係所得來的，這些關係網絡可能在不同情境中成為社會資本。它不等同於社會關係，因為我們每個人都有社會關係，或多或少都有權力大、財富多、社會地位高的親友（林南，2007，頁 8）。

因而，社會資本是一個人的社會網絡以及他透過直接或間接觸能「動員的資源之總體」（Ganzeboom & Flap, 1989）。

三、影響取向

就功能而言，社會資本是行動者「與他人或組織建立的關係」所形成的資源，僅存在於行動者與他人之間的「關係結構」中；社會資本由社會結構的某些特質構成，行動者能將此種關係結構當作資源，對行動者之能力與生活質量產生影響力，但此種關係結構無法被占為己有（Coleman, 1988）。

從治理的角度來看，社會資本能夠藉由促進協調的行動，增進社會效率，改善社會組織，例如：規範、信任和網絡（Putnam, 1993）。

四、集合取向

社會資本可能為個人或團體成員擁有，如同鑲嵌在人們社會關係中之社會資源的總集合（Burt, 1992），經由長期穩定的社會關係，產生的個人和集體資源（Adler & Kwon, 2000），累績成為「社會資本」。

五、價值取向

生態環境專家指出,「社會資本」是最具爭議性和最難衡量的,包含信任、相互理解、共同價值觀和社會知識(Goodwin, 2003)。

社會資本宛如一套存在於「承諾彼此合作之團體成員」所共同分享的非正式價值或規範(Fukuyama, 1997)。

第三節 社會資本類型

美國史丹福大學教授馬克・格蘭諾維特(Mark Granovetter)提出所謂弱連結(weak-tie)和強連結(strong-tie)的互動形式。

馬克・格蘭諾維特(Granovetter, 1973)研究發現,成功找到工作的人未必擁有穩固的人際關係和友誼,反倒是擁有一些弱連結,但有較為廣泛的人際關係。

社會關係的建立需要累積,係一動態連續的連結或聚合過程;一般可從「強連結」到「弱連結」關係,將社會資本區分為三種類型(Kearns, 2003, p.43; Johnston & Percy-Smith, 2003, p.323; Middleton et al., 2005, pp.17-16; Newman & Dale, 2005, p.479; Talbot & Walker, 2007, p.482):

一、黏接型社會資本(bonding social capital)

又稱為「結合型社會資本」,成員間基於特有的認同且同質性背景,彼此間有多面向的關係。黏接型社會資本的成員間接觸緊密,且具有忠誠度或承諾,成員間提供情緒或實質性支持,在背景上並沒有太大的差異,但有較強的人脈關係,持續的互惠會發現它提供了強而有力的情感和實質性支持與動員支持(Williams, 2006)。親友、鄰居、家人等,皆屬於黏接

型社會資本成員。

這樣的緊密關係，也被視為一種「我群」（like-me）的連結（Putnam, 2000）。類似關係連結，形同透過「強關係網絡」產生的社會資本，可以達到的功能有：

1. 維繫情感：彼此形成支持系統，也相信他人可協助自己解決問題，互相提供建議，並有人可以陪伴或降低孤獨感。
2. 資源提供：成員間可獲得或多或少的資源，這樣的支援方式，讓給予者和接受者彼此互惠。
3. 成員動員：調動團結互助的能力，當面臨困難時，是否能夠尋求他人的幫助，他人是否可以做一些重要的事或聲援襄助等。
4. 敵我分明：當內團體與外團體的意識形成異同，彼此區別或標籤化他者，可能導致敵意、懷疑和猜忌，衍生不必要的家族、種族、國家、年齡的偏見或歧視。

二、橋接型社會資本（bridging social capital）

有別於黏接型社會資本，橋接型社會資本由異質性高的成員組成，呈現較弱、較疏離及平行橫斷的社會連結。一般友人、同儕、同事、社區民間團體或宗教團體等，皆屬於橋接型社會資本。

哈佛大學公共政策教授普特南（Robert R. Putnam），將橋接式連結視為一種「非我族類」（unlike me）的他群連結（Putnam, 2000），連結範圍廣泛並具有包容性，主要存在於不同背景的人際社會網路連接。

橋接式連結可能只是暫時的關係，缺乏深度，卻有足夠的寬廣包容，可以擴大成員對社會的視野、世界觀，也有機會開拓資訊和新資源（Williams, 2006）。

普特南分析橋接型社會資本的理論準則有四（Putnam, 2000）：

1. 外向開放（outward looking）：是指要多看外面的世界並與外界接觸，不要抱著與世隔絕的心態，以更開放的態度來接受挑戰。

2. 廣結善緣：弱連結網絡的優勢，在於集合不同背景的人們，如：不同的年齡、宗教、性別、階級、職業和種族等。

3. 成員組成：廣泛的群體（broader group）是指相對於個人而言，並不是特定目標群，對不同的人各有涵義。

4. 廣泛社群成員間互惠互助：這個概念涉及互惠（reciprocity）的原則，而不讓他人有接受回報的期待。

哈佛大學研究員茱蒂絲・多納斯（Judith Stefania Donath）及微軟首席研究員丹娜・博伊德（Donah Boyd）分析（Donath & Boyd, 2004）：社群網站可以大大提高「弱連結」的形成和維持，社群網站的技術非常適合用來維持這種容易簡單的關係。

然而，這些弱連結（weak-tie）並不能獲得黏接型社會資本（bonding social capital）的好處（Donath & Boyd, 2004）。弱連結缺乏相互依存和共通性，其網絡不易提供強烈的情緒或實質性的支持。相對而言，強連結（strong-tie）的網絡反倒可提供更多情緒或實質性的支持。

三、連結型社會資本（linking social capital）

連結型社會資本是垂直的連結，人們或組織可跨越既有的界限、地位，特別是指社區成員，和直接或間接影響社區之個體、社區、市場或公共組織之間的連結。可促使人們或團體跨越既有的疆界，透過與不同層級的個人、組織或團體的連結來獲取資源。

從網絡關係的緊密度而言，「黏接型社會資本」的成員間互動較為密切，屬非正式之直接網絡的關係，如家屬、親密朋友或鄰居；「橋接型社會資本」成員可跨越非正式網絡，與「直接團體」以外的社區他人或團體間往來互動；「連結型社會資本」成員可跨越社區界線，與社區外的個人、

團體或組織的互動，藉由成員間的互動對社區取得外部資源有相當影響。

社會資本的意涵隨著網際網路的出現而產生改變，社會資本的核心理念認為「社會網絡」（social networks）是社會的重要資產（Field, 2003）。

學者倪諾曼（Norman H. Nie）則提出「時間取代論」：電腦中介傳播（computer-mediated communication, CMC）的互動模式，是將現實生活中參與活動的時間，換取在網路上與他人互動的時間（Nie, 2001）。他認為這對真實社會資本必然是種損害，反映網路媒體具有絕對的孤立本質。

樂觀者主張，網路社群間的連動與拓展，如同多方向延伸的網絡，觀察網路使用者透過社群媒體連結真實社會的人際關係，也同步如變形蟲般伸展。社群媒體橋接了真實生活的人際圈與無線跨展的社群網絡，也維繫了人們真實生活的人際關係，形同所謂「社群資本的開拓」（Ellison, Steinfield & Lampe, 2007; Albarran, 2013）。

究竟網路對社群成員產生建立人脈的加乘效果？或遞減衝擊？網路直播服務出現，新階段的網路應用對社群的影響，值得持續追蹤探索。

第四節 社群與網路直播

1991 年 8 月 23 日，英國電腦科學家提姆・柏內茲・李爵士（Tim Berners Lee）研發提出全球互聯網（World Wide Web），這個分散式多媒體網路資訊系統簡稱為 WWW，網際網路於焉誕生於日內瓦的歐洲粒子物理實驗室 CERN（European Organization for Nuclear Research）。

網路社群的形成，肇始於網路有縮短時空距離以及互動性的特質，具有共同興趣的網友常彼此主動建立關係，而形成社群，強化了網友對某一網站或產品的忠誠度與凝聚力；也藉由此社群，使得網站得以長期的經營與發展。

「社群」（community），就其詞源拉丁字 "communis" 來看，其原意是指「同胞」或「共同的關係與感覺」。英文 "community" 一詞，如果是指人類的居住情境，則中文大多譯為「社區」或「社群」；也有人以日本的譯法稱之為「共同體」。

具體而言，社群具有以下三種概念（社區發展季刊社論，1995）：

1.重視地理或結構的概念，為居民共同生活的地區。
2.關注心理或互動的概念，為居民生活中相互關聯與依賴的共同體。
3.看重行動或功能的概念，是居民互相保衛與共謀福利的集體行動。

社群是人們建立關係的地方，是一種動態、持續不斷的且非僵化的建構過程（Cohen, 1985）。莊道明（1998）也指出，多數國外文獻定義的「社群」是指：「一群人於特定區域內，彼此相互交流與共用設施，其成員感受到彼此相互依賴與歸屬的認同感。」也就是說，所謂的社群是一個與其他群體之間在活動範圍上有所區隔，心理層次的歸屬也有所區分的一種群體。在此有形、無形的界線都被強調。

社群的形成通常有以下五種條件：共同的空間、共同的價值、共同的語言、共同的經驗、共同的目的（Todd, 1999）。此外，還要有能凝聚向心力的維繫力量，才能構成完整的社群。

社群也代表一種歸屬感。社群如同在一個團體中產生連結與歸屬感，社群成員關係的建立，來自以下的因素：成員認同、產生影響、滿足需求及連結情感（McMillan & Chavis, 1986; 轉引自張元力，2005）。

整體觀察，網路社群組成的要件包含（黃葳威，2018b）：

1.空間：過往為生活於同一地理區位，網路社群成員則在社群平台交流。
2.價值：網路社群成員有相似的價值信念，交流彼此的觀念與構想。
3.語言：網路社群成員互動頻繁，形成特有的溝通使用語言詞彙。

4.經驗：網路社群成員可能因相似的經歷在網路相遇，分享各自的經驗。

5.目的：網路社群成員可以持續交流，常因抱持共同的目的或使命。

6.關注：網路社群成員一起關心留意特定議題發展，不時透過網路平台分享傳遞。

7.行動：網路社群成員會因相同目的採取相同方法與行動。

8.影響：網路社群成員在社群平台彼此溝通，甚至可以激發、動員成員參與實體社會改革，產生相當的影響力。

9.凝聚：擁有凝聚向心力的維繫力量，方能構成完整的社群。

社群媒體將原本互不相識的網際網路使用者結合在一起，透過網路所提供的虛擬空間，分享彼此專業知識與經驗，增進團體認同和人際關係互動，有效的整合了溝通、資訊傳遞、娛樂，以及交易等線上功能（王維鳴，2001）。

行銷管理學者柯特樂（Philip Kotler）主張，人們至少會在三個面向上受到「參考團體」的重要影響（Kotler & Keller, 2011）：

1.參考團體會迫使個人接受新的行為與生活型態：如加入一生態社團或兒少婦女組織或聯誼會，成員會因為社團訴求或關懷面，彼此實踐、應用或動員集體行動。

2.參考團體會影響個人的態度：所謂物以類聚，足以說明參考團體對個別成員觀念、生活視野，或價值理念交流的影響。

3.參考團體會產生一致性的壓力，進而影響個人的選擇：一些產業公會，或相關媒體自律組織，彼此建立組織的章程與推動目標，成員按照組織章程推展相關事務，不遵守章程者會受到其他成員的質疑或抵制。

常見的參考團體包括親友、鄰舍、同學或同事等初級群體，以及社團、

組織、公會等次級群體。隨著上網人口和時數的增加，社群媒體儼然已成為人們行為的參考架構。新世代的網友不僅懂得透過網路分享個人經驗，亦利用網路蒐集資訊與情報，連電視新聞都常在網路上尋找新聞題材作為報導主題。

第五節　實證分析

實證分析採「親身問卷調查法」。依據教育部 2018 年公告的台灣地區 22 縣市國民小學三年級至大學三年級學生，針對 57 所國小、30 所國中、57 所高中、46 所大學，共計 190 所大學、高國中小學，發出 16,500 份問卷，回收 16,169 份有效問卷。樣本涵蓋國小三年級至六年級、國中七年級至九年級、高中一年級至三年級、大學一年級至三年級。其中青少兒直播使用者占整體有效樣本的 6%，共計 946 份有效問卷。

問卷分個人基本資料及社群參與。個人基本資料有：性別、年級、學習階段、週間及週末上網時間與頻率、週間及週末手機／平板使用時間與頻率等。

網路社群參與包含是否參加網路社群，以及參加的社群型態。

網路社團或家族分類則依照雅虎奇摩網站家族的分類：親友學校、聯誼交友、娛樂流行、星座命理、運動休閒、醫療保健、電腦通訊、藝文學術、商業金融，以及沒參加家族。

研究結果呈現，青少兒直播使用者將網路直播視為社會資本的建置與累積。

青少兒參與的網路社群以「娛樂流行」類型占最多數（54.9%），其次依序為「親友學校」（54.1%）、「運動休閒」（40.1%）、「電腦通訊」（33.4%）、「聯誼交友」（31.2%）。

表 3-1　青少兒直播使用者網路社群參與類型

	親友學校	娛樂流行	運動休閒	聯誼交友	藝文學術	電腦資訊	星座命理	醫療保健	商業金融	其他	不知道
次數	406	412	301	234	173	251	117	64	59	38	46
參與類型百分比	54.1%	54.9%	40.1%	31.2%	23.0%	33.4%	15.6%	8.5%	7.9	5.1	6.1%
占總數百分比	19%	20%	14%	11%	8%	12%	6%	3%	3%	2%	2%

　　文獻顯示，「黏接型社會資本」的成員間互動較為密切，屬非正式之直接網絡的關係，如親友學校；「橋接型社會資本」成員可跨越非正式網絡，與直接團體以外的社區他人或團體間往來互動，如聯誼交友；「連結型社會資本」成員可跨越社區界線，與社區外的個人、團體或組織的互動，成員間互動對社區取得外部資源有相當影響，如娛樂流行、運動休閒、星座命理、電腦通訊、藝文學術、醫療保健、商業金融等。

　　這呈現出直播族的社群參與以「連結型社會資本」最多，其次是「橋接型社會資本」，再者是「黏接型社會資本」。

　　整體來看，青少兒週末假日每天平均上網時數，從零小時至二十四小時不等，大致以一至三小時的比率最高。

　　青少兒週間每天平均上網時數，從零小時至二十四小時不等，大致介於一至二小時的比率最高。

　　統計分析顯示，青少兒週末假日每日用手機或平板時數從零小時至二十四小時不等，以一至二小時的比率最高。

　　觀察青少兒直播使用者的手機或平板使用時數，青少兒週間每日用手機或平板時數從零小時至二十四小時不等，大致以二至三小時的比率最高。

　　整體分析，直播使用者每週上網 26.43 小時，使用手機 27.96 小時。

表 3-2　週末假日每日平均上網時數

週末假日每日平均上網時數	次數	百分比
0	38	4.2
1	127	15.7
2	226	25.8
3	113	12.9
4	81	9.2
5	69	7.9
6	66	7.5
7	18	2.1
8	61	6.9
9	8	0.9
10	50	5.7
11	4	0.5
12	53	6.1
13	9	1.0
14	9	1.0
15	10	1.1
16	14	1.6
17	1	0.1
18	7	0.8
19	2	0.2
20	4	0.5
21	1	0.1
24	1	0.1
總和	972	100.0

直播使用者週末每日平均上網時間為 5.19 小時，週間每日平均上網時間為 3.21 小時；週末每日平均使用手機 5.03 小時，週間每日平均使用手機 3.58 小時。

表 3-3　週間每日平均上網時數

週間每日平均上網時數	次數	百分比
0	128	14.0
1	220	24.9
2	153	17.3
3	89	10.1
4	86	9.8
5	57	6.4
6	42	4.7
7	10	1.1
8	27	3
9	2	0.2
10	22	2.5
11	1	0.1
12	23	2.6
13	3	0.3
14	1	0.1
15	5	0.6
16	8	0.9
18	2	0.2
20	4	0.5
21	1	0.1
總和	884	100.0

　　小三至大三的青少兒直播使用者每週上網頻率以每天都用最多（73.5%），其次是週末假日才用，其他依序是每週上網五、六天（4.4%），每週上網三、四天（4.3%），以及每週上網一兩天（3.8%），或不用（0.4%）。

表 3-4　週間每日平均用手機／平板時數

週間每日手機／平板時數	次數	百分比
0	14	1.7
1	109	13.7
2	128	16.1
3	119	15
4	73	9.2
5	91	11.5
6	71	8.9
7	14	1.8
8	41	5.1
9	4	0.5
10	48	6.0
12	38	4.8
13	4	0.5
14	8	1.0
15	8	1.0
16	11	1.4
17	2	0.3
18	6	0.8
20	3	0.4
22	1	0.1
24	2	0.3
總和	795	100.0

　　法國社會學者皮耶・布迪厄（Pierre Bourdieu）將「社會資本」定義為「真實或虛擬的資源的總和（the aggregate of the actual or potential resources），而這些資源是通過擁有一個持久的網絡，或者一定程度上制度化的『相互認識和承認的關係』，其累積在個人或群體。」（Bourdieu, 1986）

表 3-5　週末假日每日平均用手機／平板時數

週間每日手機／平板時數	次數	百分比
0	63	7.7
1	188	23.4
2	152	18.8
3	116	14.2
4	65	8.1
5	62	7.7
6	50	6.2
7	7	0.9
8	28	3.5
9	4	0.5
10	28	3.5
11	1	0.1
12	18	2.2
13	1	0.1
14	2	0.2
15	5	0.6
16	7	0.9
17	1	0.1
18	3	0.4
20	1	0.1
24	3	0.4
總和	805	100.0

表 3-6　青少兒直播使用者媒體使用時間

	週間每日時數	週末每日時數
上網時間	3.21	5.19
手機使用	3.58	5.03

表 3-7　青少兒直播使用者上網頻率

上網頻率	次數	百分比
每日都用	681	73.5
一星期用五、六天	40	4.3
一星期用三、四天	41	4.4
一星期用一、兩天	35	3.8
只有週末、假日才用	125	13.5
不用	4	0.43
總和	926	100.0

　　呼應國外文獻主張（Briggs, 1997），社會資本是一種行動的資源，蘊藏在人類的關係當中，它存在各種不同的層次，包括家庭、鄰居和社會。

　　很明顯地，網路直播使用過程，社群間已經形成一定的凝聚力，社群也是 e 世代青少兒的重要同儕。「社群關係」有助於創造「社會資本」，「網路直播服務」為透過社群網絡的新型態內容與服務。

第六節　結論、討論與建議

　　「直播服務」隨著數位科技的發展，各國產業與學術研究紛紛關注。文獻分析使用者的動機偏重單一特定「網路社群平台」的用戶分析，本研究使用網路直播的使用者則不限於單一社群平台，期待從整體直播使用者角度出發。

　　其次，相關調查文獻多半立意抽樣針對「成年人」進行，分析「青少兒」的直播使用行為付之闕如。本文調查對象為台灣就讀小學三年級至大學三年級的大學生，可提供作為關注「校園學生網路使用與消費」的參考。

　　本文聚焦調查對象的使用行為，期待從在學生的學習階段，觀察青少

兒直播使用者上網時間及網路社群參與。

在分析青少兒直播族的社群參與類型得知，青少兒參與的網路社群以「娛樂流行」類型占最多數（54.9%），其次依序為「親友學校」（54.1%）、「運動休閒」（40.1%）、「電腦通訊」（33.4%）、「聯誼交友」（31.2%）。台灣青少兒在學學生網路社群參與類型以「連結型社會資本」較多，如「娛樂流行」、「運動休閒」、「電腦通訊」、「聯誼交友」等，成員間互動不如親族般緊密；其次為「親友學校」的黏接型社會資本，成員間關係相較緊密。

青少兒直播族的社會資本累積，偏向「連結型社會資本」，實體生活中的黏接型社會資本未必是重點。這代表直播族的確透過「連結型社會資本」或「橋接型社會資本」等社群類型，開拓並累積社會資本，有別於真實生活中的黏接型社會資本的聚集。

前述調查雖以普遍使用直播的青少兒學生為主，雖避免限制於單一社群平台用戶，但受限於問卷長度，以「社群平台類型」進行分析，沒有將直播使用者所使用個別平台納入考量，此為研究限制，建議後續研究可評估是否增列直播使用者偏好的社群平台。

此外，研究問卷直播使用者以「開直播」為主，未能進一步調查開直播者是否也關注其他直播內容或服務等，這些也可納入後續研究分析的方向。

研究從整體進行直播使用者的調查，開直播為自媒體的展現，台灣青少兒在醫療保健、商業金融、星座命理、運動休閒等社群平台參與，這些社群平台有特定的專業訊息或服務，其自我形象顯著有所差異。這是否意味著，青少兒直播使用者參與上述專業訊息的社群，較容易從資訊尋求角度接收內容，是否也傾向採信平台所傳遞的訊息或服務，容易照單全收？上述平台的行銷或置入廣告，是否也比較容易說服使用者？值得後續探討應證。

國外文獻多探討電競或社群平台的直播使用行為，上述平台以娛樂、

聯誼、電玩為主，社群成員以放鬆開心為主；目前在瀏覽影音，或和其他成員互動聊天，共同完成闖關任務，類似社群成員間的互動，有待進一步查驗。

第四章

數位時代樂齡近用

第一節　前言

　　人工智慧（artificial intelligence, AI）與物聯網（Internet of Things）、區塊鏈（blockchain）應用日益普及，社交媒體調查機構 "We Are Social" 與品牌管理服務提供商 "Hootsuite" 發表「2018 年全球數位報告」顯示，全球使用網路的人口已破 40 億大關，占全球人口 57%（林行健，2018）。

　　全球上網人口數逾五成，台灣 12 歲以上的上網人口達 1,738 萬人，行動上網率逐年攀升，突破七成（台灣網路資訊中心，2019）；其中 65 歲以上的上網率下降，65 歲以上上網率僅 31.1%；64 歲以下上網率超過六成，形成年齡面向的數位落差。高齡人口無論在擁有智慧型手機方面，以及使用網路或社群媒體的情況，皆為總人口比率最低的族群，因此政府與非營利組織致力推動打造友善樂齡的數位環境。

　　內政部 2018 年統計，台灣 65 歲以上老年人口數為 331 萬人，占總人口比率已達 14.05%。以世界衛生組織（World Health Organization）定義，台灣正式進入「高齡社會」（aged society）。

　　依照推估，台灣預計 2026 年後步入「超高齡社會」，人口老化速度更急速於美國的十四年、法國的二十九年與英國的五十一年，反映台灣人口老化的急遽（內政部戶政司，2018）。面對人口結構巨大的改變以及人口老化迅速的衝擊，珍視與維護高齡人口的生活品質以及人性尊嚴（Bründl, Matt & Hess, 2017），刻不容緩。

　　聯合國於 2003 年起舉行「資訊社會世界高峰會」（World Summit on the Information Society, WSIS），以社會結構的轉變為主軸，強調在 21 世紀資訊社會「如何使資訊社會惠及全人類，消除數位落差」（黃葳威，2018b）。主張全人類得以自由接收、分享或運用資訊與知識（Girard &

Ó Siochrú, 2003），建造公開包容的資訊社會。

　　樂齡人士使用數位科技的比率，某些程度反映其是否融入資訊社會，媒體近用是資訊社會的基本選項，無論社會或社區採取了什麼措施來改變生活，都不得違反基本人權。本研究將探討樂齡人士學習智慧型手機的媒介近用實踐。

第二節　媒體近用權

　　聯合國教育科學文化組織在 1982 年 12 月倡導國際資訊新秩序（new international information order），揭示「傳播的權利」（the right to communicate），說明不同國家（第三世界與第一世界國家）、區域，乃至個人均應享有傳播權（Snijders, 1983）。

　　聯合國前秘書長卡菲‧安南（Kofi Annan）在 2006 年首屆「聯合國網路治理論壇」（Internet Governance Forum, IGF）指出：「我們正以生活、學習、工作、溝通，以及從事商業活動的方式，跨時代地轉變。我們一定要以自主的方式決定自己的命運。科技帶來了資訊時代，現在則取決於我們是否建造資訊社會的時候了。」（黃葳威，2012）

　　聯合國對媒體近用的觀點，隨資訊科技進化逐漸演進，從關注第三世界的區域傳播與發聲，至個體面的兒少、婦女、特定族群等各世代族群的近用權。媒介近用權實踐相關文獻大致從使用、參與、傳播三面向進行探討（黃葳威，2004），面對資訊科技載具的演進普及，本文將從資訊近用、科技近用、參與近用、傳播近用等面向，探討樂齡人士的智慧型手機近用權實踐。

一、資訊近用

自 1945 年以來，大多數西方工業化國家嘗試實現資訊自由流動的理念，主張各國有在任何地方蒐集、傳播和發布新聞的權利，以期透過資訊交流，促進世界和平與進步。當時拉丁美洲、非洲、亞洲等第三世界國家，透過媒體資訊來治理國家，已開發國家則逐漸感受到國家主權可能被干擾的壓力（Schiller, 1974）。

不結盟新聞組織（The Non-Aligned News Agencies Pool, NANAP）是自 1975 到 1990 年代中期非洲和南亞不結盟國家，具半官方色彩的新聞社之間的合作平台（Wolfe, 1980）。其回應西方已開發國家的理念，提出《世界信息和傳播新秩序》（New World Information and Communication Order, NWICO），從不同發展國家角度辯論資訊接近意義，認為資訊自由流通（free flow）是「平衡流通」（balanced flow），而非西方國家聲稱的「豁免流通」（free flow）。

不結盟新聞組織將「平衡流通」界定為各國的訊息流通，內容和數量均受地主國政府監管。各國竭力「輸出」其認為其他國家適合獲悉的本國相關資訊，「輸入」其認為對本國公民有用和有益的資訊。為達最佳平衡，第三世界國家政府不得不壟斷資訊市場，使政府在資訊審查系統影響力較大（Records of the General Conference Nineteenth Session, 1976）。這些從第三世界國家角度出發的觀點，提醒已開發國家所謂對等的資訊交流，應尊重第三世界國家社會發展的主體性，也衝擊已開發國家對於第三世界資訊流通的標準。

第一世界國家係從市場經濟角度定義「豁免流動」，期待世界各國和私人新聞社以「商品的形式」蒐集和傳播消息，透過在特定地點設置的新聞通訊社蒐集訊息，傳遞他們認為可以透過利益交換從受眾得知訊息（Records of the General Conference Nineteenth Session, 1976）。在這樣的市

場機制系統中，一些弱勢社群或低開發國家在國際媒體便沒有發聲的管道。

　　不結盟新聞組織於 1970 年代倡導「新的國際經濟秩序」（New International Economic Order, NIEO）訴求，直到 1980 年代初，聯合國教科文組織委由愛爾蘭外交官西恩・馬克布萊德（Sean MacBride）主持獨立委員會（Wolfe, 1980），提倡「多種聲音，一個世界」主張，並於 1980 年聯合國教科文組織第二十一屆會員大會通過，至今仍是全球辯論歷史上有關傳播問題的一個里程碑。

　　這階段的媒體近用權，訴諸資訊再現應尊重報導人事物的主體價值。如 1978 年馬克布萊德報告揭示：傳播可被視為個人、區域乃至國家參與任何公共機構管理的保證途徑（Snijders, 1983, p.3, 5）。

　　上述對傳播權概念的界定，明顯地勾勒出不論發展程度的任何國家、區域以及個人，皆享有主動蒐集、主動傳遞，或被動知曉、被動通知的權利，也就是參與任何公眾事務權利。這種傳播權可避免傳播媒體被誤用，亦可監督媒體運作，不僅代表一種參與權，也代表一種接近媒體的權利。

二、科技近用

　　1970 年代國際新聞的主要提供來自發展國家的消息來源，包含合眾國際社（United Press International, UPI）、美聯社（Associated Press, AP），法新社（L'Agence France-Presse, AFP）和英國的路透社（Reuters）等西方國家通訊社（Wolfe, 1980）。這種情況導致國際資訊流通的失衡。

　　發展中國家遂呼籲新國際經濟秩序（NIEO），質疑國際貨幣體系改革從已開發國家到發展中國家的技術原材料價格比製成品價格高（Mahiou, 2011），致力於更公平適切地分配各國的財富和資源。

　　傳播學者馬塔（Matta, 1984）認為，科技表面上使人類能夠接近更多的資訊，讓互動機會增加，因而減少人與人之間的矛盾衝突。其實，傳播

科技的普及可能只是幻象，因為傳播科技可能帶來更多垂直式的傳播方式，反而阻礙參與。他強調任何傳播政策的擬訂應重視「科技人性化」。

1977 年加拿大電訊傳播研究（Canadian telecommunication studies）報告所言：「由獲悉、被知悉、告知、被告知等權利所構成。」發展傳播的學者指出，「接近資訊」的權利與「參與傳播」的權利，是亞洲社會須努力的方向（Silberman, 1979），市民均有參與規劃的權利。Silberman 的主張，反映民眾參與傳播過程的角色，更顯示傳播媒體係公共資源，與民眾的科技近用權與參與權密不可分。

發展中國家提出「資訊主權」（information sovereignty）的訴求。各國將資訊視為一種國家資源，國家擁有其主權。應像其他任何權利一樣，在現代化和發展過程中，國家應擁有使用資訊與媒體資源的權利（Mahiou, 2011）。

美國前副總統高爾（Al Gore）1994 年在「國際電信聯盟會議」將網際網路視為資訊高速公路（Vincent, 1997），呼籲掌握「技術突破和經濟手段」（technological breakthroughs and economic means），連結全世界，有助於經濟與社會發展、兒少教育，並促進社區成員交流互動，網路平台也形成全球消費者購買或出售產品的資訊市場。

已開發國家不再只是透過其通訊社的擴張進入發展中國家，也應讓發展中國家可以參與資訊內容的產製，「媒體近用權」應進展至科技近用，以及參與近用的層面。

三、參與近用

傳播學者馬塔（Matta, 1984）認為，任何傳播政策的擬訂，應將資訊視為一種公共服務事業；要重視傳播是一種社會權利；要能促進有效的傳播參與；科技人性化等（陳世敏，1989；黃葳威，1997）。

馬塔對於參與權的詮釋，將傳播事業視為一種須由傳播業者與社會大

眾共同參與的公共服務事業，他不諱言有效的傳播參與難以落實到社會各團體或分子，但強調立法保障傳播權利的重要性，促使傳播業者廣徵民意，並鼓勵社會大眾珍視善用其參與權利（黃葳威，1997）。

亞洲大眾傳播研究資訊中心的執行秘書馬隆（Vijay Menon）在談及資訊共享與公民參與傳播過程時，提出以下建議（Menon, 1986, pp.89-90）：

1. 政府相關部門應改善傳播過程中行政體系過度集權中心化的現象，加速訊息傳遞給民眾的時效，考慮基層老百姓對發展訊息的瞭解程度。
2. 媒體不僅反映政府相關部門的事務，也應呈現社會其他層面的事宜。
3. 政府應加強諸如遠距學習、非正式、以社區為主導的教學節目或活動，以補償因學雜費上漲而無法正式就學的失學人士的學習需要。
4. 政府應派遣能與居民打成一片的專業人士，提供民眾適宜的訓練。
5. 媒體與一般民眾，應不斷牢記人民所享有的「傳播的權利」。

馬隆不僅強調組織在社會中所應享有的自由傳播權利，更揭櫫社會中每個成員都應監督媒體運作及使用傳遞內容的傳播權。這代表一般民眾回饋意見的重要性，也呈現媒體組織與民眾之間的互動、雙向溝通關係。

分析美國肯塔基州路易斯維爾市報紙的「觀點專欄」投書者（Forsythe, 1950）得知，讀者投書如同「社會安全閥」（social safety valve）（黃葳威，2004），讀者投書專欄扮演著紓解民眾情緒的功能。

唐倫（Tarrant, 1957）分析讀者投書的作者未必都是所謂患有妄想症（crackpot）的人，處處和社會現況作對；相對地，讀者投書的作者大多受過高等教育，是比較成熟、善於表達自己的一群人，因此使得讀者投書成為一個主動參與社會的機制民眾組成的公共論壇。

有關中國大陸文化大革命的研究指出（Chu & Chu, 1981），讀者投書

如同整合社會意識型態的機制。若是以四人幫被批鬥的時代為例，讀者投書則相當於化解社會衝突的工具。

美國商業委員會傳播附屬委員會（Subcommittee on Communications of the Committee on Commerce）1968年的報告，說明廣播電台利用電話進行的叩應（Call-in）節目，如同一個開放麥克風的廣播論壇（open mike radio forum），可促進地方民主政治發展（Crittenden, 1971），民眾對叩應節目參與的程度，可被視為其對地方公共事務熱中與否的指標。

台灣司法院大法官解釋字第364號解釋：「接近使用傳播媒體之權利（the right of access to the media），民眾得依一定條件，要求傳播媒體提供版面或時間，行使表達意見之權利而言，以促進媒體報導或評論之確實、公正。如媒體之報導或評論有錯誤而侵害他人之權利者，受害人即可要求媒體更正或答辯，以資補救。」

探索閱聽人在廣播（黃葳威，1997）、電視媒體（黃葳威，2004）的叩應節目中，參與傳播的回饋模式，大致可以分為：單向有限、比較信賴、保持距離等型態。單向有限回饋意指閱聽人參與傳播，卻沒有得到適切的互動；比較信賴則是閱聽人和媒體間的互動頻繁，且多為有效溝通；保持距離形同零回饋，閱聽人對於參與互動無動於衷。

四、傳播近用

聯合國《世界人權宣言》宣示人們有透過媒體自由表達意見的權力。美國法律學者拜倫（Jerome A. Barron, 1967, 2003）質疑，美國憲法第一修正案強調保障言論自由的主張其實並不周延，因為只有保護媒體及其老闆的言論自由，卻忽略市民大眾表達意見的自由。顯示第一憲法修正案的主張是不足夠的，還應重視民眾接近大眾媒體的言論自由（rights of access to the media），他主張政府應立法保障人民的媒體近用權。

拜倫在1967年提出的媒體近用主張，主要是針對民眾近用報紙（印

刷媒體）的自由，如讀者投書、表達意見、購買廣告版面等，並未涉及廣電媒體。直到其 2003 年之後才談及廣電媒體，包括有線電視系統之公用頻道。發展至此，媒體近用權進入民眾可以自行辦「社區媒體」的時代，自製播放於公用頻道的影音節目，形同傳播者的角色。

亞洲大眾傳播研究資訊中心的執行秘書馬隆（Vijay Menon）說明，資訊共享與公民參與傳播過程時，也關注民眾本身擁有表達其意見的權利，呼應市民大眾擁有媒體傳播的主體性。這些理念隨著網際網路時代而成為可能，也迅速普及化。

數位網路時代來臨，無線廣播電視線性、單向的服務受到結構性的挑戰，閱聽大眾使用數位媒體可享有較多自主權與參與權，不再是單向、被動、無回饋的傳播路徑。

聯合國 2003 年起舉行「資訊社會世界高峰會」（World Summit on the Information Society, WSIS），以社會結構的轉變為主軸，強調在二十一世紀資訊社會「如何使資訊社會惠及全人類，消除數位落差」（黃葳威，2018b）。會中主張，以全人類得以自由接收、分享或運用資訊與知識，建造公開包容的資訊社會（Girard & Ó Siochrú, 2003）。

2005 年聯合國第二屆「資訊社會世界高峰會」聚焦「資訊社會轉變成知識社會」的議題，通過「資訊社會──突尼斯議題」，決議展開籌辦聯合國第一屆「網路治理論壇」，集結各國產官學代表與相關民間團體進行對話。「網路治理論壇」成立背景乃依據突尼斯議程第 72 項──「網路治理論壇」有關媒體近用使命有（黃葳威，2008）：向各方利益相關人提出建議計畫，加速促使發展中國家人民使用網路的方案。

2006 年 11 月，聯合國首屆「網路治理論壇」集結各國產官學代表與相關 NGO 民間團體，就開放性（openness）、安全性（security）、多樣性（diversity）、接近性（access）等四個子題進行討論與對話（黃葳威，2008）；針對開放性研商上網涉及的言論自由及觀念、資訊與知識的自由流通；諸

如資訊的自由流通、言論自由及知識的易接近性及授權。資訊社會成員對於數位傳播發展的認知，可反映資訊社會發展的成熟與否：「究竟是電子公民？或數位遊民？」

五、樂齡與科技

資訊科技日益普及，樂齡人士使用資訊科技的論述仍待累積（Findahl, 2017; Friemel, 2016）。國外文獻探索樂齡人士少接觸網路科技的原因，以資訊近用、科技近用層面居多，包括：無法取得科技載具及缺乏使用知能（Eynon & Helsper, 2015; Eynon & Malmberg, 2011; Friemel, 2016; Livingstone, van Couvering & Thumin, 2009; Peter & Valkenburg, 2006）；環境保護考量的選擇（Ineland, Molin & Sauer, 2009）；或無法看到網路與生活關聯，感覺年邁，缺乏上網經驗或技能，時間不足和高連接成本（Helsper & Reisdorf, 2013; Selwyn, 2006），個性孤獨（Helsper & Reisdorf, 2013）；甚至新技術專業術語往往成為使用障礙（Dickinson et al., 2005; Richardson, Weaver & Zorn, 2005）。熱中學習上網常是為了與家人或親友聯絡交流（Dickinson et al., 2005）。

樂齡人士網路使用與一般有別（Niehaves & Plattfaut, 2014; van Deursen & Helsper, 2015）。一項針對 2,057 位樂齡人士的調查發現（Helsper & Reisdorf, 2013），男女樂齡人士在科技使用上沒有顯著差異；女性比男性少有「科技知能不足」的現象（Findahl, 2012）。研究發現，不使用數位科技用品的樂齡人士，有 43%家中有裝設網路設備，他們選擇在生活中不使用科技（van Deursen & Helsper, 2015），未必是經濟困難或個人偏好需求（Eynon & Helsper, 2015）。認為數位科技與日常生活無關的樂齡人士，往往選擇不使用數位科技（Selwyn, 2006）。

樂齡人士終身學習的研究，以資訊近用為主（Blank & Dutton, 2012; Bozinis, 2007; Loges & Jung, 2001; Nussbaum, 2011; Seale & Dutton, 2012;

Reneland-Forsman, 2018）。研究顯示，將選擇歸因於是否融入社交情境與期待（embedded within a social context and expectations），未必是數位落差（digital exclusion）、社交隔離（social exclusion）使然。

台灣樂齡人士與媒體的論述可由資訊近用（徐碧蓮，2017；蔡琰、臧國仁，2013；盧祐德，2016；洪千涵，2019）、科技近用（蔡琰、臧國仁，2008；胡佩蘭，2016；柯志祥、張文德，2019）、參與近用（何于凡，2016；羅珮婷，2018）、傳播近用（蔡琰、臧國仁，2018）等層面審視。

徐碧蓮（2017）採用行動研究法，研究高師大樂齡主播營 14 名學員，發現高齡學員透過學習後，媒體近用能力主要受到學員個人先備知能、意願、興趣與課程設計的引導程度影響，課程設計若迎合學員生活與工作經驗，適性教學能讓媒體近用更有成效。

「兒孫輩輔助家中長者學習電腦之研究」顯示（蔡琰、臧國仁，2013），家中互動與長者對於電腦的正向學習相關，是否可透過電腦增進親子互動則沒有顯著關聯。

研究「台南市 50 歲以上的樂齡人士社交媒體使用與資訊素養」得知（盧祐德，2016）：男性或女性在傳統素養、電腦素養及網路素養認知都較不明顯；不同教育程度的樂齡學習者，在傳統素養、電腦素養及網路素養的認知有明顯差異；教育程度愈高者，認知程度愈高，認同社交媒體的互動性也愈高。

洪千涵（2019）透過參與觀察與深度訪談台北市大安區社區大學樂齡人士，顯示高齡者以樂活學習為宗旨參與學習，滿足日常的應付需求；高齡者普遍具有近用智慧手機資源的機會，但高齡者使用智慧手機存在親子落差問題，高齡者在操作智慧手機的過程，受限於資訊素養能力缺乏的問題，一旦增進其資訊素養能力，生活會產生便利性的實際效益，以及增加自我肯定與成就感。

從科技近用層面觀察，若給予時間與機會，高齡者仍有可能成為新媒

介使用者。「年齡」實非老人成為科技邊緣人的絕對因素,健康情況、經濟能力、教育程度都是影響老人面對新媒介世界的因素。身心健康熟齡者在科技使用上雖略顯遲緩,但新科技對年長者尚非無以取代的溝通工具,缺乏新媒介的便利性並未使其減少對生活的滿意程度(蔡琰、臧國仁,2008)。

科技如何貼近樂齡生活?分析 3D 擴增實境頭像辨別軟體系統操作、銀髮族介面操作整體時間明顯較年輕族群多;混合式拓蹼架構介面,在不同任務複雜度情形下,皆能獲得優於線性式架構的操作表現;年齡、拓蹼架構任務難度與 SUS 及尋路策略具相關性(柯志祥、張文德,2019)。胡佩蘭(2016)檢視樂齡人工智慧平台本身建置「AI Chat Bot 聊天機器人」的能力,評估「樂齡人工智慧服務平台」核心競爭力與發展策略,從科技人性化出發尋找其適切性。

何于凡(2016)分析互動科技應用於樂齡人士生態旅遊的影響,顯示當生理及環境因素皆達滿足,要提升樂齡族群進行生態旅遊的正面體驗,須加入情感與故事內容的體驗因素及適當的科技媒介,並提出「隨意停智慧生態五感體驗 APP」互動設計建議。

羅珮婷(2018)研究台北市大安區 39 位樂齡學習者,應用 ADDIE 模式設計樂齡族行動載具課程,能更全面的掌握課程規劃,透過教學活動設計小任務與積分制度,應用於樂齡行動載具課程,課程採分組及認知師徒制,能成功地增加上課的熱度與互動。建議應多設無線基地台,改善網路塞車問題,且搭配使用手機電子投影工具。

一篇涉及傳播近用的論述分析爺爺奶奶部落格,充滿老人述及既往舊事之「記憶裝置」,以及銀髮世代熱愛「現在」日常生活記錄,反映他們透過新科技(部落格)書寫生命的企圖心(蔡琰、臧國仁,2018)。

樂齡人士使用數位科技的比率,某些程度可反映其是否融入資訊社會;此外,仍須結合資訊社會中人類行為以及個人的學習知能等條件綜合

解讀（Nussbaum, 2011）。本研究將從科技、資訊、參與、傳播面向，分析樂齡人士學習智慧型手機的媒介近用權。

第三節　研究設計

研究以台北市大安、萬芳、景美等社區，為期兩年共計九梯次智慧型手機班學員為研究範圍，學員為六十歲以上樂齡人士。

為期兩年九梯次的參與觀察，自 2017 年 9 月份至 2019 年 10 月份進行，分別觀察大安智慧型手機班三梯次、文山智慧型手機班四梯次、景美智慧型手機班兩梯次，共計九梯次；每梯次人數從十至二十位不等，年齡從六十至九十一歲不等，共計一百零四人次，其中有十四位重複參加兩梯次或三梯次。深度訪談以其中重複參加，或熱中社群平台分享的樂齡學員為主，分別有六位樂齡男士、八位樂齡女士。

透過參與觀察法，佐以深度訪談法蒐集樂齡人士的資訊科技近用，從資訊、科技、參與、傳播近用等層面分析。

樂齡人士的科技近用定義為當初擁有科技原因、擁有科技類型、家中網路環境；資訊近用界定為學習動機、使用時間、使用偏好、學習應用等；從網路社群參與觀察樂齡人士參與近用；並透過上傳、分享、轉貼、按讚等，審視樂齡人士的傳播近用。

深度訪談訪綱：

1. 請問您何時開始用智慧型手機？使用原因是？
2. 請問您知道自己的智慧型手機是哪一種系統？家中可以上網嗎？手機申請網路服務嗎？
3. 請問您平時會使用智慧型手機嗎？主要是用來？
4. 請問您報名智慧型手機班的原因？是個人報名或親友協助？

表 4-1　深度訪談對象

編號	性別	現職	年齡	居住狀態
MV1	男	語文志工	75	夫妻
MV2	男	才藝志工	66	獨居
MV3	男	社區志工	62	夫妻
MR1	男	公職退休	79	三代同堂
MR2	男	公職退休	72	三代同堂
MR3	男	私部門退休	78	三代同堂
FV1	女	社區志工	68	三代同鄰
FH1	女	家管	76	孩子同居
FH2	女	家管	67	三代同堂
FH3	女	家管	65	獨居
FH4	女	家管	80	三代同堂
FR1	女	私部門退休	77	獨居
FR2	女	私部門退休	76	獨居
FR3	女	公職退休	80	孩子同居

5.有了智慧型手機，對您的生活有影響嗎？原因是？請舉例說明。

6.您有加入社群嗎？當初參加的原因？您用社群平台做些什麼？

7.參加智慧型手機班，對您的生活有影響嗎？原因是？請舉例說明。

8.請問您有其他要補充說明的嗎？

第四節　案例分析

一、科技近用

　　為期兩年九梯次的「智慧型手機好好用」課程，共有一百一十四人次參加，其中有十四位重複報名兩梯次或三梯次。一百一十四人次中有 73% 使用 Android 系統的智慧型手機，27%使用 iOS 系統智慧型手機。樂齡人士使用的智慧型手機，以 Android 較多。

　　深度訪談十四位重複報名的樂齡人士，其中有九位使用 Android 系統，五位使用 iOS 系統。五位使用 iOS 系統的樂齡人士，有三位手機有申請 Wi-Fi 網路服務，其中兩位男性 iOS 用戶皆有申請 Wi-Fi 網路服務；女性 iOS 系統用戶僅一位申請 Wi-Fi 網路服務。

　　家戶無線網路服務方面，六位受訪樂齡男士中，有兩位家中安裝無線網路設備，手機也採用 iOS 系統；九位受訪樂齡女士中，有五位家中安裝無線網路服務，其中一位是 iOS 系統用戶，其他皆使用 Android 系統的智慧型手機。

　　受訪樂齡人士如與子女同住，或同鄰，家中均有裝設無線網路系統，主要是家中成員需要使用。其次，手機有 Wi-Fi 網路服務的樂齡人士，其家中也有安裝無線網路服務。

　　僅一位獨居樂齡女士家中裝有無線網路設備，她偶爾會兼差擔任電話調查訪員。

　　五位樂齡人士家中未安裝無線網路設備，他們表示平時不常使用，不需要特別安裝。

　　十四位受訪樂齡人士過去在工作或生活中，沒有使用智慧型手機，都

表 5-2　九梯次樂齡成員系統

	大安		景美		萬芳	
	Android	iOS	Android	iOS	Android	iOS
第一梯次	12	4	17	4	3	1
第二梯次	10	5	14	2	12	2
第三梯次	9	5			2	2
第四梯次	7	3				
	38	17	31	6	17	5
合計	55		37		22	
總計	114					

是在退休後或子女離家後開始使用智慧型手機。

　　有兩位樂齡女士，是由子女協助選購智慧型手機，並代為報名參加手機課程，其餘皆係個人報名參加。一位是父親離世，希望母親生活有不同寄託；另一位則是即將負笈國外，希望母親可以學會使用智慧型手機，互相聯絡。

　　這位由女兒協助報名學習智慧型手機的樂齡媽媽，在學習網路設定或下載 APP 時，常常表達夠用就好，免得太複雜、太難等等。其女兒比較積極希望母親可以盡快上手，這樣離家出國比較安心。

　　　自己來學，不要去招小孩子的氣啊！（FV1, MR2, FR3）

　　　智慧手機哦，問我兒子，會給我臉色看。（FH1, MR3, FR1）

　　　我想很有尊嚴的學習。（MR1, FH2）

　　　志工聯絡方便。（MV1, MV2）

　　　每次問小孩都發脾氣：「年紀那麼大了，學這個要幹什麼？」（MR3）

　　　女兒準備出國，要我學會可以常聯絡。（MH3）

　　　活到老，學到老，也可以出門走走。（FH4）

　　　同學會大家聯絡方便。（MV3）

有帶一些身心障礙的孩子，年底會表演，過程中會放照相回顧，要有一個背景音樂，如果用手機可以完成，我就可以比較輕省。（受訪者 A）

整體來看，樂齡人士開始使用智慧型手機，是以使用手機為出發點。如何選擇手機類型及系統，不是受訪人士理解與在意的部分。選擇的手機類型及系統，仍以家人協助推薦、使用功能有限，或預算考量等原因為主。

樂齡人士使用智慧型手機，未必搭配安裝手機上網，主因是目前公共場所均提供免費無線網路服務，或沒有將上網視為智慧型手機的科技接近方式。

當家庭安裝無線網路服務，或手機可無線上網，樂齡人士學習智慧型手機多樣應用服務的機會、意願可能性較高。

二、資訊近用

訪談十四位受訪樂齡人士開始使用智慧型手機的原因，以想跟上時代腳步，或與親友聯絡居多；其次是自我提升；再者是想學拍照、圖片管理、修圖等。

樂齡人士資訊接近的動機，大致分為三層面：

1. 與其生活作息結合：如查看天氣、地圖路線，透過通訊軟體與親友聯絡，或瀏覽影音內容、查詢股市、醫院掛號等。
2. 拍照修圖打卡：為了學習拍照、修圖或打卡的樂齡人士，以女性為主，偏好整理親友的照片、旅遊照片，或修整早年的黑白照片。
3. 與親友互動：與孫子女同居、同鄰，或與子女同居的樂齡人士，希望透過網路和子女互動，如傳送養身訊息或問候貼圖等；也有一些和老同事、朋友互相分享關注的時事或消費訊息等。

抱持特定動機來學習的樂齡人士係少數，包含為了學拍照、社群平台使

用、運用地圖等；大部分以學習新工具的態度，報名學習使用智慧型手機。

　　平時課後家居生活是否應用？受訪樂齡人士以瀏覽影音、使用智慧型手機拍照、查公車路線、通訊使用居多，其他運用以在課堂練習為主。「每次來課堂可以反覆複習，有人可以問，回家後我就忘了，也不方便問家人」。

　　兩位手機中有遊戲 APP 的樂齡人士，平時回家後不用手機，手機交由孫子女使用，孫子女用來休閒玩遊戲。樂齡人士覺得這是和孫子女建立關係的途徑之一，手機介面上部會使用的 APP，也不知如何刪除或處理。

　　為預防詐騙或避免麻煩與複雜，受訪者表示不輕易下載 App，一方面不熟悉下載流程，一方面也需要有人協助引導使用。「看到網路詐騙的事，小心一點。」

　　以下將由工具、形式、呈現、環境各面向，分析樂齡人士的資訊近用：

（一）工具面

　　首先，審視 14 位樂齡人士手機介面的工具，其使用的 APP 以通訊、社群軟體、天氣、地圖、照片、相機、YouTube、行事曆為主，各有一位樂齡男女受訪者，手機上有超過三個以上的遊戲 APP。

　　受訪樂齡人士申辦智慧型手機後，先從門市人員學習簡單操作方式，包含如何撥打電話、接收訊息、連結網路服務等；據樂齡人士表示，門市人員比較忙，自己也不好意思太打擾對方，請教各式問題。

　　樂齡人士除申報手機時安裝的APP外，爾後親友協助下載使用的APP包含：台北等公車、地圖、行事曆、特定新聞媒體、股市行情、醫院行動掛號、影音社群平台等。

　　上述下載 APP，多由子女或孫子女協助安裝。至於是否使用，則視親友是否有空協助入門。

（二）形式面

　　從資訊接近形式來看，深度訪談十四位樂齡人士，他們表示子女忙於

生活工作，較無暇教導或回答使用疑問，孫子女偶爾有空協助，並順便下載使用一些遊戲 APP 在樂齡人士的手機中。

擁有智慧型手機不等於展開資訊之旅。樂齡人士表示，報名參加「智慧型手機好好用」課程，主因是家人各自忙著上班上學，無暇教導自己如何使用手機，希望自立自強，「不想再受子女的氣」。

一位中途報名課程的大姊，參加一週後又帶一位大哥一起上課。她告訴這位大哥：「這裡比較有耐心教。」

換言之，樂齡人士擁有智慧型手機後，有三種使用資訊形式：

1. 被動形式：部分樂齡人士以為日常生活不見得需要使用手機，以被動接近為主；加上需要重複操作，做中問，做中學，常面臨子女無暇協助或缺乏耐心而退縮不前。

2. 主動形式：當生活需要使用時，樂齡人士傾向以主動形式接近資訊，如使用公車 APP、查地圖、通訊、照相或圖片編輯等。

3. 互動形式：當親友相約外出或餐敘，樂齡人士學習和群組成員互通有無，規劃路線匯集意見等。

（三）呈現面

從文字、圖片、照片、聲音、影音等元素觀察，十四位受訪者資訊近用的呈現，手機主背景以內建圖片為主，鎖定畫面也以內建圖片居多，部分樂齡女士鎖定畫面會使用親友照片，主因在於不熟悉畫面更換，或因為希望背景畫面避免複雜，而以內建圖片作為主畫面。

受訪樂齡者必要輸入時以書寫文字為主，少數會使用語音表達轉換搜尋；上傳訊息以生活照片、影音分享居多，用手機內建貼圖的呈現有限。

文字表達呈現仍慣用書寫輸入內容，未使用注音輸入、大易輸入，甚或語音輸入。輸入過程出現的挑戰是，用指頭書寫的大小範圍、書寫著力點、書寫筆畫速度較緩慢，影響智慧型手機的辨識。例如輸入碧潭，書寫

「碧」字,手機自然內建跳出「碧潭」,但樂齡人士往往忽略,逕自以手指書寫「潭」;一旦書寫力道出現失誤,有時連原先的「碧」字也消失,只得重複書寫輸入。

樂齡女士使用貼圖的機會多於樂齡男士。這些會使用貼圖的樂齡女性,也偏好拍照攝影等。

聲音輸入溝通的樂齡人士相當有限。由於語音輸入需要持續點選錄音圖示,這部分操作比較細緻,不方便樂齡人士使用。

主動搜尋找到影音分享者比較有限,少數偏好懷念歌曲或特定議題報導者,偶爾傳遞自己搜尋的影音再分享,但頻率較低。由於搜尋需要:輸寫、瀏覽,之後再找到分享設定進行傳遞,對樂齡人士是一項挑戰。

(四)環境面

十四位樂齡人士使用智慧型手機的環境,以家居生活居多,其次是在課堂上,少數會在公共場所使用。

居家生活使用偏向親友聯絡,或轉貼分享影音內容;受訪者較少接聽來路不明的電話,接聽來電顯示認識者的電話,原因在於家人提醒避免接到詐騙電話。電話留言機制幾乎不使用,因為覺得操作太複雜。

每週課堂重複練習、複習過程,平時不使用智慧型手機的樂齡人士,較有意願學習操作使用影音搜尋、分享,這時可以邊做邊學,大家一起練習也比較勇敢;回家後則因遺忘,或無人協助,乾脆不使用,省得麻煩。

課堂外在公共場所會使用以樂齡志工為主,兩位樂齡女志工、一位樂齡男志工會熱心分享志工活動訊息,傳遞提醒或邀請參加等。

一位與子同居的樂齡女志工,每天晚上會到住家街頭的便利超商,用手機通訊軟體聯絡友人。她表示晚上在家有點無聊,在便利超商可以打發時間,到晚上九點便打道回府,準備就寢。這位女志工可以和群組成員密切聯絡,分享自己喜歡的圖片或影音檔案,也可以用文字溝通互動。

學一些基本的，回家都忘記，還給老師。（MR1, MR2, MR3, FH4）

家中小朋友很懂，我手機不會就來報名。（FH4, FR1, MR3）

用手機（LINE）進去看新聞，或者利用新聞的應用程式接收新聞資訊。（MR1, FV1, FH2）

下載交通工具的應用程式，台鐵、高鐵，要慢慢去研究，會地圖以後變很方便，出去玩都用得到。（MV3, FV1, FH2）

學一些簡單的聯繫功能。（MV2, MV3）

想說來多學一點，方便聯絡。（MV1, FR3）

大家就幾個年紀大的擠在一起，這個問題你不會，我也不會，大家一起學。（FH1, FH2）

手機太複雜，有壓力，來學幾個功能，會用就好。（FH3, FV1）

自己本身興趣，知道手機功能有拍照，但拍照的技巧沒有這麼好，所以報名。（FR2）

早上在家看報紙，就點新聞去看一看。再有空的時候，會去圖書館看報紙，看雜誌。有空的話，插個耳機在練習唱歌。（MR2）

三、參與近用

樂齡人士在智慧型手機的參與近用，可從其使用社群媒體的角色扮演及參與策略觀察。

網路社群如同實體社群，其互動的個體即為社群中的成員，依據文獻分為以下角色（Armstrong & Hagel, 1997；黃葳威，2012）：

1. 瀏覽者（browser）：剛進入社群的會員，通常是隨意瀏覽，有些人可能會留下，但大部分會離開社群。

2. 潛伏者（lurker）：這些成員在社群中花的時間比瀏覽者長，但卻不像貢獻者般積極貢獻創作內容，多數成員是被動的潛伏者，僅有少

數成員會積極參與社群活動。

3. 貢獻者（contributor）：當逗留一段時間後，留下的瀏覽者可能轉變
   為貢獻者。這群人通常對於社群最熱情，最積極奉獻會員創作內
   容，在社群中停留的時間也很長，為社群中價值第二的成員。

4. 採納者（shopper）：是積極參與社群及採用其產品與服務者，被視
   為是網路社群成員中最有價值者。社群成員常能透過社群提供的溝
   通能力，進行商品資訊的交換、討論，進而促成商品交易的可能性
   增加。

　　本研究從樂齡人士參與網路社群的程度和其價值分析其角色扮演，以
潛伏者最多。以學習社群為例，樂齡人士即便課餘或全部課程結束，多數
仍如潛水夫般留在群組，僅少數會選擇退出群組。

　　訪談樂齡人士得知，留在群組是希望可以交流或問問題；退出群組者
則是參與活動較多，社群群組較多，希望從簡；也有表示設定後又忘記如
何退出群組，只得維持原狀。

　　會頻頻在群組參與交流，或上傳內容分享者，多半是不同社團志工，
希望將自己關心的活動或主張，繼續在群組裡傳遞。

　　參考社群角色中的購買者，本文從採購角度分析樂齡人士的參與近
用。由於有熱中英語學習、練武健身、健康養身、文藝等志工，他們會傳
遞相關活動或生活應用至群組，是群組中最積極的貢獻者，也的確有提供
免費入場券等訊息供社群成員登記報名等。

　　參與策略有默默觀察的被動策略、向社群成員打聽訊息的主動策略，
以及自我揭露直接溝通的互動策略。

1. 被動策略：受訪樂齡人士採取的被動策略，諸如瀏覽群組的公告或
   其他成員的分享內容，這從群組中的已讀人次可以觀察到，多數受
   訪者經常採取被動策略接收訊息。

2.主動策略：樂齡人士偶爾採取主動策略，如向同學打聽課堂進度，或其他學習展演活動事宜；一位喜歡整理照片的樂齡女士，晚上常在家上傳個人照片的編排組合，照片主角為家中孫子女生活樣貌。

3.互動策略：部分志工有特定活動時會主動公告，偶有成員回應；一位樂齡女志工，週間晚上會去便利超商和不同群組聯絡，也在群組積極分享個人想法，鼓勵他人，是少數透過社群平台，積極和他人互動溝通的受訪者。

在 LINE 裡面就有下載很多影片，就看不完，朋友傳來的資訊，都回不完。（MV1, MV2, MV3, MR1）

問大家怎麼調的怎麼拍的，調亮啊，什麼的，顏色啊？怎麼拍得漂亮？（FV1, FR2, FR3）

課程結束後教我如何退出群組，太複雜，怕搞錯。（MR1, FH4）

我跟我兒子那天吃飯我們明明坐在對面，但是我們就各滑各的手機。就是溫度跟深度有些改變了。我覺得跟我們以前在交朋友比起來，我們以前的深度跟溫度的比較長久，現在網路東西很多都變好友，那個深度是多少？交心的感覺比較沒有。（FH1）

網路上有很多資訊，也有很多假資料，自己多閱讀多看，加上我們一些經驗，我們經歷很多事件啊！會自己判斷。（FH2）

四、傳播近用

從參與觀察、深度訪談樂齡人士，將分別由溝通對象、主題取向、工具使用、溝通情境，分析樂齡人士的傳播近用。

樂齡人士傳播近用以個人自發性的溝通為主，包含以下溝通進行方式：

1.一對一溝通：樂齡人士一對一溝通方式較多，對象以親友為主。

2.一對多溝通：樂齡人士一對多溝通常發生在親友群組，但頻率不高。

3.多對多溝通：多對多溝通偶爾使用於志工群組通話，因不熟悉，有時會忘記如何關掉群組通話連線。

（一）主題取向

受訪樂齡女士較有機會傳遞生活照片、自製照片貼圖（長輩圖）、活動及飲食安全、養身訊息、社區住家安全、長照、生活小品文，或和親友相約外出。

相較之下，受訪樂齡男士較少使用手機內建貼圖，較習慣傳遞所關注的時事議題，所關注的志工活動、健身訊息。如果係時事內容，來源多來自親友，因而以分享轉貼居多。

（二）工具使用

樂齡人士傳遞親友的工具，以照片為多，或照片貼圖，較少使用手機內建貼圖。

如使用通訊軟體，多用來傳遞照片、影片或文字內容給親友。

聯絡親友以手機撥打為主，較少透過通訊軟體撥打手機聯絡親友。這部分顯示樂齡人士會學習使用智慧型手機軟體或拍照，依舊習慣用手機接聽電話。

（三）溝通情境

樂齡人士主動傳遞訊息的情境，大致在居家、課堂、便利商店。與家人同住的樂齡人士，會在茶餘飯後用通訊軟體打發時間，主動發活動訊息，或轉貼影音內容聯絡親友；多數直接在課堂邊操作邊應用，返家未必有機會使用。

朋友要聚會，多直接方便啊！網路上一 PO 能來就來，要參加活動，呼朋引伴也方便。（MV1, MV2, MV3, FV1, FR3, FH1）

孩子加班回家時間晚，會在鄰近街口的便利商店，透過通訊軟體聯絡朋友、或志工友人；也會使用文字發文聯絡。（FH1）

小外孫女的成長啊，直接照相、錄影了，隨時拍啊，等以後想看，隨時都可以再拿出來看啊！（FV1）

拍了傳到上面去，同學都說：「咦！那個這張很好看啊！你在哪裡拍的啊？」那張照片，好多同學都問我耶！那個真的風景也漂亮，我拍得也好漂亮。（FR2）

拼貼完照片，課堂照片弄完好看的，我都傳給我女兒，女兒說：「爸爸，你很棒哦！現在會用很多功能。」（MR2）

晚上到巷口便利超商買個小東西，就和朋友聯絡、傳訊息啊！睡覺前再回家。（FH1）

睡前傳給她（女兒）簡訊啊，女兒還回傳簡訊說媽媽妳好棒，我聽了就很高興。（FH3）

第五節　結論、討論與建議

面對資訊社會的急遽發展，本章重新梳理媒介近用權的理念，將媒介近用進一步分為科技近用、資訊近用、參與近用、傳播近用等層面；並提出以樂齡人士得以友善地使用智慧型手機的建議。

從樂齡人士的主體角度，爬梳樂齡人士對智慧型手機的媒體近用實踐。根據參與觀察、深度訪談的分析，樂齡人士的科技近用，採取 iOS 系統者有較高比率附帶上網加值服務；家中有安裝上網設備者，其手機往往也有上網服務。與親友同居的樂齡人士，家中多安裝上網設備。

除了公共場所外，樂齡人士科技近用的家庭環境，取決於家中年輕一輩；手機近用的個人層面，取決於同儕、親友的互動形式。

　　工欲善其事，必先利其器。如果被動由兒孫提供所謂簡易的「老人機」，短期雖可以使用通訊，但可能限制了樂齡人士探索手機多元功能的科技近用權。

　　觀察樂齡人士的資訊近用，抱持特定動機來學習的樂齡人士係少數，包含為了學拍照、社群平台使用、運用地圖等；大部分受訪者以學習新工具的態度，報名學習使用智慧型手機。

　　除在課堂練習外，樂齡人士使用智慧型手機的時間，以隻身居家時居多，使用偏好以被動型態為主，包括接聽親友電話，被動瀏覽親友轉傳的影音內容，少數會整理照片。

　　樂齡人士使用家族慣用的社群媒體，相關 APP 應用服務比較少使用，原因在於不熟悉操作或手機螢幕介面內容過小，這也影響其使用手機內建貼圖的意願。少數具志工身分的樂齡人士，由於需要聯絡志工友人，使用智慧型手機的機會與選項較多元，如傳遞志工活動、聯絡群組成員等。

　　樂齡人士對智慧型手機的參與近用，以用「語音轉為文字」的形式較多。與其誤解樂齡人士喜歡傳長輩圖，倒不如說他們收到相關節慶或問候圖片，進行轉貼分享比較方便。

　　引發樂齡人士參與近用的實踐，需要先提供友善的使用傳遞套件與介面，方便樂齡人士透過聲控，或方便使用的放大功能接收、分享、傳遞訊息。目前手機的文字大小、字形圖像的選擇，對於年齡更長的樂齡人士，在讀取使用上仍不夠友善，仍待提供更多的客製化選項。

　　由此檢視樂齡人士的傳播近用實踐，溝通對象以親友為主，呈現一對一溝通方式較多；受訪樂齡人士一對多溝通常發生在親友群組，但頻率不高；多對多溝通偶爾使用於志工群組通話，相當有限。

　　傳播的主題取向偏重健康、養身、節慶問候、長照福利、關注議題轉貼分享等。傳播工具使用以轉貼文字、圖片、影音居多，或偶爾主動分享語音轉文字的訊息，按讚方式有限。分析樂齡人士傳播近用溝通情境，以

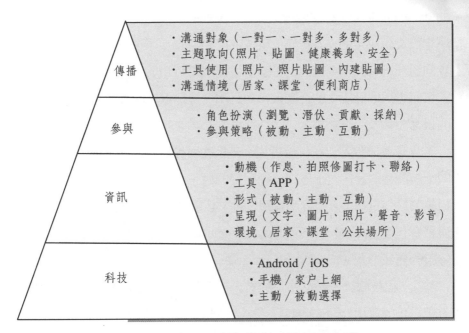

圖 4-1　樂齡人士智慧型手機近用實踐

課堂、居家居多，少數在公共場所如便利超商。對於溝通情境的脈絡，僅有少數志工會以一問一答的互動方式進行，這是因為手指操作不易，或不擅長使用語音轉文字介面等。

　　樂齡人士未必常按讚，當主動使用時偏重轉貼、分享、上傳圖片、影音；多扮演傳遞者的角色。

　　即便關心特定議題，也傾向分享自己認同或支持的訊息。分享議題的角度未必採取多元方式，形成信者恆信、不信者恆不信的狀態。對於非自身經驗的內容訊息，樂齡人士仍待建立查證、分辨知能。

　　文獻主張樂齡人士學習上網的研究，以資訊近用為主（Blank & Dutton, 2012; Bozinis, 2007; Loges & Jung, 2001; Nussbaum, 2011; Seale & Dutton, 2012; Reneland-Forsman, 2018），將選擇歸因於是否融入社交情境與期待（embedded within a social context and expectations），未必是數位落差

（digital exclusion）、社交隔離（social exclusion）使然。實證分析釐清科技決定與文化決定的交互影響：科技近用如智慧型手機使用，成為樂齡人士步向資訊社會的重要管道；先踏進科技載具近用的入口，才有機會實際踏入資訊近用的莊園；是否進入參與近用、傳播近用的實踐，端賴樂齡人士的日常生活及人際網絡。

本章釐清樂齡人士在科技近用、資訊近用實踐層面，擁有科技載具及相關上網配套服務，的確形成某種程度的數位落差；然而，樂齡人士對於新科技的參與近用、傳播近用實踐，則未必單單取決其是否沉浸於社交關係與社會包容（social relationship and inclusion），重要的是，樂齡人士擁有健康的自我形象（healthy self-image）。

其次，科技載具未必是簡化的老人手機，而是更貼近樂齡人士肢體操作、細緻化的使用介面、內容輸入、友善的表達設計。

如果希望協助樂齡人士進入參與近用、傳播近用實踐，需要協助樂齡人士透過如口述、拍照、資料圖片整理等工具，表達自我或與他人互動，建立對於生活周遭的關心與幸福感。

Part 2

產 製 篇

第五章　數位時代傳播模式
第六章　數位時代家庭傳播

第五章

數位時代直播模式

第一節　前言

　　1998 年 9 月 9 日基督教好消息電視頻道開播，期許透過衛星電視頻道，將認識耶和華榮耀的知識傳布充滿遍地；隨後也將已經製作完成的影音內容在 MOD 平台，或上傳網路頻道播放。

　　網路直播（live streaming）是一種即時錄製、即時播放的傳播媒體，能藉由各式通訊技術獨自或組合傳輸，使影像及聲音由一處立即傳送至另一處，使觀眾有直接面對直播主的臨場感，接收豐富的訊息。

　　網路直播吸引了大量的網路使用者，連廣播電台也漸漸地以傳統直播、網路直播雙管道進行實況轉播，基督教廣播節目也融入網路直播元素，與網友進行互動。甚至有調查報告認為，「網路直播將成為壓垮電視節目的最後一根稻草」（凱絡媒體週報，2016 年 5 月 20 日）。

　　台灣網路資訊中心公布 2017 年「台灣寬頻網路使用調查」報告，截至 2017 年 11 月，12 歲以上曾使用無線上網比率高達 75.1%，約 1,586 萬人；以年齡層來看，「20 至 24 歲」、「25 至 29 歲」受訪者皆達 100%。

　　根據「2018 台灣青少兒上網安全長期觀察報告」（黃葳威，2018 年 10 月 30 日），台灣 8 至 21 歲青少兒在學學生上網動機，主要為看影片（75.9%）、聽音樂（73.1%）、使用社群網站（65.8%）、玩遊戲（65.4%）；五成八青少兒查資料（58.1%）、透過即時通訊工具與他人聯繫（52.4%）；再者是為了看娛樂資訊（33.6%）、下載軟體（30.8%）、看新聞等（21.5%）。

　　這項由政大和白絲帶關懷協會公布的報告指出，九成以上的青少兒學生在家中上網；青少兒最常用的入口網站，以「Google」為入口網站最多（47.2%），其次為社群網站「Facebook」（20.9%）、影音平台「Youtube」（19.2%）等。

網路直播形成一種即時的影音自媒體實踐，一種流動影音的自我展現。現有網路直播文獻檢視網路直播的使用動機（Lottridge et al., 2017；倪瑞陽，2018）、社交直播的愉悅傳播（Bründl, Matt & Hess, 2017）；或關注網路直播的電商營運模式（鄭維婷，2018；蕭竣瑋，2018；龍裕鴻，2016）；或探討網路主播的情感勞動過程（余富強、胡鵬輝，2018；鄭佳興，2017），提出伴隨著情感消費，主播在網路直播空間對於情感的管理，不再僅僅是壓抑性生產，也意味一種說服觀看者的過程。

1995 年開播的佳音廣播電台，是台灣最早申請領有無線廣播執照的基督教廣播電台。為突破社區廣播電台的限制，除了開拓網路廣播空間外，佳音廣播電台在 2017 年初開始迄今，以網路直播同步型態定期播出各式直播節目。

這個定期播出的網路直播內容，不同於其他先錄製完成再上傳網路播出的型態，係透過廣播及網路直播同步播出，也有別於其他基於特定節日或即時議題不定期播出的網路節目。由於沒有彩排或預先錄製，不用事先預演套招，直接赤裸裸呈現訪談訊息，或傳遞基督教義，並可與網友直接互動。

本文採用深度訪談法，探討基督教電台如何使用網路直播型態宣揚基督教教義，其傳播模式為何。

第二節　傳播模式與回饋

網路直播的傳播模式，與一般媒體傳遞方式有別在於（黃葳威，2019b）：

1.訊息傳遞來源：一般報章雜誌或廣播電視電影等媒體，訊息產製端經過專業團隊的產製程序；網路直播訊息傳遞來源包含來自直播主

個人，或網友間的分享交流或私密話題，未必是訓練有素的專業個人或團隊。

2.訊息傳遞管道：一般報章雜誌或電子影音媒體，訊息傳遞管道以特許管道為主，如無線電波執照或有線電視系統執照、電影院等；網路直播未必需要透過執照申請審核，可能透過特定平台或社群媒體自行傳遞。

3.訊息產製流程：一般平面或電子等傳播媒體的內容產製，經由開會構思、企劃、製作、後製、編審等分層負責的流程再播出傳遞；網路直播內容視播出平台而定，即時播出往往沒有經過後製、編審流程，有些內容來自對於網友的反應的即時動態應變。

4.訊息傳遞對象：一般傳播媒體的播送對象，閱聽消費者以在該媒體服務地理範圍為主；網路直播的服務對象，透過網路傳輸可超越地域或國別等限制，閱聽消費者可能全球化。

5.訊息擴散影響：一般媒體訊息以當時、當日、當週、當月發行時間為主，除非不斷重播或上網公開，影響擴散面有限；網路直播一旦在網路上播出，可透過網友分享傳遞，以滾雪球方式擴展。

6.訊息回饋：典型的平面媒體或電子媒體用戶可透過讀者投書、電話call-in、網路留言等形式，提供閱聽消費者表達意見，時程可能遞延；網路直播使用者可即時回應、主張等，即時影響直播內容走向。

7.用戶間互動：一般傳播媒體用戶往往不相往來，彼此互動機會有限；網路直播使用者，也就是社群網友間的網路互動頻繁，彼此凝聚力或影響面較頻繁。

以下將檢視傳播理論中傳播模式的演進，比較各傳播模式的關注面：

一、施蘭姆大眾傳播模式

從傳播學者的取向來看，回饋最早是由傳播學者施蘭姆（Schramm,

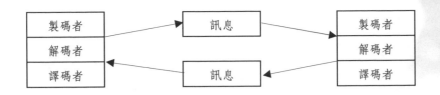

圖 5-1 施蘭姆大眾傳播模式

資料來源：Schramm, 1954.

1954；黃葳威，2004）提出。施蘭姆認為，傳播的過程是一種循環，某些型態的傳播循環程度較大，某些則相反。一般對媒體組織的回饋只是一種推測，施蘭姆的大眾傳播模式提供一個循環互動的概念，並將閱聽人的回饋視為媒體組織資訊來源的一部分。不過在此階段，施蘭姆對回饋的看法僅限於推測，推測閱聽人的拒買、拒看節目為一種回饋的表達。這一階段閱聽人的回饋方式是被動的拒絕。目前相關閱聽人回饋實證研究付之闕如。

二、魏斯理、麥克李恩人際傳播角度

魏斯理與麥克李恩（Westley & MacLean, 1957; 黃葳威，2004）曾兩度修正紐康（Newcomb, 1953）的人際傳播模式，而提出兩個大眾傳播之間的差距，在於閱聽大眾面臨的「訊息來源」選擇較多（包括溝通的對象），以及大眾傳播中閱聽眾回饋出現的可能性是極少而遲緩的。

很明顯地，魏、麥兩人的第一修正模式將消息來源的部分視為「被動地選擇」環境中既有的訊息，卻未能對環境眾多的訊息有所回饋。其次，閱聽大眾的回饋似乎只限於消息來源，而未能直接對環境中的現象有所回應。這一模式所呈現的傳播方式，似乎顯得閱聽大眾僅能經由消息來源傳遞回饋訊息，是一個依賴消息來源表達閱聽眾意見的模式；而消息來源則可能接受來自閱聽眾的回饋，卻無法向環境中眾多對象有所回饋。

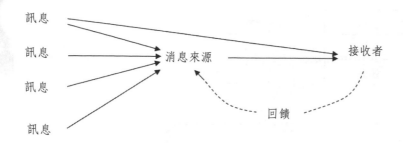

圖 5-2　魏斯理與麥克李恩人際傳播模式之一

資料來源：Westley & MacLean, 1957.

　　魏、麥二人所提的第二修正模式則包括：消息來源、閱聽大眾、通道及環境中眾多訊息。與前一模式相較，這一模式多了「守門人」與「通道」這個角色，並且「守門人或通道」扮演了守門的角色（Westley & MacLean, 1957）。第二修正模式主張消息來源由環境中眾多的訊息「擇取訊息」，經由守門人或通道的過濾、製碼過程，傳遞給閱聽大眾。閱聽大眾可將其意見回饋給守門人或通道，或回饋給消息來源。守門人或通道亦可將製碼過程的經驗回饋給消息來源。

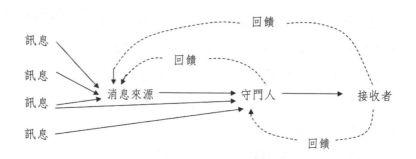

圖 5-3　魏斯理與麥克李恩人際傳播模式之二

資料來源：Westley & MacLean, 1957.

比較前述兩個修正模式，除了第二個修正模式多了守門人與通道的角色外，第二修正模式較強調「媒體」的專業角色。譬如第一修正模式中的閱聽大眾可以直接由消息來源，或由環境中眾多對象獲得訊息；但在第二修正模式中的閱聽大眾，則須經由扮演「守門人或通道的媒體組織」獲得訊息，這忽略了閱聽大眾能直接由消息來源或環境中獲得眾多訊息。

三、馬茲克大眾傳播角度

馬茲克（Maletzke, 1963；黃葳威，2008）從心理學的層面將傳播者、訊息、媒體、閱聽眾作為建構模式的基礎，另外再加上來自媒體的壓力或限制，及閱聽眾對媒體的印象等，合計有六個基本要素。

馬茲克認為以下幾個媒體特性極為重要（楊志弘、莫季雍譯，1988；Maletzke, 1963；黃葳威，2008）：

1.接收者（觀眾、聽眾、讀者）所需要要求的理解形式。
2.接收者在空間、時間上受媒體限制的程度。
3.閱聽眾在接受媒體內容時所處的社會環境。
4.事件的發生與接收之間的時間差距，也就是同時性的程度。

馬茲克的大眾傳播模式較前面幾個大眾傳播模式重視「傳播者和接受者」的社會心理特質，譬如在傳播者傳遞訊息的過程，馬茲克分析傳播者的自我形象、人格結構、其所屬的團體和社會環境，均可能影響傳播過程，同時，傳播者也受到來自媒體訊息的壓力與限制（如財務結構、政黨偏好角度等）的影響。

馬茲克的大眾傳播模式正視接收者的「主動性」，如其對媒體內容的選擇，以及對傳播者自發性的回饋。

所謂對傳播者的自發性回饋，馬茲克將其界定為接收者對傳播者的主動回應。但他也指出，大眾傳播過程常被視為單向的過程，一般大多缺乏

面對面傳播的自發性回饋。事實上，自發性回饋亦可就接收者對媒體組織的回應而論，如聽眾直接寫信，或打電話給廣播電台反映其收聽意見。然而，馬茲克的大眾傳播模式未就此部分加以剖析。

與一般從傳播者到接收者的傳播過程相較，回饋如同一相反的傳播過程，是由接收者傳遞給傳播者，它可能是藉由口語、非口語或兩者並用來進行，其目的是減少歧見，且有助於傳播者的角色扮演（DeFleur & Ball-Rokeach, 1982; 黃葳威，2004）。關於角色扮演的研究發現（DeFleur & Ball-Rokeach, 1982; 黃葳威，2004），角色扮演是傳播者評估溝通符號意義的一種過程，傳播者期望藉由角色扮演的過程，使用接收者生活經驗也能明瞭的符號來傳遞訊息；而且，當回饋愈多的時間，愈能增加傳播者角色扮演的適當性。換言之，傳播可以視為一種互惠的過程，當雙方都有意願有效的增加彼此的共識。

四、組織傳播角度

1960 年代有學者分析小組成員之間的傳播行為，主張回饋可以「直接反映出小團體傳播的特質，並逐漸被認為是團體互動的重要因素」（鄭瑞城，1983, pp.84-85；Scheidel & Crowell, 1964, p.273）。組織傳播學者丹尼爾及史派克（Daniels & Spiker, 1991）由開放系統的觀點，說明回饋有助於組織系統功能運作正常，並協助組織系統改變和成長的調適過程。丹尼爾和史派克認為回饋是「對系統的反應，其有助於調適系統狀態的訊息」（Daniels & Spiker, 1991, p.74; 黃葳威，2004）。由此可見，回饋不僅為組織互動的重要因素，也可以反映出一系統運作互動的本質，甚至有利於調適系統狀態。回饋既是一種反映訊息，也是一種互動現象。

回饋也被一些組織傳播研究者歸類為正回饋與負回饋（Harris, 1993; Daniels & Spiker, 1991）。正回饋是可以加強分歧化（deviation）的回饋，而非糾正組織系統運作的訊號；負回饋主要用於建立新系統，而非維持舊

有系統（Daniels & Spiker, 1991, p.74）。換言之，不論是正回饋或負回饋，都可基於達到良好的互動傳播品質，而改革創立新系統或維繫舊有系統。

　　學者由傳播訓練模式的角度，將回饋定義為對傳播分析訓練前、傳播訓練目標、傳播訓練技巧，以及訓練後傳播評估的評價反應（Goldhaber, 1990; Daniels & Spiker, 1991, pp.339-340; 黃葳威，1997，2008）。

　　高海柏（Goldhaber, 1990）說明訓練前的傳播分析，是為了蒐集組織內成員需求，才建立傳播訓練的計畫性、資訊性目標，爾後藉由遊戲、角色扮演，及經驗分享討論付諸訓練，並在訓練後執行學習評估。這個傳播訓練模式反映出回饋不只針對學習結果表達反應，也可以就學習訓練過程、宗旨達成與否，甚至訓練展開前的前置作業表達意見評估。

　　國內傳播學者並從傳播生態學的角度分析回饋，認為回饋是「一種利用輸出結果來規範與修正反應機制的控制訊號」（蔡琰，1995；黃葳威，2002）；同時強調類似回饋研究有助於傳播行為的策劃與改進。這顯示傳播者可以從較積極主動的面向善用回饋訊息，來修正傳遞訊息的呈現或傳遞方式。

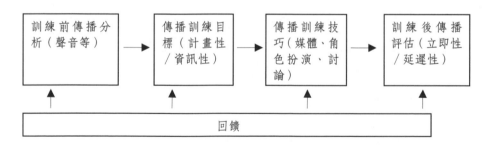

圖 5-6　高海柏傳播訓練模式

資料來源：Goldhaber, 1990; 黃葳威，1997，2008。

第三節　研究設計

　　研究採深度訪談法蒐集資料，訪談對象包括電台負責主管、聲音、影像製播人員、直播製作主持人、直播主等九位受訪者。每位受訪者接受面訪四十分鐘至一小時半以上不等。

　　訪談錄音先整理為逐字記錄，再進行分析。

　　訪談對象名單如下：

編號	信仰時間	媒體年資	主責業務	訪談時間
FF1	23 年	35 年	節目組長	2019/3/12　4:30-5:20pm
MF1	20 年	15 年	音樂組長	2019/3/12　3:30-4:20pm
MF2	15 年	10 年	新媒體組長	2019/3/14　5:00-5:40pm
FF2	6 年	16 年	企劃行銷	2019/3/12　2:10-3:20pm
MF3	25 年	14 年	視覺行銷	2019/3/9　3:00-4:30pm
FH1	34 年	31 年	製作主持	2019/3/15　4:20-5:00pm
MH1	50 年	35 年	直播主	2019/3/14　9:00-9:40am
FH2	31 年	36 年	製作主持	2019/3/28　4:30-6:00pm
FH3	7 年	5 年	直播主	2019/3/15　9:00-9:40am

　　深度訪談問題包括：

1. 請問您直播節目的首播時間？當初是如何開始做直播節目？原因是？
2. 您覺得擔任直播主需要做哪些準備？和電台主持人的角色有何差異？原因是？
3. 您覺得訊息透過直播，再傳遞給網友或聽眾，有哪些特色？可能帶

來的效果或影響如何？

4.您覺得訊息透過直播，有哪些優點或缺點？

5.您覺得如何評估一個直播訊息的價值？

6.您覺得傳遞基督教真理訊息透過直播形式，可能帶來何種的機會或挑戰？如果有機會，請舉例是哪些機會？如何強化？如果有挑戰，請舉例是哪些挑戰？如何克服或跨越？

7.請問對於福音機構製作直播節目的建議？

　　九位訪談者的受訪內容，將依據高海柏（Goldhaber,1990）的傳播訓練模式，分為訓練前傳播分析、傳播訓練目標、傳播訓練技巧、訓練後傳播評估，最後進行整體分析。

第四節　案例分析

　　研究參考高海柏（Goldhaber, 1990; 黃葳威，1997，2008）提出的傳播訓練模式，爬梳九位受訪者的訪談結果。

一、訓練前傳播分析

　　整理九位受訪者的訪談意見，訓練前的傳播分析可以分為七部分，分別是主題規劃、來賓邀訪、直播預告、網友集結、音樂編排、視訊畫面、聲音訊號等。

　　六位受訪者表示，「直播影音」重在內容規劃，內容由直播主或製作主持人自行設定，各直播主需要掌握閱聽人的需求，提供有參考價值的訊息。

　　幾位受訪者則有不同看法，其中兩位認為可能音樂主題比較合適；另一位則表示他就是讓孩子協助規劃直播內容。

你內容一定要很紮實，準備很充分，但是其實有另外一種程度的好，就是說他可以抓住群眾的需要。（MF2）

我覺得在內容當中，講他們喜歡聽，他們關心的議題切入，怎麼去把這個福音的語彙做一些轉換。（MF1）

OK 要有內容。（FF1, FF2）

就是喜歡你的資料這麼豐富，就是喜歡你分享的內容是吸引我的。（FH1, FH2）

針對目標觀眾，準備有價值的內容，並依照觀眾建議調整內容。和一般媒體的角色是要跟觀眾互動，並有娛樂性，讓觀眾有交朋友的感覺，這樣才能培養固定的觀眾和粉絲。（FH3）

前製過程中，主題與來賓邀訪都由主持人或直播主自行規劃，除非配合電台台慶或特別專案，才由電台企劃團隊規劃。新媒體團隊負責社群平台宣傳公告、聲音音質播出、視訊畫面呈現、錄影機架設等。

受訪者表示，來賓的聯絡溝通很重要，需要主持人先規劃安排相關流程。

其次，現場直播雖穿插音樂，但畫面持續播出，需要主持人與來賓繼續互動；現場來賓在面對網友提問時，也要能適時回應。

一般而言，新媒體成員會依據主持人提出的主題與來賓資料，先行在網路平台進行宣傳，以便提醒網友在直播時間收看且互動。

有經驗的主持人也會在個人管道，傳遞即將直播的訊息，昭告親朋好友一起看直播。初試啼聲的主持人則可能因為新媒體團隊未介入主題規劃及經驗傳承，須經由個人做中學的方式，自行體驗持續提升呈現品質。

由於新媒體團隊主責行銷、現場音訊與視訊呈現，對於主題、來賓、音樂等規劃，仍由主持人自行負責。這意味著電台團隊以技術服務為主，內容由主持人或直播主統籌，展現自媒體的精神。

最早是電台台慶做直播，之後由主持人主動提出，主題由主持人自
行規劃。（FF1, FF2, MF1, MF2, MF3, FH1）

事先提出要做直播，之後提出規劃方案給負責團隊確認。（FH2）

直接上場就播出了。（MH1）

我提出主題與來賓後，整整一個月都沒有後續溝通，到了那天就帶
著來賓上場了……（MH2）

網友動員這部分，新媒體團隊以公告為主，仍賴主持人或直播主自立
自強。社群凝聚方式也端賴個人修為。

然而，對於新參與直播的主持人來說，電台在前置規劃與告知溝通的
角色，尤待加強，避免僅由主持人或直播主自行摸索。

我們會由美編設計好圖文文案，事先在粉絲頁公告，說明直播時間、
直播主題、直播主持人與來賓背景等介紹訊息。（FF1, FF2, MF1,
MF2）

在當天開始直播前才知道要自行在社群集結或動員親友，幸好找了
一位網路意見領袖協助動員，直播前十分鐘開始動員，好刺激！
（FH2）

我不清楚相關細節，就是直接上場主持。（MH1）

二、傳播訓練目標——計畫性目標

傳播訓練目標包含計畫性目標、資訊性目標。計畫性目標代表近程、
中程、遠程等階段的目標。受訪者一致表示，透過各種方式將福音及合乎
聖經價值的訊息傳遞給各方需要的人。網路已成為媒體發展整合的管道，
直播也成為重要趨勢，基督教福音電台不可缺席。這是受訪者的共識，但
對於計畫性目標的階段性進展，則有不同見解。

電台新媒體團隊的初期目標，是鼓勵現有專職或兼職主持人，可以逐

漸採取直播服務，但不強求，因為部分主持人選擇在電台服務，是希望保有個人隱私與神祕感，不希望曝光。中長程目標則未設限或規劃。

直播主和主持人則有不同想像。電台專職主持人也身兼作家、福音詩歌團，期待將個人相關服事相互結合，跨大迴響。親子直播主本人因為要全職扶養學齡前幼兒，則透過直播與網友互動，建立並凝聚親子粉絲；兼職主持人則考量個人時間分配，期待近程每月進行一次直播服務，中程每月進行兩次服務，長程則可每週提供一次直播服務。短講直播主則結合福音機構，定期提供直播服務，但未設限或對未來有想像。

> 我覺得現在直播的方式，它是用新媒體，過去我們可能這個廣播媒體，用什麼短波、收音機，但是現在聽收音機的人真的是非常少。我問過很多朋友上次聽收音機是什麼時候？他大概都不記得了，頂多是在車上。問家裡有沒有收音機？他們講大概都沒有了，年輕人更不用提了。但是我覺得現在直播這個好處就是透過新媒體，我們可以傳福音到人多的地方，其實現在人最多的地方就在網路上，就是我們在撒網時候，是到水深之處，魚多的地方去撒網，才會有人，這是新媒體的一個切入點。（FF1）
>
> 直播可以服務更多的聽友，跨大基督教電台的服務範圍；而且，大家看到網路是一發展趨勢，電台需要轉型。（MF1）
>
> 其實我們發現，看直播當場的沒有很多，其實都變成回看的。因為我們會錄下來，會留在網路上，很多人還是回看。（FF2）
>
> 我覺得很重要的事，就是要堅持下去，要做的話，你就要堅持下去。我預設目標，需要每個月做一次，每個禮拜做一次，每兩、三天做一次，那就堅持做下去，你看你自己能力所及，因為每個人做節目的方式不一樣，有不一樣的操作手法。但是比較現實，就是你要有規律的持續來做，這樣子建立網友們的收看或收聽的習慣，讓他們在某個時間點還去會期待。（MF2）

針對目標觀眾，準備有價值的內容，並依照觀眾建議調整內容。一般媒體的角色是要跟觀眾互動，並有娛樂性，讓觀眾有交朋友的感覺，這樣才能培養固定觀眾和粉絲。（MH3）

但是我覺得很微妙，是我們講的時候，你一定是要講他們喜歡聽，從他們關心的議題切入，不然他會覺得說完以後來這裡傳教。我覺得在內容當中，怎麼去把這個福音的語彙做一些轉換，我覺得這是一個 YouTuber，或者是直播客要去關心的議題。（FH3）

定期提供直播短講訊息，對未來沒有太多想像。（MH1）

三、傳播訓練目標──資訊性目標

　　資訊性目標以服務訊息希望達成的目標為主，電台新媒體團隊不涉及內容規劃，主責訊息傳遞。資訊性目標多半以提升音訊、視訊品質為主，並未針對直播資訊的整體目標有所想像。例如，初期提供直播服務時，網友反映聲音及畫面不清楚，團隊察覺用智慧型手機收音效果有限，所以決定加強音源線設定，以及視訊畫面的光源，提升訊號清晰度。

　　其次，新媒體團隊重視直播檔案在平台的後續效應，非同步的影音訊息放置平台，往往在不同地域的網友間得到迴響與留言，這些品質可能高於同步直播階段的交流互動。

　　直播主持人及直播主對於資訊性目標有不同設定，強化社群經營主要為大家共識，這是因為社群動員與凝聚，需要主持人或直播主的網路社群動員。資訊內容方面，兼職主持人與親子直播主則期待可以整合社區關懷服務，定期更新社群服務新知，逐步朝社群行銷發展，以轉化價值觀為目標。

　　平心而言，網路科技一日千里，不論幕後團隊或主持人、直播主，都重視因應時代變遷，調整訊息服務角度，以期多方傳遞合乎聖經的價值觀點。

不容否認，基督教電台提供直播服務，其傳播訓練目標其實不明確，也沒有提供任何教育訓練。

直播可以傳遞正面訊息，即時互動，可以在直播後關心個案。（MH3）
直播可豐富社群平台訊息，加強與成員的交流，適時提供服務。（MH2）

廣播電台來說，不需要被節目時間限制住。當然，若是你的節目時間跟直播時間有一些相輔相成，當然也不錯。例如，聽完節目之後，可以看直播，或是反過來看完直播，可以去聽，就跟民眾的習慣會比較相近，這當然也是一個思考方式，但是完全脫離也有它的好處，因為你可能會開發另外一個不同時間、族群的聽眾。（MF2, MF1, FF1）

我很需要有人告訴我可以如何設定目標，有這樣的課程可以聽嗎？（MH1）

四、傳播訓練技巧

高海柏（Goldhaber, 1990; 黃葳威，1997，2008）說明傳播訓練技巧，可藉由遊戲、角色扮演及經驗分享討論付諸訓練。

新媒體團隊成員表示，電台決定提供網路微廣播服務時，曾經邀請人來訓練專任夥伴，甚至調整人力規劃，改聘有新媒體或影像經驗的同仁加入。這些夥伴可以將經驗帶入團隊，節目服務開始轉型。

過去電台進入電腦編播、微廣播階段，有舉辦教育訓練。電腦編播階段是董事長要求電台編播電腦化，讓電台專職及兼職主持人都有機會學習自控自播的電腦操作；微廣播階段則以部分專職人員課程訓練為主。直播服務階段，比較由新媒體團隊主責，並沒有提供特別教育訓練，也未針對直播主持人或直播主進行相關增能裝備課程。

電台透過重複對外開設的短期微電影課程，提供有興趣的內部夥伴，自行報名參加，並未強制要求進行訓練。社群營運課程也以新進同仁的操作方式為主，沒有相關教育訓練。

目前新媒體團隊成員，每週會視網路網友回饋反映，在電台內部會議報告直播服務效益數據。兼職主持人對於相關訊息，則由節目部主管轉達，沒有直接獲得相關數據或意見，作為提升品質參考。

比較有效的方式，是找有意願的主持人在做中學，經過實際角色扮演，便有機會慢慢上手，掌握主題與來賓、福音訊息穿插，甚至與網友互動等。

電台同仁彼此成為團隊，相當有默契，可以迅速處理應變，非常難能可貴。團隊成員不少來自商業媒體，對於電台的人員搭配，非常肯定。

電台為非營利機構，團隊成員身兼多職，加上勞基法實施，同仁對於上班下班比較重視個人權益，所以相關資訊取得並不容易，要看成員是否願意多走一哩路，為改善服務品質而多付出關心。

團隊受訪者指出，現場直播訊息播出後，掛上網，其產生的迴響不容忽視。部分的後續經營，因人力有限，並沒有太多後續的積極作為，比較可惜。

受訪主持人表示，師父領進門，修行在個人，參與直播服務的主持人或直播主，需要定期採取直播服務。至於相關服務的創意與巧思，甚至服務當下的網友後續迴響的回饋等，端賴主持人或直播主個人的經營心力而定。

> 我相信參與的同仁，他們會愈來愈熟練。讓我覺得另外一個熟練的部分，倒覺得直播在過程當中，應該是小編扮演非常重要的角色，有很多人可能在直播的時候，他會在臉書上留言，提一些問題，那小編旁邊如果有適時的回應，甚至可以幫腔，讓整個直播的過程當中，跟這個觀看者的互動很緊密、連結在一起，我覺得直播的效果

也會比較好。（MF1）

電台因應新媒體時代，特別招募有新媒體經驗的年輕夥伴加入團隊。（FF1）

我個人平常喜歡玩新媒體，所以就在這個團隊。（MF2）

一開始協助直播拍攝，後來以文字為主，其他搭配團隊需要。（FF2）

我一直處理微廣播剪輯，大概和其他夥伴輪流接手，一週要完成一至兩個微廣播影片。（MF3）

我直接從過去 call-in 現場轉型為直播現場互動，直播拍攝部分，由專人負責，主持人主要規劃內容及來賓等。（FH1）

年輕人熟悉，我放手跟著進行，也說不出個所以然。（MH1）

我的工作單位，因為培養業務需要，有提供相關訓練課程，我便參加並開始首播，想培養在網路的影響力，進而擴張事業組織。（FH3）

比較有空檔時間，覺得自己應該與時俱進，便開始參加外部相關新媒體工作坊，或請教有經驗的人加入直播服務行列。我不確定其他主持人是否會自己找方式學習裝備？（FH2）

五、訓練後執行學習評估

　　訓練後傳播評估分為立即性評估以及延遲性評估。九位受訪者表示，立即性評估可直接在直播進行中，從網友參與討論過程察覺。有時主持人會邊看網友回應或提問，一邊回答或請來賓答覆。這些回饋有正面意見，也可能有負面意見。基督教現場直播訊息，收到的以正面訊息為主，有從國外打招呼或分享，也有網友持續針對直播主題提問，希望獲得解答。

　　受訪協助直播成員表示，基督教媒體的閱聽人忠誠度很夠，只要信賴媒體與主持人，透過聲音或網路直播，都可以觸達一定的受眾。與一般商業媒體需要譁眾取寵或比較八卦口味的方式，相當不同。

　　即便協助團隊成員間，會以同心合一的價值彼此搭配，避免互相扯後

腿，自掃門前雪。這部分讓成員比較容易互相信賴，也可迅速應變搭配。

　　主持人或直播主坦承，網友的立即回饋不僅僅對於主持人或來賓有所鼓舞，對於從旁協助直播的團隊也有激勵的效果。當團隊成員發現，有即時回饋，會立即向主持人透過字卡反映，希望有即刻的回應；協助成員也會積極協助維持製播品質及視聽訊息傳遞。立即性評估對於幕前主持人及幕後的執行團隊，都有立即修正訊息的價值。

　　受訪製播成員表示，基督教媒體未必只在乎曇花一現的立即性評估，更重視延遲性評估。這些延遲性評估包含後續在網路上的發酵與分享擴散，以及對於電台的支持程度，或渴慕福音訊息的相關交流。這些可從後續的點閱或留言分享看見端倪。電台也會在台內幹部會議提出評估數據，作為全面進入網路化的參考。

　　後續網路上的牧養，則透過網路留言或邀請參加週末福音性質活動，提供進一步關懷，這些流程會轉介至教會社會關懷部。媒體以撒種為主。

　　直播主持人以服務網友或聽友角度切入，各自有相關支持社群，後續效應一方面由電台告知，或一方面由主持人自行留意再予以處理。這些流程比較是見招拆招，沒有任何裝備或訓練課程。

　　除非長期經營社群，持續關注社群變化，一般都由主持人或其所屬社群團隊自行量力而為。一旦進入直播服務，如何奔跑有定向，需要一步步摸索，否則會非常忙碌。

　　有經驗的媒體成員及直播主，會刻意在中午或晚上更新訊息，定時查詢網友動態，或與網友互動，這些需要經驗的累積。

　　　　直播的優點是即時互動、互動性高、觀眾參與度高。缺點是，會即
　　　　時看到觀眾的反應，有時候會影響直播的心情，透過私訊的互動，
　　　　才有辦法收割。克服遇到怪怪網友的挑戰，這個可能比較困難，但
　　　　選對直播平台，則碰到的機率可以降低。（FH3）
　　　　話題也會是因素，但是也不一定啦！有些人他就是跟著主持人，他

今天做什麼,他就聽什麼。(FF2)

最近做了兩支健康飲食影片,一堆觀眾,音樂直播是兩年前弄的,到目前為止已經有四百多萬的點閱率喔!(FF1)

現場直播當下有時觀眾可能有限,但放在網路上後續效應很可觀。(MF1, MF2, MF3)

直播之後,電台主管會以肯定口吻表示網友反應很好,相當受到鼓勵。其實,很想進一步得知相關的背景分析資料……(FH2)

我真的不清楚這些網路的專業知識,但有同工協助及年輕人規劃,希望有這樣的課程可以學習,清楚自己做的情況。(MH1)

現場直播因為針對法律議題,來賓會適時引用聖經的話,提醒網友,要從與人和睦的角度思考,這些回應和一般坊間爭取法律權益的觀念有差別,我想,這是基督教媒體訊息最大的差別。現場播出的回應良好。(FH1)

OK,就是跟聽眾或網友的一個忠誠度有關。(MF3)

第五節　結論與討論

本章以「基督教電台網路直播型態」宣揚基督教教義為例,探討其社會傳播模式為何。

根據深度訪談九位協助直播團隊、直播主持人及外部直播主,以下分述研究結論、討論與建議。

一、基督教電台如何使用網路直播型態宣揚基督教教義?

檢視國內廣播電台導入新科技,基督教媒體開拓網路科技的服務,可被視為是新科技早期採納者。從 1999 年引進數位錄音製播,將電台推向

數位化發展，掙脫小功率社區電台的地理局限。

2015 年已經擁有網路聯播網，包含台北台、羅東台、新聞聯播網、經典音樂網、現代音樂網、悠遊聯播網、手機板 APP、佳音 FB 社群及微博社群等。

直播服務從 2017 年台慶開始，陸續從節目單元演變為直播節目，其社群平台以臉書為主。

種種變革是為了將基督教福音訊息透過多方管道傳遞，觸達更寬廣的範圍。

基督教電台每一階段的變革，並非有備而來，有時有所準備，有時做中學，憑信心而行。觀察基督教電台的直播服務，除科技倚賴新媒體團隊，其他相關準備比較不足，往往視台務會議確定，相關成員必須各自找資源，搭配完成。

電台除招募部分有經驗的新成員加入外，在圖片資料庫、社群經營、直播製播規劃等，沒有提供操作手冊或指南，憑藉的是成員的信仰。

一般商業媒體發生的糾紛意外，在基督教電台成為「恩典神蹟」。多數受訪者表示，常常在工作服事中經歷神蹟，自己的生命先被更新，爾後危機化解，且超過所求所想，經歷得勝平安。這些奇妙的過程，不是一般商業媒體成員可以在搭配中體驗的。看起來雖然沒有章法，但卻可以完成任務。

九位受訪者表示，網路直播可以超越地域國家限制，擴大服務對象，雖然社群平台經營比較忙碌，但有重要價值。

二、基督教電台提供網路直播的社會傳播模式為何？

檢視基督教電台直播服務的傳播模式，以下依據訓練前傳播分析、傳播訓練目標、傳播訓練技巧、傳播訓練後評估等，陳述訪談分析結論。

整理九位受訪者的訪談意見，訓練前的傳播分析可以分為七部分，分

別是主題規劃、來賓邀訪、直播預告、網友集結、音樂編排、視訊畫面、聲音訊號等。

六位受訪者表示，直播影音重在內容規劃，內容由直播主或製作主持人自行設定，各直播主需要掌握閱聽人的需求，提供有參考價值的訊息。

一般而言，新媒體成員會依據主持人提出的主題與來賓資料，先行在網路平台進行宣傳，以便提醒網友在直播時間收看且互動。

由於新媒體團隊主責行銷、現場音訊與視訊呈現，對於主題、來賓、音樂等規劃，仍由主持人自行負責。這意味著電台團隊以技術服務為主，內容由主持人或直播主統籌，展現自媒體的精神。

傳播訓練目標包含計畫性目標、資訊性目標。計畫性目標代表近程、中程、遠程等階段的目標。受訪者一致表示，透過各種方式將福音及合乎聖經價值的訊息傳遞給各方需要的人。網路已成為媒體發展整合的管道，直播也成為重要趨勢，基督教福音電台不可缺席。這是受訪者的共識，但對於計畫性目標的階段性進展，則有不同見解。

資訊性目標以服務訊息希望達成的目標為主，電台新媒體團隊不涉及內容規劃，主責訊息傳遞。資訊性目標多半以提升音訊、視訊品質為主，並未針對直播資訊的整體目標有所想像。

其次，新媒體團隊重視直播影音在平台的後續效應，非同步的影音訊息放置平台，往往在不同地域的網友間得到迴響與留言，這些品質可能高於同步直播階段的交流互動。

過去電台進入電腦編播、微廣播階段，有舉辦教育訓練。電腦編播階段是董事長要求電台編播電腦化，讓電台專職及兼職主持人都有機會學習自控自播的電腦操作；微廣播階段則以部分專職人員課程訓練為主。直播服務階段，比較由新媒體團隊主責，並沒有提供特別教育訓練，也未針對直播主持人或直播主進行相關增能裝備課程。

目前新媒體團隊成員，每週會視網路網友回饋反映，在電台內部會議

報告直播服務效益數據。兼職主持人對於相關訊息，則由節目部主管轉達，沒有直接獲得相關數據或意見，作為提升品質參考。

訓練後傳播評估分為立即性評估以及延遲性評估。九位受訪者表示，立即性評估可直接在直播進行中，從網友參與討論過程察覺，有時主持人會邊看網友回應或提問，一邊回答或請來賓答覆。這些回饋有正面意見，也可能有負面意見。基督教現場直播訊息，收到的以正面訊息為主，有從國外打招呼或分享，也有網友持續針對直播主題提問，希望獲得解答。

受訪製播成員強調，基督教媒體未必只在乎曇花一現的立即性評估，更重視延遲性評估。這些延遲性評估包含後續在網路上的發酵與分享擴散，以及對於電台的支持程度，或渴慕福音訊息的相關交流。這些可從後續的點閱或留言分享看見端倪。電台也會在台內幹部會議提出評估數據，作為全面進入網路化的參考。

後續網路上的牧養，可透過網路留言或邀請參加週末福音性質活動，提供進一步關懷，這些流程會轉介至教會社會關懷部。媒體以撒種為主。

直播主持人以服務網友或聽友角度切入，各自有相關支持社群，後續效應一方面由電台告知或一方面由主持人自行留意再予以處理。這些流程比較是見招拆招，沒有任何裝備或訓練課程。

整體而言，基督教電台提供網路直播服務，可以傳遞正面訊息，即時互動，可以在直播後關心個案。挑戰各式網友千百態，如何面對各式網友的回應或可能遭遇的網路霸凌，仍待裝備。直播可以創造的機會，就是透過網路互動有機會邀請有需要者到教會聚會，透過私訊的互動，才有辦法收割。面臨的威脅是，如何克服網路上各式沒有界線的言論，理性溫和的主張核心價值，方可提升社會傳播的效益。

基督教電台現場直播除拉開服務的帳幕外，如何持續加強參與成員的傳播專業訓練或聖經造就，使其奔跑有定向，提升服務品質，堅固橛子等都非常重要。

第六章

數位時代家庭傳播

第一節　前言

「這位立委關心家庭價值！」

電視新聞頻道談話性節目與談者，詮釋某位民意代表的主張，突然意有所指地表達對上物立委發言正當性的質疑，與談來賓瞠目結舌。

曾幾何時，人類發展的重要園地，成為政治角力的發言依據！

1989 年 12 月 9 日，聯合國將 1994 年命名為「國際家庭年」（International Year of the Family，簡稱 IYF）元年。

1993 年，聯合國宣布，從 1994 年起，每年 5 月 15 日為「國際家庭日」（International Day of Families，簡稱 IDF）。

2003 年 2 月 6 日，《家庭教育法》經總統公布實施，2013 年 2 月 6 日屆滿十年，教育部將 102 年訂為我國「家庭教育年」。

《家庭教育法》第 1 條前段開宗明義陳述：「為增進國民家庭生活知能、家人關係，健全家庭功能，特制定本法。」

回顧 2014 年國內重大新聞，「中華民國諮商心理師工會全國聯合會」6 日公布，影響國人心理健康的十大新聞，其中多元成家新聞名列第六。多元成家民法修正案（包含同性婚姻、伴侶制度、多人家屬三項法案）係由立法委員尤美女於 2012 年底提出「民法親屬編修正草案」，訴求同志婚姻合法化。民法主管機關法務部反對修法，認為社會共識不足，傾向交由各相關法規修法保障同志權益，而非單獨修訂《民法親屬編》或立法。

台灣 2019 年通過同性婚姻專法《司法院釋字第 748 號解釋施行法》後，許多同性伴侶紛紛如願登記結婚。

生態學的創始人 Uni Bronfenbrenner（1979），重視多重文化環境對人類行為與發展的影響，並將環境與個體的空間和社會隔離，分為一層一層

的系統群。個體位在核心，與個人最直接互動的是家庭系統。

其中有微系統（microsystem）與居間系統（mesosystem），居間系統介於微系統與外部系統（社會）之間，且被視為系統間的互動關係。就青少年的成長來看，傳播媒體如同青少年在家庭微系統外層的居間系統，其中傳播媒體長期以來也形成現代人認識社會的一扇窗。

家庭成員之間的溝通互動如何？根據教育部針對5,506人的家人互動調查顯示（林如萍等，2009），每天住在一起的家人，有20.6%（1134人）不曾及很少與家人相聚至少三十分鐘；超過五成以上（50.3%，2728人）的人不曾及很少傾聽家人的心情故事；六成二（62.1%，3421人）的人不曾及很少對家人表達感謝與讚美；七成六（76.2%，4196人）的人表示不曾及很少與家人擁抱；近三成六（35.9%，1978人）的人不曾及很少關心與問候家人。

根據中研院華人家庭動態資料庫（Panel Study of Family Dynamics, PSFD）的數據資料，透過跨年度的追蹤調查區分三種家庭效能感，討論家人間互動關係的品質：侍奉父母的待親效能、對待子女的教養效能，與夫妻相處的婚姻效能——孝親、育兒、婚姻。結果發現，上述三種家庭效能感彼此都是中度以上正相關，顯示家人關係本來就是一體，互動關係會彼此影響（龔雋幃，2020）。

參考教育部一項祖孫互動調查（林如萍、張則凡、黃秋華、戴秉珊，2009），不同住居的祖孫中，一成五在過去一年中沒有與祖父母有任何的互動，同住一起的祖孫也有4.4%沒有任何互動。在有互動的祖孫中，最常一起做的事情為吃飯、聊天、看電視等偏靜態的活動。

家庭教育與管理相關論述的焦點，以個別成員社會化過程中人際互動影響為主（原生家庭、學校、同儕等），對於傳播媒體所傳遞的家庭概念或價值型塑的文獻，相當有限。

研究者發展了一複雜的婚姻及家庭系統之模式，這個模式連結了家庭

理論（family theory）、學術研究（research）與實務（practice）（Galvin & Brommel, 2004; Olson, 1997）。家庭行為兩個主要構面是這個模式的核心，包括家庭凝聚力及家庭適應力。

家庭行為模式已經發展成為三個構面（Thomas & Olson, 1994; 黃葳威，2008）：(1)凝聚力；(2)適應力；(3)傳播。兩個主要構面仍是家庭凝聚力及家庭適應力，第三個構面是家庭傳播。

平面媒體的發行與廣告量逐漸停滯為不爭事實，根據「潤利艾克曼公司媒體監測中心」的調查，從各媒體廣告占比來看，無線電視及報紙在 2019 年廣告量下滑（http://www.xkm.com.tw/HTML/report/effectadex/201902effectadex.pdf）。然而，現有網路電子報以平面新聞素材為主，電子媒體新聞頻道在晨間新聞皆以各報頭版新聞為主要消息來源，顯見報紙議題往往成為其他媒體的報導所採用，報紙議題在輿論情境的建構過程中，舉足輕重。

本文以台灣發行量較具代表性的四份報紙（含網路電子報）為樣本，分析《蘋果日報》、《自由時報》、《聯合報》、《中國時報》在家庭議題的呈現。探討以下問題：

1.報紙頭版呈現的家庭型態有哪些？

2.報紙頭版呈現的家庭溝通及成員適應力、凝聚力為何？

3.報紙頭版以哪些新聞報導傳遞家庭相關議題？

4.報紙頭版有關家庭議題的報導觀點為何？是「衝突取向」或「非衝突取向」報導方式？

第二節　家庭與傳播

關於台灣社會家庭價值的論述，依據學者（朱瑞玲、章英華，2001）

分類也以家庭倫理價值（蔡勇美、伊慶春，1997；葉光輝，1997；周麗端、何慧敏，1998），以及家人關係兩方向為主；其中家人關係分別從奉養父母（文崇一，1989；朱瑞玲，1993；章英華，1993，詹火生，1989；羅紀瓊，1987；楊靜俐、曾毅，2000；孫得雄，1991）、婚姻關係（呂玉瑕，1983；陳俐伶，1988；陳媛嬿，1988；胡幼慧，1988；利翠珊，1993）、親屬往來（文崇一，1991；陳其南，1985；瞿海源，1991），以及子女教養方式（朱瑞玲，1994）等觀察。

學者黃迺毓（1998）探討台灣地區影響家庭傳播型態中，父母教養方式：

1. 原生家庭——原生家庭是指自己所由而來的家庭。原生家庭的父母、原生家庭的手足皆影響家庭傳播的互動。
2. 夫妻關係——其中包括夫妻感情、夫妻個性與情緒或心理移情作用。
3. 子女特質——家庭傳播型態中父母教養方式，還受到子女性別、子女年齡、子女氣質的影響。
4. 家庭社經地位——包括父母社經地位、父母職業等。
5. 社會關係——社會關係中包含朋友和鄰居、專家和權威、大眾傳播等。
6. 文化價值——如社會風氣、人生觀、傳統文化、宗教信仰等。

資訊化社會的洪流中，個人觀念，乃至社會文化價值關的形塑，皆透過家庭、學校、同儕、媒體等管道交互影響，其中傳播媒體所扮演的傳遞或涵化等角色，尤不容輕忽。審視從傳播理論出發的家庭傳播文獻，偏重廣告效果或消費研究（William, 2001）、政治社會化或閱聽人回饋（黃彥瑜，1997）；而家庭教育與管理相關論述的焦點，則以個別成員社會化過程中人際互動影響為主（原生家庭、學校、同儕等），關於傳播媒體所傳

遞的家庭概念或價值型塑。

有關家庭傳播的研究，早期要以查菲（Chaffee）和馬克里奧（McLeod）為首的美國威斯康辛大學大眾傳播研究中心（Wisconsin's Mass Communication Research Center），在1966至1972年間所做的一連串有關家庭傳播型態（family communication patterns）與傳播行為的研究最為著名（McLeod & O'Keefe, 1972, p.121）。他們的基本論點是，家庭傳播型態是兒童發展認知架構、習得外在事物的重要影響因素。一個人在兒童時期的家庭傳播型態，會影響他對公共事務的關心程度及媒體使用情形，其影響力甚至可能延續到成年期（Chaffee, McLeod & Atkin, 1971, p.133）。

查菲和馬克里奧所發展出的家庭傳播型態，是根據紐康（Newcomb）「調和模式」（strain toward symmetry model）而來的。紐康理論的基本前提是：一個系統各組作之間的關係，長時期下來，會漸漸趨向平衡的狀態（Chaffee & Tims, 1976）。

紐康模式同時處理兩個人及兩個人之間的傳播，他將這兩個人稱為「A與B」，其間並加入一個與雙方有關的事務X（如圖6-1）。紐康認為人們有認知一致性的需要，也就是所謂的「趨向調和的持續張力」（persistent strain toward symmetry）。

如果A與B雙方所關切的事務X有不一致的態度或認知，則A與B對雙方都會產生「趨向調和的張力」，但這種張力的大小須視A（B）對X

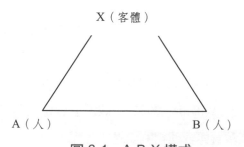

圖 6-1　A-B-X 模式

資料來源：Chaffee & Tims, 1976.

的態度的強度，以及 B（A）對 A（B）的互動吸引力而定。例如：當 A
對 X 的態度不強，而 B 對 A 的吸引力（或重要性）又大的話，則 A 會傾
向於改變自己對 X 的態度，而遷就 B 對 X 的態度，如此即達成了調和的
目的（羅世宏譯，1992）。

　　查菲和馬克里奧依據紐康的 A-B-X 模式，將社會及概念取向的家庭
傳播結構予以細分。A 代表子女，B 代表父母，X 為交談論點或傳播的焦
點，而箭頭所指方向，則代表在每一類型家庭中所注重強調的關係。

　　社會取向的傳播結構強調人際（A-B）的傳播關係，概念取向的家庭
傳播結構則注重人與論題（A-X）的關係。這兩種取向可以組合成下面四
種家庭傳播型態：共識型、分歧型、關注型、鬆散型，如圖 6-2。

　　這四種家庭傳播型態分別具有以下特色：

1. 共識型（consensual，高社會、高概念取向）：這類型家庭同時強調
   父母與子女間的和諧（A-B），以及子女與論題（A-X）的關係。因
   此，在這類家庭，孩子似乎面臨一種矛盾的情境，缺乏依循的準則，
   一方面子女被鼓勵勇於面對爭議的議題，表達己見，但同時卻又被
   約束不能違反父母的意見，必須採取和父母相同的標準。

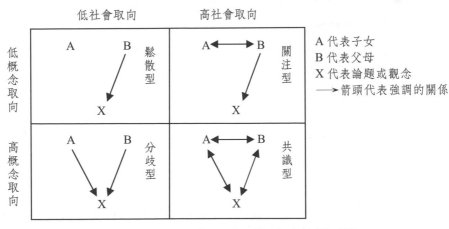

圖 6-2　從 A-B-X 關係分析四種家庭傳播型態

2.分歧型（pluralistic，低社會、高概念取向）：這類家庭注重子女與
論題（A-X）間的關係。父母不強調對權威的盲目崇拜，子女常被
鼓勵對事情要有自己的立場，並勇於表達和嘗試新的構想，父母常
教導子女不必害怕和別人意見不同或得罪他人。

3.關注型（protective，高社會、低概念取向）：這類型家庭著重維持
父母與子女（A-B）關係的和諧。子女被教導要避開爭議性的話題，
以免和別人發生不愉快，不但不准子女表達自己的不同意見，而且
子女在日常生活中很難有機會接近能形成自己觀點的訊息。

4.鬆散型（laissez-faire，低社會、低概念取向）：這類型家庭不強調
子女與父母（A-B），或子女與某一議題（A-X）間的關係，親子間
的傳播率低。子女雖然未被禁止向父母、長者的意見提出質疑，但
父母也並不鼓勵他們表達己見，同時也未訓練他們獨立思考。

家庭傳播型態在傳播研究上應用的範圍頗廣，目前主要的研究取向有
下列三個方向：(1)對子女媒介暴露的影響；(2)對子女政治社會化的影響；
(3)對子女消費者學習的影響。

在媒介使用方面，有的學者從家庭傳播型態對媒體選擇的影響著手，
例如節目內容的偏好（Chaffee, McLeod & Atkin, 1971；吳建國，1981；錢
莉華，1988）；也有些是研究其對收視情境的影響（Chaffee & Tims, 1976）。

郭貞（Kuo, 1989, 轉引自郭貞，1994，頁 102），在有關美國與台灣
青少年消費社會化的研究中，也曾應用這個理論架構。報告中指出：概念
取向的親子溝通，不僅會增進青少年的新聞判斷力，而且通常還會使親子
間與青少年同儕間注意到消費問題的探討。

查菲、馬克里德和瑋克曼（Chaffee, McLeod & Wackman, 1973；轉引
自張慧心，1988，頁20-23）以美國初中生與家長為對象，研究「家庭傳
播和青少年政治參與」。他們發現：(1)鬆散型家庭中，家長對子女政治社
會化的影響程度很低；(2)在關注型家庭中，由於社會取向觀念的束縛，

其子女對政治興趣、參與程度也較低；(3)在共識型家庭中，子女對政治興趣、參與程度最高，但政治知識較不深入；(4)在分歧型家庭中，子女們表現較為平均，亦即政治社會化有健全的發展，政治知識、興趣、參與程度較高。

吳建國（1981）對台北市國中生進行調查，發現家庭傳播型態不同，確實會影響到子女在公共事務方面的關心程度。在這四種家庭傳播型態中，分歧型和關注型家庭中的子女對公共事務的關心有顯著差異。分歧型家庭的父母在日常生活中經常訓練子女表達獨立見解，不畏懼權威；而關注型家庭的父母則要求子女順從，避免與人衝突，這兩種不同的溝通模式，造成分歧型家庭的子女比關注型家庭的子女較為關切現實社會中的政治問題。

黃琬翎（2015）以「父母介入」與「家庭傳播型態」中的「社會取向」與「概念取向」所形成的家庭傳播型態，來討論不同家庭傳播型態下，父母介入學童對於隱私權關注程度的關係。結果發現，父母愈多時間規則制訂，學童在週間上網的頻率愈低。此外，以社會取向為主的家庭傳播型態，比起以概念取向為主的家庭傳播型態，父母會有較多的時間為內容制訂規則，且學童對隱私權關注的程度也較高。其中，女生較男生多受到父母介入的影響，且愈高年級的學童也受到父母較多的介入。

其實，當接觸到不同的家庭時，我們就可以發現，不同的家庭在與其他家庭互動傳播時的型態會有所不同。不管一天中的任何事，做抉擇、分享感情或處理衝突等，都會因為個人不同的經驗而有所不同的行為。每個家庭中獨特的意義系統（meaning system）提供了人們處理主要事務的方法。

家庭溝通、凝聚力與適應力

研究者發展了一複雜的婚姻及家庭系統之模式，這個模式連結了家庭

理論（Family Theory）、學術研究（Research）、實務（Practice）（Olson, Russell & Sprenkle, 1983; Lavee & Olson, 1991）。婚姻及家庭系統模式可由兩構面觀察：「家庭凝聚力」及「家庭適應力」。

「凝聚力」隱含著家庭體制中情感所結合的彼此以及個人自主的程度（Pistole, 1994）。換句話說，每個家庭都企圖要處理親密的程度。

家庭研究學者將距離規則（distance regulation）視為主要的家庭功能（Kantor & Lehr, 1976）；家庭治療專家（Minuchin, 1974）談論到糾纏（enmeshed）及隔閡（disengaged）家庭；社會學者（Hess & Handel, 1959）描述到家庭要建立一個分離（separateness）及連結（connectedness）的模式，這四個凝聚力從極低到極高的層級（Carnes, 1989; 黃葳威，2008）：

1. 隔閡（dsengaged）：家庭成員維持極端的分離與極少部分的家庭親密關係（belonging）或忠誠。
2. 分離（sparated）：家庭成員體驗著連繫上與親密關係上的分離。
3. 連結（cnnected）：家庭成員努力在情感上的親密度、忠誠和聯繫。
4. 糾纏（emeshed）：家庭成員彼此間極端黏膩、依附，甚而是沒有了個人。

有著高度凝聚力的家庭常被認為是糾纏（enmeshed），家庭成員相當緊密聯繫在一起，幾乎沒有個人自主或是自我需求及目標實現之可能。「疏離隔閡的（dsengaged）」是在一凝聚力連續面的另一端，是指家庭成員之間十分缺乏親密度或團結，每個人都具有高度的自主及個性，在感情上有著非常強烈的疏離，家庭成員彼此間沒有太多的聯繫（如圖6-3）。

隔閡　　　　　　　凝聚力　　　　　　　糾纏
家庭　　　　　　　　　　　　　　　　　　家庭

低　　　　　　　　　高

圖6-3　家人凝聚力關係

圖 6-4　家人適應力關係

　　適應力可能被認為是在情境式的及啟發式的壓力上，較能改變婚姻或家庭體制其權力結構、角色關係及關係規則（Thomas and Olson, 1994；黃葳威，2008）。有四個適應力從最低到最高的層級（如**圖 6-4**）：

1. 專制的（rigid）：家庭成員受控於專制及嚴厲的角色及規則。
2. 穩健的（structured）：家庭成員受控於威權及部分平等帶領以及穩定角色和規則。
3. 彈性的（flexible）：家庭成員可以協商及做決定，角色和規則較易變化之。
4. 混亂的（chaotic）：家庭成員間沒有主要的領導者，且有著自主多變的決定方式及多變的規則和角色。

　　每個人體系統中都有著促進穩定及促使改變的過程。為了功能作用，這樣的系統需要一段穩定及改變的時間。家庭有著固定且廣泛的改變可能會被認為是自主多變，由於不可預測性和壓力，它們有些微的機會可以發展關係且建立一般性；以專制嚴厲為其特性的家庭，壓制了改變與成長。

　　對一個家庭中的適應功能而言，傳播是一核心，任何有效的適應力端視家庭訊息的意義分享程度，透過傳播，家庭使成員更清楚如何調整。影響家庭功能的變數包括：家庭權力結構、協商模式、角色關係、關係規則和回饋。

　　Olson 和他的同事假設，在改變和穩定之中有著一平衡，那將是彼此更肯定的傳播模式、均衡的領導、成功的協商、角色分享和公開的規則制

訂及分享。

研究者進一步探討適應力和凝聚力相互的影響（Olson, 1997；黃葳威，2008），如圖 6-5。

中心部分代表較平衡和適度的凝聚力和適應力，對於個人和家庭發展被視為一高度的傳播模式；外圍部分代表極端的凝聚力和適應力，對於長期的傳播模式沒有太多的幫助。本研究將參酌歐森（Olson, 1997；黃葳威，2008）的家庭傳播模式，探討台灣主要報紙新聞報導在家庭議題的呈現。

不論水平或垂直溝通，皆反映家庭成員溝通的過程，這些的確反映家庭成員互動的關係。至於家庭成員互動的管道——家庭傳播網絡有以下幾種類型（Galvin & Brommel, 2004; 黃葳威，2008）：

1. 連鎖網絡（chain network）：家庭成員之間的溝通管道如同一條鞭的型式，成員甲告訴成員乙，成員乙再傳達給成員丙，成員丙傳遞給成員丁。當成員丁有意見時，也循相反方向的型式，先傳遞給成員丙，成員丙再傳回成員乙，成員乙傳遞給成員甲。家庭成員互動僅限於相互傳遞的兩位，未能與第三位（或以上）成員進行溝通。

2. Y 網絡（Y network）：家庭中的一位關鍵成員擔負連結其他成員意見與關係的角色。例如子女有意見告訴母親，養父有意見也告訴母親，母親在其間斡旋、協調。

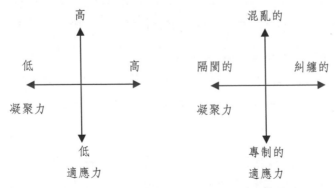

圖 6-5　家人凝聚力、適應力關係軸

3. 車輪網絡（wheel network）：家庭中一特定關鍵成員位居輪軸中心，分別與其他成員聯絡，這位關鍵成員的角色帶有權力或掌控性，既可動員家庭所有成員，也可以化解家中的緊張關係。

4. 全頻道網絡（all-channel network）：類似家庭中任一成員與另一成員皆可雙向互動，家庭成員溝通網絡暢通，可直接分享且立即回饋互動。家中每一成員皆在平等重要位置，沒有特定關鍵成員或「媒人」的存在。

　　黃葳威（2008；Huang, 2006）深度訪談一百個華人移民家庭的家庭傳播網絡，分別有連鎖網絡、Y 網絡、車輪網絡、全頻道網絡、酒杯網絡、鈕釦網絡以及領結網絡等型式。其中寄養家庭常採 Y 網絡、酒杯網絡的型式；分居家庭常採 Y 網絡、車輪網絡、全頻道網絡、酒杯網絡型式；單親家庭較常採 Y 網絡、酒杯網絡等溝通型式；隔代家庭常呈現鈕釦網絡的溝通型式；三代同居家庭常出現連鎖網絡、車輪網絡、酒杯網絡、領結網絡等溝通型式；三代同鄰家庭採連鎖網絡、車輪網絡、酒杯網絡、領結網絡的溝通型式；兩代同居家庭會出現車輪網絡、全頻道網絡、酒杯網絡等溝通型式。

　　有關華人移民家庭的親子關係，大多介於中低凝聚力、中低適應力的面向，如採 Y 型網絡、酒杯網絡的家庭。採連鎖網絡溝通的家庭親子關係的凝聚力和適應力最低，採車輪網絡溝通的家庭親子關係的適應力最低。其次，華人移民家庭採全頻道網絡、領結網絡型式的親子關係，多位在中高適應力與凝聚力的面向。採鈕釦網絡溝通的家庭親子關係，其凝聚力較低，但適應力較高。

第三節　研究設計

　　為分析報紙頭版新聞報導有關家庭議題走向，研究者蒐集台灣地區發行量具代表性的報紙媒體，包含《聯合報》、《中國時報》、《自由時報》、《蘋果日報》。根據民國 100 至 103 年 1 月至 12 月各日的頭版新聞，建構內容分析類目。

　　內容分析法目的在分析新聞雜誌在「媒介真實」（media reality）所呈現的議題趨向。傳播學者貝若森（Berelson, 1952）視「類目」為內容分析成敗的取決因素。他將類目分成「說什麼」類目（what us said categories）和「如何說」類目（how is said categories）（類目是內容分析的基本單位）。

　　依據研究目的，研究者所採用的類目，包括「說什麼」類目中的主題類目，以及「如何說」類目中的家庭成員溝通方式與強度類目。

　　傳播類型類目係傳播的型式（王石番，1991），依四份日報的頭版新聞標題與內文的傳播型式，分為頭版新聞、頭版標題、報導主題等。

　　內容分析範圍包括自 1 月至 12 月各日報的報紙頭版新聞報導，採普查方式。以篇為分析單元，如一則報導、一張照片、一幅插圖等。其次也分析各篇報導所占的面積與版面比率。

　　研究者參酌教育部優質世界公民整合計畫（鍾思嘉、陳彰儀、黃葳威等，2005），依據相關文獻與會議討論，先後界定研究範圍與類目的操作定義，進行前述四份日報之內容分析與資料整理。

　　主題類目分為教育、家庭、觀光休閒／娛樂體育、社會議題、醫療保健及公共衛生等。各主題類目的定義如下：

　　1.教育：為一種有關培植人才，訓練技能，以支應於國家建設、社會
　　　　發展的事業。相關主題如教改、課程等。

2.家庭：家庭是人類社會中最基本的組織，一般包括父母、夫妻、子女等親屬，是人類精神生活和物質生活寄託的所在。相關主題有親子等。

3.觀光休閒／娛樂體育：觀光——參觀旅行；休閒——優遊閒暇；娛樂——消遣的樂事；體育——以鍛鍊體能、增進健康為主的各種體育活動，如賽跑、體操、球類運動等。相關主題有旅遊、時尚、八卦緋聞、運動、體育競賽、奧運會、世界盃、職業運動等。

4.社會議題：社會——由人所形成的集合體；議題——討論的題目。相關主題有治安、人口、中老年、族群、社區發展、性別、次文化、生活型態、就業市場（職業、就業、工作）等。

5.醫療保健及公共衛生：醫療，代表醫治療養；保健，是指保持身體和心理的健康；而公共衛生則為一門技巧與科學，關於預防疾病、延長生命、促進生理與心理健康、衛生、個人保健、傳染病的控制、組織衛生服務。相關主題有健保、人體、疾病治療、飲食、養生、心理、生理學疾病、藥學、污染、傳染病、健康、精神醫學、職業傷害、衛生保健、慢性病、環境衛生、醫務管理、工業衛生、心理學、生理學等。

除分析新聞主題外，從家庭型態、家庭溝通、家庭成員、適應力、凝聚力等探索相關議題如何呈現。

強度類目在探討閱聽人報導呈現的觀點取向。本研究將頭版新聞所採取的觀點取向，分為衝突、非衝突兩類。

其中衝突代表對報導主題有反對或批評的觀點，或用負面的比喻、形容詞展現；非衝突代表對報導主題沒有反對或肯定，以說明新聞的事件為主，且多用名詞與動詞描述，少用立場明顯的形容詞。

由於研究分析資料包含《中國時報》、《聯合報》、《自由時報》及《蘋果日報》等四大報新聞，數量龐大，故本研究採同意度分析法，由四位登

錄助理將研究總體的 2% 加以分類統計，代入公式計算信度係數。公式如下：

1.四人相互同意度

$$\frac{4M}{N1+N2+N3+N4}$$

M：完全同意的篇數（63）；N1：第一位登錄助理的總篇數（88）；N2：第二位登錄助理的總篇數（150）；N3：第三位登錄助理的總篇數（63）；N4：第四位登錄助理的總篇數（52）

2.信度係數

$$\frac{N×平均相互同意度}{1+〔（N-1）×平均相互同意度〕}$$

N：參與內容分析的助理人數

檢定結果得到平均相互同意度為 0.7，信度係數為 0.91。內容分析的平均相互同意度達 0.6 以上。平均相互同意度與信度係數成正比，這代表檢定結果反映分類具可信度。

用百分比分析報紙家庭型態、家庭溝通、適應力、凝聚力、報導類目，及報導觀點等。

其次，將家庭型態與家庭溝通、適應力、凝聚力、報導觀點，進行單因子變項分析。

再者，將家庭型態與家庭溝通、報導類目、報導觀點，進行交叉分析。

第四節　研究結果

　　研究以內容分析法探討近四年報紙所呈現的家庭型態、家庭溝通及成員適應力、凝聚力，傳遞家庭議題的新聞報導類別與報導觀點，研究結果分述如下：

一、家庭型態

　　根據內容分析，2011 至 2014 年四年間包含《聯合報》、《中國時報》、《自由時報》、《蘋果日報》四份報紙，有 642 篇家庭相關新聞報導。分析其中家庭型態，以兩代同堂家庭最多（45.2%），其次為三代同堂（16.7%），再者分別為：單親家庭（15.3%）、寄養或寄宿家庭（5.1%）、同居（5%）、隔代教養（3.1%）、其他（9.7%）等，如**表 6-1**。

表 6-1　報紙家庭議題報導家庭型態

	2011	2012	2013	2014	總計
和爸媽一起生活的小家庭（兩代同堂）	91(52.6%)	84(58.7%)	61(33.3%)	54(37.8%)	290(45.2%)
單親家庭	32(18.5%)	33(23%)	12(6.6%)	21(14.7%)	98(15.3%)
和（外）祖父母及爸媽生活的三代同堂家庭	18(10.4%)	0	58(31.7%)	31(21.7%)	107(16.7%)
其他	16(9.2%)	1(1%)	20(10.9%)	25(17.5%)	62(9.7%)
同居（無法律婚姻關係）	10(5.8%)	5(3.5%)	12(6.6%)	5(3.5%)	32(5%)
隔代教養（和祖父母或外祖父母居住）	4(2.3%)	2(1.4%)	8(4.4%)	6(3.9%)	20(3.1%)
寄養或寄宿家庭	2(1.2%)	18(12.6%)	12(6.6%)	1(1%)	33(5.1%)
總計	173	143	183	143	642

　　比較 2011 至 2014 年家庭議題報導呈現的家庭型態，兩代同堂、單親家庭的比率減少，其他家庭類型報導明顯增加。其中 2013 與 2014 年，單親家庭、其他家庭型態的報導大幅成長，兩代同堂、三代同堂家庭報導為負成長。

　　報紙家庭議題近四年呈現的家庭親子溝通，以家人看法溝通、看法分歧的溝通最多（38.6%），其次是想法接近有共識（28%），再者為家長或監護人不管子女的鬆散方式（19.9%），過度關注的情形較少（9.3%），如**表 6-2**。

　　近四年相關議題的消長，在意見分歧、互有共識、關注等家庭溝通型態皆有所成長。成長最明顯的是鬆散的溝通方式；互有共識的比率則顯著降低。

　　2013 年起，鬆散型家庭溝通方式由一成多，增長至兩成以上；關注型家庭溝通在 2014 年也成長近一倍。

　　家庭議題報導呈現的家庭適應力，以低適應力最多（52.8%），其次為高適應力（35.4%），中度適應力的報導較少（10.3%）。近四年有關高適應力、中度適應力的報導逐漸提升，但仍以低適應力的報導為主軸。

表 6-2　報紙家庭議題報導家庭溝通

家庭溝通	2011	2012	2013	2014	總計
意見分歧	77(44.5%)	57(40%)	60(32.8%)	54(37.8%)	248(38.6%)
互有共識	55(31.8%)	47(32.9%)	55(30.1%)	23(16%)	180(28%)
鬆散（家長或監護人不管子女）	24(13.9%)	22(15.4%)	42(23%)	40(28%)	128(19.9%)
關注（家長監護人過度關注子女）	1(1%)	15(10.5%)	18(9.8%)	26(18.2%)	60(9.3%)
無從判斷	16(9%)	2(1.4%)	8(4.4%)	0	26(4%)
總計	173	143	183	143	642

2011 年家庭成員間適應力的呈現，以低適應最高（50.9%），高適應力次之（38.7%），再者是中適應力（10.4%）。2012 年家庭成員間適應力的呈現，低適應力最高，且比率增加（54.5%）；高適應力次之，比率達四成（42%）；中適應力居三，且低於一成（2%）。

2013 年家庭成員間適應力的呈現，低適應力居首（54.1%），其次為負成長的高適應力（30.1%），再者是回升的中適應力（11.5%）；2014 年家庭成員間適應力，低適應力達五成以上（51.7%），高適應力達三成（31.5%），中適應力一成五以上（16.8%），如**表 6-3**。

報紙家庭議題有關家庭凝聚力的報導，呈現兩極化的現象。以低凝聚力的家庭最常被報導（52.5%），其次為高凝聚力的家庭（34.6%），中度凝聚力的家庭較少被報導（9.8%）。

近四年關於低凝聚力家庭的議題成長最多，其次為高凝聚力的家庭議題，中度凝聚力的議題呈負成長。

2011 年家庭成員間凝聚力的呈現，以低凝聚力最高（50.3%），高凝聚力次之（39.9%），再者是中凝聚力（7.5%）；2012 年家庭成員間凝聚力的呈現，低凝聚力略成長（54.5%），高凝聚力次之（40.6%），再者是低於一成的中凝聚力（0.7%）。

2013 年家庭成員間凝聚力的呈現，低凝聚力占五成三以上（53.6%），中凝聚力成長居次（24.6%），再者是負成長的高凝聚力（21.9%）；2014

表 6-3　報紙家庭議題家庭適應力呈現

適應力	2011	2012	2013	2014	總計
低	88(50.9%)	78(54.5%)	99(54.1%)	74(51.7%)	339(52.8%)
中	18(10.4%)	3(2%)	21(11.5%)	24(16.8%)	66(10.3%)
高	67(38.7%)	60(42%)	55(30.1%)	45(31.5%)	227(35.4%)
無從判斷	0	2(1.4%)	8(4.4%)	0	10(1.6%)
總計	173	143	183	143	642

表 6-4　報紙家庭議題報導家庭凝聚力

凝聚力	2011	2012	2013	2014	總計
低	87(50.3%)	78(54.5%)	98(53.6%)	74(51.7%)	337(52.5%)
中	13(7.5%）	1(0.7%)	451(24.6%)	4(2.8%)	63(9.8%)
高	69(39.9%)	58(40.6%)	40(21.9%)	55(38.5%)	222(34.6%)
無從判斷	4(2.3%)	6(4.2%)	0	10(7%)	20(3.1%)
總計	173	143	183	143	642

年家庭成員間凝聚力的呈現，低凝聚力較高（51.7%），高凝聚力近三成九
（38.5%），再者是負成長的中凝聚力（2.8%），如**表 6-4**。

　　報紙家庭議題新聞報導，三代同堂、兩代同堂、單親家庭溝通以意見
分歧較多，其次為達成共識、鬆散或關注取向。

　　依據卡方分析，不同家庭型態的家庭溝通存有差異。

　　隔代教養、寄養或寄宿家庭、同居或其他等家庭型態的家庭溝通以分
歧居多，其次為意見鬆散，再者為達成共識，如**表 6-6**。

表 6-5　2011-2014 年家庭成員適應力、凝聚力單因子變項分析

		樣本數	平均值	標準差	
適應力	2011	173	1.75	.934	$F_{(3,3964)}=205.722^{***}$
	2012	143	1.89	.988	
	2013	183	1.12	.454	2011＞2013　2011＞2014
	2014	143	1.09	.401	2012＞2013　2012＞2014
	總和	642	1.16	.528	
凝聚力	2011	173	1.89	.958	$F_{(3,4004)}=248.383^{***}$
	2012	143	1.93	.998	
	2013	183	1.13	.468	2011＞2013　2011＞2014
	2014	143	1.10	.417	2012＞2013　2012＞2014
	總和	642	1.18	.555	

$^{*}p<.05, ^{**}p<.01, ^{***}p<.001$

表 6-6 2011-2014 家庭型態與家庭溝通交叉分析

家庭型態	家庭溝通					總和
	鬆散	關注	分歧	共識	無法判斷	
三代同堂	6 5.6%	0 0%	60 56.1%	38 35.5	3 2.8%	107 100.0%
兩代同堂	69 23.8%	19 6.6%	116 40%	81 27.9%	5 2%	290 100.0%
單親家庭	29 29.6%	16 16.3%	31 31.6%	18 18.4%	4 4.1%	98 100.0%
隔代教養、寄養或寄宿家庭、同居、其他	41 27.9%	20 13.6%	47 32%	35 23.8%	4 2.7%	147 100.0%
總和	145	55	254	172	16	642
	$X^2(12, 331)=36.81^{***}$					

$^{*}p<.05, {}^{**}p<.01, p<.001^{***}$

　　根據雪費事後多重比較顯示，不同家庭型態在適應力上有差異。其中兩代同堂家庭、隔代教養、寄養或寄宿家庭、同居、其他等家庭的適應力較高，三代同堂或單親家庭的適應力較低。

表 6-7 2011-2014 家庭型態與適應力的差異分析

適應力	N	平均數	標準差
三代同堂	107	1.82	1.13
兩代同堂	290	2.35	1.26
單親家庭	98	1.85	1.15
隔代教養、寄養或寄宿家庭、同居、其他	147	2.71	1.20
$F(3, 3.7)=6.93^{***}$ Scheffe 事後多重比較：$(1, 4)^{*}$ $(2, 3)^{*}$ $(3, 4)^{**}$			

$^{*}p<.05, {}^{**}p<.01, {}^{***}p<.001$

　　根據雪菲事後多重比較顯示，不同家庭型態在凝聚力沒有差異。

二、報導主題類型

報紙呈現家庭議題的新聞報導類型以社會議題最多（55.9%），其次是觀光休閒或娛樂體育（20.7%），再者為醫療保健及公共衛生（9.8%）、家庭新聞報導（8.1%）、教育（5.5%）。

近四年社會議題、觀光休閒或娛樂體育等新聞報導，在呈現家庭議題的比率較多，其中醫療保健及公共衛生、家庭、教育略有增長。

2011 至 2012 年，觀光休閒或娛樂體育略有下降，仍近兩成；社會議題、家庭議題、醫療保健及公共衛生略提升。

2012 至 2014 年間，社會議題、觀光休閒或娛樂體育取向的報導呈負成長，教育、家庭議題、醫療保健及公共衛生略提升，如**表 6-8**。

進一步分析近四年報紙在有關家庭議題的報導觀點，家庭議題新聞報導均最多，且八成以上從「衝突層面」呈現家庭議題，非衝突呈現低於兩成。

2011 年，衝突與非衝突報導取向各為四比一；2012 年與 2013 年，衝突與非衝突報導觀點接近三比一；2014 年，衝突觀點回升，衝突與非衝突報導取向各為四比一，如**表 6-9**。

表 6-8　報紙家庭議題報導新聞類型

新聞類目	2011	2012	2013	2014	總計
教育	7(4%)	2(1.4%)	10(5.5%)	16(11.2%)	35(5.5%)
家庭	9(5.2%)	12(8.4%)	16(8.7%)	15(10.5%)	52(8.1%)
觀光休閒、娛樂體育	44(25.4%)	30(21%)	36(19.7%)	23(16.1%)	133(20.7%)
社會議題	102(59%)	87(60.8%)	97(53%)	73(51%)	359(55.9%)
醫療保健及公共衛生	11(6.4%)	12(8.4%)	24(13.1%)	16(11.2%)	63(9.8%)
總計	173	143	183	143	642

表 6-9　報紙家庭議題報導取向（衝突／非衝突）

	2011	2012	2013	2014	總計
衝突	138(79.8%)	110(76.9%)	139(76%)	114(79.7%)	501(83.6%)
非衝突	35(20.2%)	33(23.1%)	44(24%)	29(20.3%)	141(16.4%)
總計	173	143	183	143	642

第五節　結論、討論與建議

　　2013 年為台灣倡導「家庭教育年」，參考涵化理論與家庭傳播文獻、社會環境、原生家庭對於個體人格與成長有一定影響，本文針對國內四大報紙頭版新聞有關家庭議題的呈現，分析頭版新聞如何再現家庭相關議題，以下將依據研究問題分述研究結論。

一、報紙頭版呈現的家庭型態有哪些？

　　根據內容分析結果，2011 至 2014 年四年間包含《聯合報》、《中國時報》、《自由時報》、《蘋果日報》四份報紙頭版，家庭相關議題新聞報導的家庭型態，以兩代同堂家庭最多（45.2%），其次為三代同堂（16.7%），再者分別為：單親家庭（15.3%）、寄養或寄宿家庭（5.1%）、同居（5%）、隔代教養（3.1%）、其他（9.7%）等。

　　參考行政院主計處《102 年家庭收支調查報告》公布資料（2014），以民國 102 年為例，台灣地區家庭型態以兩代同堂家庭最多（38%）；三代同堂家庭占有 15.2%，單親家庭有 9.6%，隔代教養家庭有 1.3%，其他占 8.1%，夫婦家庭（無子女）占 16.8%，單身家庭達一成以上（11.1%）。

　　兩相比較，報紙在議題呈現偏重兩代同堂及單親家庭。單親家庭、其

他家庭被報導的比較高於真實家庭型態分布；夫婦家庭或單身家庭的報導付之闕如。

二、報紙頭版呈現的家庭溝通及成員適應力、凝聚力為何？

整體而言，家庭議題報導呈現的家庭適應力，以低適應力最多（52.8%），其次為高適應力（35.4%），中度適應力的報導較少（10.3%）。近四年有關高適應力、中度適應力的報導逐漸提升，但仍以低適應力的報導為主軸。

根據雪費事後多重比較顯示，不同家庭型態在適應力上有差異。其中兩代同堂家庭、隔代教養、寄養或寄宿家庭、同居、其他等家庭的適應力較高，三代同堂或單親家庭的適應力較低。

報紙頭版呈現的家庭溝通偏向意見紛歧、低適應力、低凝聚力的家庭新聞。

依據卡方分析，不同家庭型態的家庭溝通存有差異。報紙家庭議題新聞報導，三代同堂、兩代同堂、單親家庭溝通以意見分歧較多，其次為達成共識、鬆散或關注取向。

前述三種家庭型態的親子溝通沒有太大差異，以呈現意見分歧的狀態居多。

報紙家庭議題近四年呈現的家庭親子溝通，以家人看法分歧的溝通最多（38.6%），其次是想法接近有共識（28%），再者為家長或監護人不管子女的鬆散方式（19.9%），過度關注的情形較少（9.3%）。

近四年相關議題的消長，在意見分歧、互有共識、關注皆有所成長。成長最明顯的是鬆散的溝通方式，互有共識的比率顯著降低。

報紙家庭議題有關家庭凝聚力的報導，呈現兩極化的現象。以低凝聚力的家庭最常被報導（52.5%），其次為高凝聚力的家庭（34.6%），中度凝聚力的家庭較少被報導（9.8%）。

近四年關於低凝聚力家庭的議題成長最多，其次為高凝聚力的家庭議題，中度凝聚力的議題呈負成長。

報紙家庭議題新聞報導，三代同堂、兩代同堂、單親家庭溝通以意見分歧較多，其次為達成共識、鬆散或關注取向。

依據卡方分析，不同家庭型態的家庭溝通存有差異。隔代教養、寄養或寄宿家庭、同居或其他等家庭型態的家庭溝通以分歧居多，其次為意見鬆散，再者為達成意見共識。

三、報紙頭版以哪些新聞報導傳遞家庭相關議題？

報紙呈現家庭議題的新聞報導類型以社會議題最多（55.9%），其次是觀光休閒或娛樂體育（20.7%），再者為醫療保健及公共衛生（9.8%）、家庭新聞報導（8.1%）、教育（5.5%）。

近四年社會議題、觀光休閒或娛樂體育等新聞報導，在呈現家庭議題的比率較多，其中醫療保健及公共衛生、家庭、教育略有增長。

2011 至 2012 年，觀光休閒或娛樂體育略有下降，仍近兩成；社會議題、家庭議題、醫療保健及公共衛生略提升。

2012 至 2014 年間，社會議題、觀光休閒或娛樂體育取向的報導呈負成長，教育、家庭議題、醫療保健及公共衛生略提升。

比較前述類型在頭版整體報導類型的比率，除了一般家庭新聞外，社會新聞呈現的家庭議題最高。

近六成的家庭相關議題報導為社會事件，且多為家庭負面事件；正面的家庭相關議題報導集中在觀光休閒或娛樂體育。如親子假日休閒風氣、職業運動選手的居家插曲、美國職業籃球選手林書豪，或台灣之光王建民與家人和好、娛樂明星或國外皇室婚禮，甚至總統領袖就職時配偶親友裝扮、家居生活對話拌嘴插曲等；醫療保健及公共衛生則關注全民健保對於家庭消費或結構的呈現。

　　以國內新聞呈現來看，家庭如同一個以消費力考量為主的結構，當涉及家庭成員的溝通與關係時，不論家庭型態如何，報導以低凝聚力家庭議題最多，家庭中沒有親情或關係可言。

　　公共人物或名人的家庭或家人如同一展現舞台，議題環繞在形成家庭的婚禮、穿著、場面，仍是以消費力展現為主。

　　家庭在報紙頭版的呈現，以消費力、社會人脈資本為著眼，較少觸及家庭成員心理健康。

四、報紙頭版有關家庭議題的報導觀點為何？是「衝突取向」或「非衝突取向」報導方式？

　　四年報紙在有關家庭議題的報導觀點，社會議題新聞報導均最多，且八成以上從衝突層面呈現家庭議題，非衝突呈現低於兩成。

　　頭版新聞偏重呈現家庭意見分歧、低適應力、低凝聚力的家庭，報導觀點也以衝突最多。

　　家庭在大部分的國家社會制度，乃至個人成長價值觀的型塑，舉足輕重。家庭若渙散解體，其危機將超過核武的擴散（張宏文，2000）。

　　英文的 family 在拉丁文字的原義，是一個社團，包含家長、子女、僕人、奴隸等。家庭（family）這個名詞的原始意義不是親屬或共同祖先，而是建立在權力與財產上的主奴關係。

　　「家庭」二字，始見於梁王僧孺「事顯家庭」的句子，本來是用來指某種空間，後來在高允〈徵士頌〉中，出現「怡怡昆弟，穆穆家庭」的句子，家庭指的是一家人。家庭的意義，可指居所中的某種空間，也可指特殊關係的群體。

　　人類學者（Queen & Habenstein, 1967）認為家庭是「一群親屬親密的住在一起，其成員交配，生育並養育子孫，成長，且互相關注」。人類學對於家庭的概念是：家庭是一個親子所構成的生育社群。親子是指家的結

構，生育是指家的功能。

　　所謂結構，指的是父母雙方；子女則指與配偶所生的孩子。這個家庭社群的結合，主要是為了孩子的生與育，所以家庭的基本組成為夫婦與其子女。此外，各個社會有其變異性，有些尚可包括其他家庭組成分子，諸如直系或旁系親屬，或沒有血統或婚姻關係的人。因此，家庭可說是基於血緣、婚姻，及收養關係結合而成的一個團體（莊英章，1986）。

　　美國社會學者將家庭界定為：家庭是以婚姻及婚姻契約為基礎的一種社會安排，它包括三種特性（Stephen, 1963）：

1.夫妻與子女住在一起。
2.承擔為人父母的權利和義務。
3.夫妻在經濟上負有互相扶養的責任。

　　我國《民法》親屬編第六章第 1122 條對「家」的定義為：「稱家者，謂以永久共同生活為目的而同居之親屬團體。」

　　參考「家」在法律上的認定，可以得知：

1.家庭有一終極目標。
2.家庭以共同生活為前提。
3.家庭為一永久的團體。
4.家庭成員須共同生活。
5.家庭為親屬組成的團體。

　　在《民法》上，稱家者，以永久共同生活為目的而同居之親屬團體（《民法》第 1122 條）。家既為共同生活的團體，則必須至少有二人以上共同生活始可為家。在戶籍編造上，雖可有單獨戶長之戶，但《民法》上並不允許「單獨家長」之家存在。而《民法》第 1123 條：「家置家長。同家之人，除家長外，均為家屬。雖非親屬，而以永久共同生活為目的同居一

家者，視為家屬。」

社會學家 Lang（1964）定義中國家族為「一個由血緣、婚姻或收養關係的人們所組成的單位，他們有共同的生計和共同的財產」。這意味家庭成員透過通婚、血緣，或領養方式，互相組成。

Cohen（1976）指出中國的家涉及三個面向：家產（estate）、經濟體（economy）與群體，其中群體與家產都可以是集中的或未全部涵蓋的。換言之，家，可以是散處各地的一群人，這群人的財產不一定集中處理，也不一定屬於同一生產或消費單位。也有學者認為，華人的家是可以縱向、橫向無限延伸的概念。

分析近四年台灣四大報紙頭版呈現的家庭議題報導，獲致以下觀點：

1. 報紙呈現的單親家庭、其他家庭被報導的相較高於真實家庭型態分布；夫婦家庭或單身家庭的報導付之闕如。
2. 家庭議題以消費力的權力呈現為主。
3. 家庭成員關係互動呈現低凝聚力、低適應力、意見分歧、溝通不良的態勢。
4. 家庭成員意見分歧居多，使家庭對於型塑個體成長的價值觀，影響有限。
5. 名人家庭比較和諧有趣，尋常家庭生活時有衝突，乏善可陳。
6. 台灣家庭結構渙散，家庭形同社會衝突的亂源之一。

這呼應家產、經濟體的家庭組成。在群體呈現上，報紙對於家庭成員的群體呈現，偏重衝突、分歧的樣態，或許是因為研究取樣以頭版為主，為了搏取讀者的注意力，傾向選取特殊、異常的議題。

如此觀察，台灣報紙頭版新聞呈現家庭議題新聞，以隱善揚惡居多，家庭對於現代人的獨立自主與養成，沒有太多存在的意義。

報紙有關藝文、歷史文化、資訊傳媒、農林漁牧、生命科學的頭版新

聞，對於家庭的呈現付之闕如。

　　公共利益是否落實於傳播媒介，可由媒介在結構和表現的五個原則來檢視，這五個原則分別是（McQuail, 2010）：是否足夠自由化、是否呈現多樣化、是否兼顧資訊化、是否兼顧社會秩序和整合的角色，以及是否擔負文化傳遞的功能。

　　檢視四大報紙頭版新聞報導家庭議題是否落實公共利益，很明顯地，在議題自由化（不受市場擺布）、多樣化、資訊化、兼顧社會秩序和整合的角色，以及擔負文化傳遞功能等，都有相當改善空間。

　　後續研究建議，選取報紙家庭版，或雜誌議題進行分析，以減緩頭版刻意放大「奇人軼事」的可能效應。

　　其次，後續也可針對社會人士、青少年、兒童對於家庭的概念，進行調查，以比對報紙頭版有關家庭議題的呈現，是否有涵化的影響？

Part *3*

結 構 篇

第七章

數位時代新聞自律

第一節　前言

　　自稱台灣公共電視網路新聞平台「公民記者」的洪素珠上街隨機訪談老榮民，藉機辱罵，並錄製訪談影片 PO 網，引來各界撻伐（蘇龍麒，2016年 6 月 12 日）。

　　儘管公共電視表示此影片沒有出現在 PeoPo 公民新聞平台，但有關電視台網路新聞平台是否有自律公約或治理機制，引發台灣各界關注。

　　1989 年 3 月 13 日，全球互聯網誕生於日內瓦的核子研究中心。網路快速成長，無人能預期未來變革，從商業網路、學術網路到網咖，網路世界百家爭鳴。

　　台北市數位行銷協會（DMA）調查，2016 年上半年台灣數位廣告量達到新台幣 111 億元，較去年同期成長了 32%（含新增項目）。DMA 表示，值得關注的是，數位媒體廣告量首度超越傳統電視媒體，正式宣告數位媒體時代已經來臨（何英煒，2016 年 9 月 27 日）。

　　「2019 年台灣網路報告」顯示，全國上網人數經推估已達 2,020 萬，整體上網率達 85.6%；家戶上網部分，推估全國家庭可上網有 793 萬戶，全國家戶上網比率達 90.1%，主要上網方式為寬頻上網，比率高達 89.3%（財團法人台灣網路資訊中心，2019）。

　　超過八成以上的民眾使用網路以滿足在社交、娛樂、資訊、溝通等使用需求，包含即時通訊（94.8%）、網路新聞（87.9%）、影音／直播（84.5%）、電郵／搜尋（82.5%）、社群論壇（79.2%）等。

　　「2020 台灣青少兒消費形象與上網趨勢調查」發現，小三至大四受訪在學學生，每週使用手機時間達 25.91 小時，上網時間有 13.72 小時，收看電視時間有 13.03 小時。年輕世代上網時間已超過收視時間（黃葳威，

2020）。

　　前項調查分析顯示，八成二的台灣青少兒擁有手機，其中有九成三擁有智慧型手機。七成以上主要是為看影片（78.7%）或聽音樂（71.5%），其次是玩遊戲（63%）、使用社群網站（69.3%），均占六成三以上；近五成九的青少兒上網為了查詢資料，四成五以上透過即時通訊工具與他人聯繫。青少兒經由網路接觸各式影音內容已成為趨勢。

　　另一項台灣大學生使用網路影音新聞調查，超過半數大學生獲知新聞訊息的管道為網路，電視僅有三成左右（林俊孝，2015）。無疑地，網路也是年輕世代接觸新聞的主要管道。

　　媒體倫理文獻關注新聞專業意理可能遭受來自政黨（Huang, 2009, July; 劉蕙苓，2009；蘇鑰機，1997）、財團（Wu & Lamhert, 2016; 林宇玲，2015；李芝，2009；林照真，2009；洪貞玲，2006）等利益團體的干預，或置入性行銷對新聞（林照真，2005；陳炳宏，2005；彭賢恩、張郁敏，2008；劉蕙苓，2005）、從業人員（王毓莉，2014；羅文輝、劉蕙苓，2006）的影響。

　　進入網路媒體時代，多元的意見並陳上網，反倒是社群成員轉貼或分享形成的連鎖效應不容小覷，台灣「太陽花學運」的網路社群動員足可印證。

　　網路新聞為衝高人氣點閱率，呈現手法引發爭議，時有所聞。傳播媒介出現許多新興的倫理問題（羅文輝，2015：45），伴隨網路和數位科技的便捷，商業強調的「利潤為先」，是非對錯界線日趨模糊（黃煜，2015：v-vii）。

　　公共電視台於 2007 年推出台灣第一個影音公民新聞網 PeoPo，為五家無線電視台第一個推出由網友上傳網路新聞的電視台。

　　有關台灣網路新聞治理的討論，開始於「壹傳媒集團」的「動新聞事件」。壹傳媒集團在尚未取得電視執照前，2009 年首推網路版動新聞，以第一人稱方式重建新聞現場，其是否被界定為新聞，引起諸多討論（陳俍

任，2009 年 11 月 26 日），動新聞大量聚焦腥羶色議題，如以「動新聞」鉅細靡遺描述母親與兩姨虐殺四歲女，兒少、家長、婦女等公民團體頻頻抗議。

直至 2011 年，壹電視新聞台終於獲准成立，國家通訊傳播委員會（NCC）條件式地審議通過，關鍵在於壹傳媒集團主席黎智英提出七大承諾條款（蘇文彬，2011 年 7 月 20 日），包含允諾成立「跨媒體倫理委員會」。

台灣對網路媒體治理傾向採取低度管理，以促成網路媒體自律為先，僅從《兒童及少年福利與權益保障法》明文規範網路內容自律的價值。

本文將從《兒童及少年權益與福利保障法》法源、社會責任論的觀點，參考《兒少權法》46 條第 6 款：推動網際網路平台提供者建立自律機制，探討五家無線電視台網路新聞平台的自律機制，以及過去三年被網路公民舉報的無線電視台網路平台新聞，其所提供之使用者自律條款，是否符合網路平台提供者之自律與企業社會責任價值？

第二節　新聞倫理社會責任

2016 年網路安全日在 2 月 9 日，英國網路安全中心設定的主題是「公私部門攜手共創美好網路空間」（together for a better internet）。

網路安全日自 1996 年在歐洲發起，陸續經由「歐盟委員會」和「國家互聯網安全中心」在歐洲各國推動，並結合 Insafe / INHOPE 等非政府組織，至今在全球一百多個國家響應，目的在呼應全球公民善用網路與手機，成為負責任的數位公民，營造數位公民社會。

近年以社會基層轉變為基調的「聯合國系列論壇」應運而生，包含「資訊社會高峰會」（World Summit on the Information Society, WSIS）及「網

路治理論壇」（Internet Governance Forum, IGF），兩者定期關注全球經歷由 20 世紀的工業化社會，快速地邁向 21 世紀資訊化社會的變遷（黃葳威，2012）。

2006 年底，聯合國第一屆「網路治理論壇」（IGF）在希臘雅典舉辦。會議主題為「網路的治理與發展」。首屆「網路治理論壇」集結各國產官學代表與相關 NGO 民間團體，就以下四個子題進行討論與對話（黃葳威，2008）：

1. 開放性：加強言論自由及觀念、資訊與知識的自由流通。諸如資訊的自由流通、言論自由及知識的易接近性及授權。
2. 安全性：藉由合作建立信任與信心，包括避免垃圾郵件、病毒，以及隱私權保護。
3. 多樣性：促進多種語言的使用及豐富在地內容，其中包含網路內容中有多種語言的使用及豐富在地內容。
4. 接近性：網路的接軌──政策及費用。討論議題涵蓋互相連結的費用、軟硬體的開發及開放標準，以便讓軟硬體可以與多種品牌機器相容。

隨著網路層出不窮的現象，聯合國將社會成員對於數位傳播發展的認知，視為反映資訊社會發展的成熟與否。

傳播學者施蘭姆（Wilbur Schramm）、塞伯特（Fred Siebert）及派特森（Theodore Peterson）早於 1960 年代審視傳媒的四種角色理論，分別為威權主義的傳媒（authoritarian theory of the press）、自由主義的傳媒（libertarian theory of the press）、社會責任論的傳媒（social responsibility theory of the press）、蘇聯共產主義的傳媒（Soviet communist theory of the press）（Siebert, Perterson & Schramm 著／戴鑫譯，2007）。

「媒體自律問責」於自由主義與社會責任論，談及專業倫理與社會責

任，社會作為一個公平合作機制，他人的禍福會影響到繼續合作的意願，間接則會影響到自己的生存處境。一個社會如果忽視專業人員的社會責任和公共利益，最後必然會淪為弱肉強食、人心不安的自然狀態。因此倫理道德並不是教條，而是幸福生活的鎖鑰（林火旺，2006）。

十七世紀以降，自由主義被視為建立在個人「私有財產權」之上的「自由主義民主政治」（liberal democracy），重視對個人自由的捍衛與保障（Larmare, 1990）。法律至上，意味著政府的角色不容忽視。

自由主義為啟蒙時代的思潮，約翰‧洛克（John Locke）被認為是自由主義政治思想的教父。受到約翰‧斯圖亞特‧穆勒（John Stuart Mill）功利概念的影響，十九世紀末和二十世紀初，自由主義與個人主義的哲學演變成「為最大多數謀求最大幸福」，自由主義重視「共同利益」（Galston, 1995），亦即從整體政治和經濟制度著眼，而不是限於特定少數人。

自由主義立基於個人主義基礎上，強調天賦人權、保障私有財產、法律至上及提倡個人追求幸福快樂的權利（陳思賢，1999；Flathman, 1988）。自由主義的基本假設是人的平等性，政府的存在是建構一社會成員都可合理接受的公共制度（林火旺，2006）。

新自由主義則以「市場至上」為核心，審視世界政治經濟制度，它有意識型態的一面，強調市場、個人自由、國家退位（Harvey, 2005, pp.2-5）；新自由主義席捲自由競爭的資本市場，而網際網路平台正好已經發展成為一個全球化與在地化、區域化互相交錯的多元市場。新自由主義在關注個人自由的同時，也向資本主義靠攏。

不可否認，網際網路有全球化發展的潛在條件，但也需要一定的資本提供網路網路平台的服務品質。網際網路平台提供使用者上傳、分享各式資訊的管道，展現網路使用者平等使用的屬性，然而網際網路平台可連結各國家社群，跨國間卻未必有一體適用的全球化法律。

「社會責任論」由美國長春藤大學學術菁英提出（李瞻，2009 年 6

月），是自由主義的變體。主張自由主義的「傳媒」必須建立在一個先決條件之上，那就是「必須要有一個觀點和信息的『自由市場』。無論是少數還是多數，強者還是弱者，都能夠接觸傳媒（access to the press）」（戴鑫譯，2007，頁3）；在傳媒所有權逐漸集中、市場惡性競爭、政府的放任已經無法保障人民的媒體近用權時，也就出現了社會責任論的觀點，認為必須採取必要的介入以確保媒體發揮其社會責任。

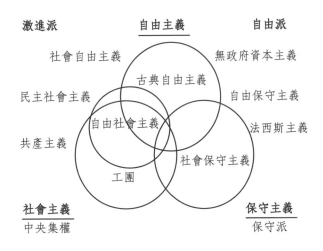

圖 7-1　自由主義與新自由主義

資訊社會發展過程中，每個人都成了資訊的提供者及接受者的角色，其資訊行為也直接或間接影響到個人與群體的權益，因此亟待資訊倫理與道德的建立；即在法律規定之前，對每個人使用資訊的行為，及早建立倫理的觀念，實踐與落實資訊倫理規範之建立（王貴珠，2006）。

聯合國兒童權利委員會於 2014 年會中，對《兒童權利公約》（Convention on the Rights of the Chid, CRC）提出的一般性意見，可視為對公約條文的解釋，其中第 14 號一般性意見書提出兒童最佳利益，降低傷害且維護兒少最佳權益，成為各國媒體自律的重要價值。

　　台灣《兒童及少年福利與權益保障法》第 46 條第 1、2 項規定：「為防止兒童及少年接觸有害其身心發展之網際網路內容，由通訊傳播主管機關召集各目的事業主管機關委託民間團體成立內容防護機構……網際網路平台提供者應依前項防護機制，訂定自律規範採取明確可行防護措施；未訂定自律規範者，應依相關公（協）會所定自律規範採取必要措施。」

　　中華白絲帶關懷協會承接 iWIN 網路內容防護機構，係依據《兒童及少年福利與權益保障法》第 46 條設置，任務之一即為推動網路媒體自律。

　　根據牛津辭典，責任（responsibility）一字來自十八世紀末、十九世紀的代議政治，即政府對人民負責任的相關討論。十九世紀中葉，約翰・密爾斯（John Sturart Mill）關注的不在於自由意志，而係代議政治的原則；十九世紀末，麥斯韋伯（Max Weber）提出責任倫理學，以政治為例，須冷靜關注真實情況以及行動的後果（McKeon, 1957）。這意味著責任須能務實，且掌握行為的後續效應。

　　英國學者威廉斯（Williams, 2004）從四個面向論述個人的責任：

　　1.道德代理(moral agency)：即一個人被認為是一個正常的負責主體。
　　2.回顧性責任（retrospective responsibility）：一個人的行為被判斷。例如，被責備或處罰。
　　3.前瞻的責任（prospective responsibility）：例如，連接到一個特定角色的責任。
　　4.責任作為一種美德（responsibility as a virtue）：稱讚一個人是負責任的人。

　　個人層面的責任需要個人主動承擔，其責任可被檢視且具延續性，有時也可能形成典範。

　　集體責任重視團體層面，如政府的品質。威廉斯將集體責任區分為（Williams, 2004）：

1. 機構團體（agency of groups）：集體包含機構、團體和組織可以實現特定的政策，尊重法律要求，達到決定如何回應的情況下，為其他代理創建重要的利益和價值。他們也可提供有關先前的行動和政策，闡明如何及為何做決定的問責。

2. 集體的回顧性責任（retrospective responsibility of collectives）：集體包括企業、慈善機構和政府等法定機構。它可擁有財產並採行有系統的行動，因此公私部門機構人員應接受他人之問責，回答組織所採取的行動或取消特定行動法律措施，一旦其問責被接受，須接受賠償或職務等懲罰。

   回顧性集體問責，例如：南非知名的真相和解委員會，處理過去種族隔離政權的暴行；1961 年耶路撒冷審判的納粹官員阿道夫‧艾希曼迫害猶太人的罪行；臭名遠揚的凡爾賽宮協定懲罰德國第一次世界大戰的行徑。

3. 群體的前瞻性責任（prospective responsibility of groups）：對於正式的組織群體，前瞻性責任往往透過法律的制定進行。當然，在個別情況下，我們的道德判斷可能有別於法律展現的責任。企業社會責任也絕對超越其法律職責，其中包括如對社區或服務對象更廣泛的義務。

4. 團體責任（responsibility as a group）：團體、公司和國家都可擁有或多或少的責任。所謂「負責任的政府」說明政府回應公民的需求與需要；同理，企業社會責任也應顧及服務對象或消費者的需求和需要。

回顧性的責任涉及團體機構的意願、賠償的能力，以及從中習得的教訓；前瞻性的責任、集體的活動和政策，必須恰當地抉擇，貼近的更寬廣的道德準則，並妥善落實（Fingarette, 2004）。

集體層面的責任涵蓋機構與其成員，責任有一定時間歷史延續性，機

構代表人須概括承擔經機構整體通過，共同認同之責任與義務，且形成機構整體之責任。

企業社會責任包含四個面向（Ferrell, Fraedrich & Ferrell, 2009）：經濟、法律、道德和自願（含慈善）等。

1. 經濟責任（economic responsibilities）：賺取利潤是經濟責任。
2. 法律責任（legal responsibilities）：守法其次，企業依法營運。一企業單以追求利潤最大化為唯一目標，不太可能要考慮它的社會責任，除非其活動可能是非法的。
3. 道德責任（ethical responsibilities）：如企業可依照公義、公平、公正，且避免造成傷害的原則經營。
4. 志願責任（voluntary responsibilities）：成為好的企業公民，對社區生活品質有所貢獻。

相對個人、集體之社會責任，企業社會責任的涵蓋對象有投資股東、所在地社會法治結構、免於傷害之價值，以及所在社區等。

圖 7-2　企業社會責任面向

資料來源：作者譯自 Ferrell, Fraedrich & Ferrell, 2009.

亞里斯多德提及「行動」（Gómez, 2006），包含自發性與非自發性的行動，其中非自發性行動有「無意造成」（caused by ignorance）或「無意完成」（done by ignorance）兩種。無意造成如同有外力介入造成。

圖 7-3　行動的分類

資料來源：作者譯自 Gómez, 2006.

自由主義重視的平等觀念，早期見於羅馬帝國的城邦政治。人以社會「行動」獲致「幸福」（eudaimonia）；意思是指，人為政治的動物，人們可透過溝通及建立規範，建立安身立命之環境。「行動」是求取「幸福」之途徑。

檢視資訊社會的電視新聞網路平台，在兼顧言論自由、自由競爭，以及維護兒少權益的前提下，建立自律公約或條款，既符合全球化資訊社會公民的期待，也反映各產業對於企業社會責任與公共利益的關注。

談及網際網路治理，除牽涉到各國公部門、相關產業私部門，其中包含非政府組織及非營利組織等第三部門，也往往扮演跨部門、跨產業、跨國溝通的角色，並占有一席之地。

國內有關網路內容治理的文獻，包含分析國家管制網路非法及不當資訊之做法（簡淑如、吳孟芸，2008）；關注台灣網路安全發展歷程（黃葳威，2012）；比較上網安全防護措施（葉奇鑫，2013）；或檢視台灣網際網路平台自律（Huang, 2015）。

簡淑如、吳孟芸（2008）從網際網路過程規範模式，探討美國、英國、

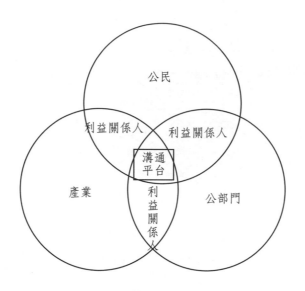

圖 7-4　網路治理關係圖

德國、澳洲、韓國等國家管制網路非法及不當資訊方式,提出台灣網路內容管理政策應以強化業者自律、宣導過濾軟體使用為主。

台灣網路內容治理歷程先後經過:非法有害內容階段、網路內容分級階段、網路公民參與監督階段(黃葳威,2012)。電腦網路內容分級處理辦法於 2012 年廢止,故現行實務上並無法定分級辦法作為分級標準,相關研究雖不建議未來防護機構另外建立新的網路內容分級標準,但仍有持續追蹤先進國家分級標準之必要(葉奇鑫,2013)。

分析台灣網際網路平台自律(Huang, 2015)顯示,部落格、新聞網站與社群網站平台的服務對象均以個別網友居多,服務對象難以預測,相較不具體。在法律層面仍輕忽相關法律責任訊息提供,其中部落格平台業者尤其迴避集體或企業層面之法律責任、道德責任或志願責任,流於個人層面之責任。

本文將比較台灣五家無線電視台在網路新聞平台的自律機制及所彰顯的媒體社會責任。

第三節　研究設計

　　研究兼採「文獻分析」與「文本分析法」。首先，蒐集近三年網路內容防護機構受理通報的網路新聞案件；其次，比較台視、中視、華視、民視、公視等五家無線電視台網路新聞平台自律公約或網路使用者條款，進行比較分析。比較蒐集相關網際網路平台業者提供對於如何落實和實踐網路自律的觀點。

　　台灣自 2010 年成立 iWIN，受理民眾通報非法或有害兒少身心之網路內容；自 2013 年 8 月依據《兒少權法》第 46 條規定：為防止兒童及少年接觸有害其身心發展之網際網路內容，由通訊傳播主管機關召集各目的事業主管機關委託民間團體成立內容防護機構，提供預防教育、守護通報、關懷諮詢三面向的服務。

　　「iWIN 網路內容防護機構」肩負促成網路平台自律的溝通角色，因而透過公聽會等協調機制，推動台灣電信產業發展協會、台灣網際網路協會及網路資訊產業訂定《網際網路平台提供者網站內容自律公約》。

　　《網際網路平台提供者網站內容自律公約》開宗明義，為維護兒童少年傳播權益與兒少上網安全，推動網際網路平台提供者建立自律機制，兼顧產業創新發展、言論自由，以及企業社會責任而制定。

　　所謂網際網路平台提供者，係指提供連線上網後各項網際網路平台服務，包含在網際網路上提供儲存空間，或利用網際網路建置網站提供資訊、加值服務及網頁連結服務等功能者。

　　其中第 4 條：網際網路平台提供者為維護兒少上網安全，除了設置檢舉通報管道、專區外，得以至少下列任一方式管理限制級內容之瀏覽：(1)設置過橋頁面；(2)採行會員制；(3)設置管理人員；(4)公布網安諮詢資訊；

(5)其他防護機制。

本文檢視五家無線電視台網路新聞平台自律公約，在網路公民平台的治理，以及展現的媒體社會責任。

第四節　分析結果

一、網路新聞平台自律

分析五家無線電視台自律原則，大抵以「中華民國電視學會」所擬定的「新聞自律執行綱要」為參考依循。自律思維模式多以傳統媒體自律為主。

參考台灣網際網路協會、台灣電信產業發展協會公告實施的《網際網路平台提供者網站內容自律公約》，五家無線電視台皆已經在其網路平台設置檢舉通報管道。

包含台視、中視、華視、民視、公視等五家電視台，均提供閱聽眾申訴頁面，以圖示而非申訴頁面方式提供申訴服務，傾向就現有客服系統處理網路新聞申訴。僅民視以「民視新聞自律委員會」名義，在民視網站設有新聞專屬申訴頁面。

公共電視另有 PeoPo 公民新聞平台，其申訴頁面結合 PeoPo 公民新聞線上服務，非專屬公民新聞平台的新聞檢舉頁面。

五家無線電視台並未在其網路平台，針對限制級內容設置專區。這五家無線電視台向國家通訊傳播委員會申請營運執照，且定期接受執照營運審核，相關新聞處理以「普級」為主，其網路平台也秉持普級原則呈現。因此，仍未在其網路平台分區陳列限制級內容。這也意味著多數無線電視頻道的網路新聞平台，尚未考量使用者上傳（user-generated content）可能

衍生的陳列與處理方式。

PeoPo 公民新聞平台，是唯一有考量網路市民新聞學發展趨向的無線電視台。

五家無線電視台也未在其網路平台，針對限制級內容設置過橋頁面。所謂過橋頁面，係指相關兒少不宜的資訊避免出現於官網首頁，而能夠在點選以會員制方式，才可能接取內容，以避免兒少直接瀏覽。由於無線電視台須申請執照核發，並定期接受評鑑，且新聞在台灣以普級為原則，可以想見無線電視台新聞網站仍從電視台角度出發，尚未預先規劃網路公民參與上傳內容的多變可能。

因新聞以普級為原則，無線電視台新聞網站未規劃專區，因應網路公民參與上傳內容的多變可能。

多數無線電視台已設置新聞編審兼新媒體部門主責人員，經過把關再將電視台影音新聞上傳網路新聞平台。其中台視沒有設置新媒體專責；公視集團則另設置 PeoPo 公民新聞平台，有特定團隊維運平台間在各方的公民新聞記者事宜。

五家無線電視台都沒有提供相關網安協助諮詢服務資料；其中中視偶爾透過中視新聞時段，提供網安協詢資訊給閱聽人。

其他相關防護機制方面，僅公視集團網路平台本身設有會員或使用者條款，以及針對網路公民新聞上傳者的自律條款；另四家無線電視台多以電視原生媒體的新聞自律為主。

二、新聞自律核心價值

公視集團考量網路互動特性，設置 PeoPo 公民新聞平台，並在網頁上公告公民新聞相關上傳原則。自律核心價值在於降低傷害、原創價值、公共利益、角色定位等。

PeoPo 公民新聞平台自律原則，以降低傷害的條款居多，包含社會結

構層面，及社區個人層面。

社會結構層面：避免違反法律禁制。如：避免侵害著作版權、個人隱私相關法律，及避免將電視台網站當成個人或宣傳平台原則。

社區個人層面：採訪新聞或拍攝照片或影片時，同意不危及自己或其他人，或去冒任何多餘的危險。

在消息正確價值部分，所有公民記者針對個人錯誤的報導應該即時認錯與更正，也有責任監督、糾舉不公正的新聞報導或錯誤的消息來源，讓公民新聞網之所有公民記者都有同樣的高道德標準。對於無法確認消息來源之可靠性時，須清楚說明對該新聞之疑慮點。報導不跟隨人云亦云，文章、照片或影音撰寫標題時，不該過度簡化或誇張，而造成誤導閱聽人的情形產生。

PeoPo公民新聞平台鼓勵原創報導，禁止大量轉貼他人的報導。

自律公約也強調，公民新聞報導內容須與公共議題相關，除非涉及公共利益，公民記者應尊重新聞當事人的隱私權，更應避免侵擾遭遇不幸的當事人。

值得留意的是，PeoPo公民新聞平台公民記者自律公約，開宗明義定義公民新聞的範圍及角色設定，包含公正、誠實地報導與公共議題有關的新聞，或發表個人評論及意見。

這代表公民新聞有立場陳述事實，在評論時未必需要平衡並陳各方觀點。

其次，公民記者的採訪行為代表其個人，不代表公視或PeoPo平台，採訪時表明個人身分與採訪目的，並公告任何公民記者本人須承諾：不以「PeoPo公民新聞平台公民記者」身分印製名片。

很明顯地，公視集團提供公民新聞平台，但參與平台的社區人士不代表公視，不代表公民新聞平台的公民記者，僅代表其個人。平台內容上傳者須自行負責其內容的真確性，或可能引發的爭議等。公視一概與公民新

聞平台成員無關。

　　進一步檢視五家無線電視的新聞自律公約，華視沒有特定新聞自律公約，係沿用《中華民國電視學會新聞自律公約》，官網公布的是「自律諮詢委員會管理準則」，由於中華民國電視學會類同無線電視台公會，新聞自律公約沿用，倒也順理成章。

　　一般而言，新聞自律公約的訴求對象為新聞從業人員。電視台新聞網站公布「自律諮詢委員會管理準則」，可能關注此準則的對象則涵蓋：諮詢委員會成員，甚或核發無線電視台執照的政府主管機關，未必是新聞從業人員。

　　其餘台視、中視、民視、公視新聞自律公約，大抵有以下層面：

1. 違反法律強制或禁止規定。
2. 妨害兒童或少年身心健康。
3. 妨害公共秩序或善良風俗。
4. 違反真實與平衡原則。
5. 以戲劇演出之方式模擬新聞事件。

　　台視、中視、民視及公視等四家無線電視台，新聞自律條款的核心價值，以降低傷害為主，其次是新聞專業義理的宣示。

　　降低傷害部分，諸如降低對於社會法理體制、社區秩序，或特定社群的健康與形象的負面影響。

　　新聞專業義理部分，則涉及消息來源、新聞採訪、製播呈現等。

　　其中台視與公視新聞自律條款，在消息來源、新聞採訪、編輯、製作、播出等，有相當實務面的新聞採編播操作指南。

　　公視新聞自律公約除申明辦公室倫理的重要性，也強調任何人員或主管，不可以私害公。

　　僅有中視與民視兩家新聞自律條款，有特定篇幅觸及網路新聞。

中視新聞自律公約中與網路新聞（公民新聞）有關的條款，界定民眾自拍或網路公布的自拍影片，應盡查證之責，再做報導；播出網路傳遞的自拍影片時，應註明拍攝來源。

其次明文網路畫面應避免拍攝有版權限制之內容；網路畫面或公民自拍畫面若有不雅、暴力鏡頭或文字，應避免播出，若有需要報導相關新聞，則應將畫面以馬賽克或柔焦處理。

民視新聞自律公約提及線上新聞製播準則，係以電視台記者引用網路資訊的角度著眼，包含引用網路消息來源、網路影音著作、翻拍等原則，須查證或避免觸法。

例如：引用他人著作的篇幅比例不得為整則報導的全部，建議在二分之一比例之下，實則必須在合理的比例之內，盡量降低不必要的使用範圍。在畫面處理上，被引用的他人著作應能明顯的與自己的著作報導做區別。

翻拍圖片、照片或影片時，不得滿格，必須留框、留邊，鏡頭應盡量拉遠，不能以特效後製方式擷取部分畫面改做、割裂等。

整體而言，五家無線電視台網路新聞自律公約，僅公視考量公民新聞記者的媒介接近使用權，最具有市民新聞學的公民主體性。

「中視新聞」提出民眾自拍影片的守則，讓公民能在某種程度參與新聞的產製。

民視新聞自律公約雖有若干篇幅，詳述網路新聞的處理原則，係從電視台記者使用到網路新聞為消息來源，或擷取公民新聞影音的層面，缺乏公民新聞的主體價值。

五家無線電視台自律條款，大致類似中華民國電視學會擬訂的相關新聞道德與採訪守則。華視沒有該台特定的新聞自律公約，而以中華民國電視學會版本為主。

由於多數條文以降低傷害為主要價值，或具體說明新聞採編播實作指

南，其中實作指南或可將記者視為報導者、資訊提供服務者的主體著墨。

　　平心而論，除須面對立法院質詢負責的公視外，其他台視、中視、華視、民視等四家無線電視商業台的新聞自律公約，傾向以電視台避免遭受處罰為考量，僅公共電視觸及各個從業人員的專業主體性。

　　五家無線電視台皆以電視新聞為主，電視台網路新聞則取材自電視台新聞，將網路新聞視為延展電視新聞的平台，採取「專業新聞」導向策略。

　　PeoPo 公民新聞是無線電視台，目前唯一具體展現公民媒介接近使用權的網路新聞平台。由於公視表明公民新聞平台的內容與公視無關，PeoPo公民新聞形同採取「業餘新聞」導向策略。

表 7-1　無線電視台網路平台新聞自律

	台視	中視	華視	民視	公視	PeoPo
設置檢舉通報管道	X	X	X	X	X	X
設置網路新聞專區						
設置過橋頁面						
採行會員制					X	X
設置管理人員		X	X	X	X	X
公布網安協詢資訊		X				
其他網安防護機制		X	X		X	
設置其他公民新聞平台					X	X
網路新聞條款		X		X		X

三、網路新聞申訴案例

　　台灣相關網路內容申訴由 iWIN 網路內容防護機構主責，分析社團法人白絲帶關懷協會承辦 iWIN 網路內容防護機構，自 2013 年 8 月成立三週年陸續受理 24,153 件申訴（黃葳威，2015b，2016b），其中與無線電視

台有關的網路新聞僅有七件，七件中有四件來自電視台新聞網路平台，三件來自境外 YouTube 社群影音平台。

　　民眾申訴的無線電視台新聞類別，涵蓋性別議題、犯罪、妨害名譽、災難意外事件、侵害兒少隱私等。經過分辦警政、社政公部門，僅一件違反兒少權法，其他為兒少不宜觀看、不實報導、傷害當事人，各有兩件。

　　比對網路新聞的時間點，除無線電視台網路新聞平台申訴時間接近新聞發布時間；社群網站的新聞申訴時間，卻往往事隔多時，這也反映網友即時瀏覽網路新聞平台，以電視台的網路平台為主。

表 7-2　iWIN 受理民眾無線電視台網路平台新聞申訴

時間	單位	來源	類別	新聞內容
201310	公視	入口網站	性或性別議題	【新聞——「露奶是人權嗎？」| PNN 公視新聞議題中心」】
201404	華視	入口網站	其他	【華視新聞網——議場修復費估逾億 捐款不夠賠？】
201503	華視	入口網站	犯罪事件處理	【17 歲音樂才女　誤交損友染毒】
201509	華視	入口網站	侮辱、誹謗、防礙名譽	【中華電視公司——嗯男瞞女友灌醉女同學　搓乳拍照給全系】
201604	中視	影音網站	侮辱、誹謗、防礙名譽	網路——【中視獨家新聞】吃一片烤吐司　致癌物就超標!? 20150109 YouTube
201604	中視	影音網站	災難或意外事件	網路——男研究生遭公車輾斃　一路拖行 70 公尺	中視 20160411－YouTube
201606	中視	影音網站	不當揭露特定兒少身分資訊	網路——仙草兄弟穿制度夜市叫賣　孝順顧家不喊苦　中視 20160423－YouTube

　　無線電視台受理件數偏低，一方面反映網友瀏覽的頻率較低，同時也意味著電視台新聞網站的經營，與資訊社會公民的媒體使用型態有所差距。印證五家無線電視台僅有公視集團設置公民新聞平台，無線電視台對於網路新聞平台的經營，仍有努力空間。

第五節　結論、討論與建議

　　台灣五家無線電視台網路新聞平台的自律機制為何？參考過去三年被網路公民舉報的無線電視台網路平台新聞，其所提供之自律條款，是否符合網路平台提供者之自律與企業社會責任價值？

　　本研究從《兒童及少年福利與權益保障法》第 46 條，以《網際網路平臺提供者網站內容自律公約》為基礎，分析五家無線電視台網路新聞平台的新聞自律公約，大抵以中華民國電視學會所擬訂的「新聞自律執行綱要」為參考依循。

　　台灣的台視、中視、華視、民視、公視等五家電視台，均提供閱聽眾申訴頁面，以圖示而非申訴頁面方式提供申訴服務，傾向就現有客服系統處理網路新聞申訴。僅民視以民視新聞自律委員會名義，在民視網站設有新聞專屬申訴頁面。

　　公共電視另有 PeoPo 公民新聞平台，其申訴頁面結合 PeoPo 公民新聞線上服務，非專屬公民新聞平台的新聞檢舉頁面。

　　這五家無線電視台並未在其網路平台，針對限制級內容設置專區。五家無線電視台向國家通訊傳播委員會申請營運執照，且定期接受執照營運審核，其網路平台秉持普級原則呈現。這代表多數無線電視頻道的網路新聞平台，未將使用者上傳（user-generated content）可能衍生的陳列與處理方式列入評估。

　　公視設置的 PeoPo 公民新聞平台，是唯一有考量網路市民新聞學發展趨向的無線電視台。

　　五家無線電視台也未在其網路平台，針對限制級內容設置過橋頁面，也未規劃專區，因應網路公民參與上傳內容的多變可能。

多數無線電視台已設置新聞編審兼新媒體部門主責人員，經過把關再將電視台影音新聞上傳網路新聞平台。其中台視沒有設置新媒體專責；公視集團則另設置 PeoPo 公民新聞平台，有特定團隊維運平台間在各方的公民新聞記者事宜。

五家無線電視台都沒有提供相關網安協助諮詢服務資料；其中中視偶爾透過中視新聞時段，提供網安協詢資訊給閱聽人。

其他相關防護機制方面，僅公視集團網路平台本身設有會員或使用者條款，以及針對網路公民新聞上傳者的自律條款；另四家無線電視台多以電視原生媒體的新聞自律為主。

五家無線電視台網路新聞平台的自律公約，以降低傷害為主，其次為專業操作指南，與美國專業新聞從業人員學會（Society of Professional Journalists）自律公約亦兼顧道德情操的價值有別（Stanley, 2016）。

公視集團考量網路互動特性，設置 PeoPo 公民新聞平台，並在網頁上公告公民新聞相關上傳原則。自律重點在於降低傷害、原創價值、公共利益、角色定位。

PeoPo 公民新聞平台自律原則，以降低傷害的條款居多，包含社會結構層面，及社區個人層面。

PeoPo 公民新聞平台鼓勵網路公民原創報導，禁止大量轉貼他人的報導。

有關無線電視台網路新聞申訴部分，分析 iWIN 網路內容防護機構自 2013 年 8 月成立三週年，與無線電視台有關的網路新聞僅有七件，七件中有四件來自電視台新聞網路平台，三件來自境外 YouTube 社群影音平台。

除無線電視台網路新聞平台申訴時間接近新聞發布時間，社群網站的新聞申訴時間，卻往往事隔多時，這也反映網友即時瀏覽網路新聞平台，以電視台的網路平台為主。

印證五家無線電視台僅有公視集團設置公民新聞平台，無線電視台對於網路新聞平台的經營，仍有努力空間。

所謂「企業社會責任」包含四個面向（Ferrell, Fraedrich & Ferrell, 2009; Huang, 2015）：經濟、法律、道德和自願（含慈善）等。比較台灣電視新聞頻道在網路新聞平台自律的社會責任，台灣無線電視台的新聞自律以降低傷害為主，避免觸犯法律禁制，損及執照。其中網路新聞平台特別針對公民新聞平台使用者上傳內容，有具體自律條款，內容依序涵蓋法律責任、經濟責任、道德責任。

2016 年年初南台灣地震災情嚴重，中視所屬的旺旺集團員工自發性捐出一日所得，希望協助受災戶，此可界定為不特定、短期的個人志願責任。或許因為新聞工作隨時都可能面臨截稿時間，新聞媒體產業在提供內部相關從業人員從事志願責任的規劃，仍待開發。

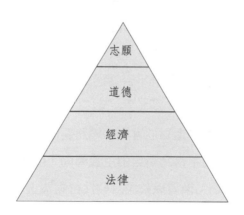

圖 7-5　無線電視台網路平台新聞自律展現之社會責任

反觀 PeoPo 公民新聞平台，其以展現志願責任為主，其次為法律責任、道德責任。

台灣無線電視台及 PeoPo 公民新聞平台新聞自律公約，以降低傷害為主要價值，係從媒體產業角度出發。

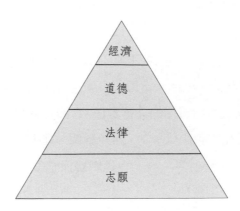

圖 7-6　PeoPo 網路公民新聞平台自律展現之社會責任

　　自媒體人員主體性思維角度的自律條款，以實務操作面為主。毫無疑問地，自律條款缺乏關注媒體從業人員的人身安全角度，這顯示媒體產業的勞資關係，沒有顧及從業人員的主體性安危。

　　2016 年第一季開始，部分網路新聞負責人並在承接 iWIN 網路內容防護機構的白絲帶關懷協會邀集下，成立白絲帶 iWIN 網安自律群組。針對特定即時新聞視需要在社群平台透過議題討論，形成網路新聞平台自律。

　　簡言之，五家無線電視台對於官網的網路新聞自律仍採取自由主義導向，僅 PeoPo 公民新聞平台為新自由主義導向。前者仍須由他律方式促成，形同非自發性行動；後者以公民自發性行動為主。

　　台視、中視、華視的無線電視台營運執照，皆在 1987 年解嚴之前取得，目前僅有公視集團的 PeoPo 公民新聞平台，具體實踐網路公民媒介接近使用權。

　　無線電視台新聞自律條款的核心價值仍局限在降低傷害，避免觸犯法律禁制的框架，未能在網路新聞平台創新，究竟是受到資源限制？抑或思維框架挾制？

　　如係後者，進入資訊社會的數位匯流時代，無線電視台如何走出戒嚴時期的思維框架，大步邁向網路公民參與傳播的紀元，值得突破與期待。

第八章

數位時代影音匯流

第一節　前言

　　美國管理學者彼得聖吉（Peter Senge）認為，「變革」一字的本質具備「豐富」的意涵，從科學技術、市場結構、社會氛圍、政治環境等外在變化，以及為了調適環境改變而產生的內部變化（如策略）等（陳琇玲譯，2003）。

　　「交流」一詞，英文為 communication，也就是傳播、溝通、互通有無。

　　變革與交流，為一體的兩面，意味著互為良性循環。兩岸電視傳媒如何在溝通互動中，不斷革新、改變，甚至有良性的互動？

　　數位匯流意味著數位科技在我們的文化當中擁有更廣的多樣性（Bolter & Grusin, 1999, p.225）。面對海峽兩岸電視傳媒瞬息萬變的發展，兩岸如何因應數位匯流，開拓電視文化更多的可能與機會，值得重視。

　　電信、網路和廣播電視相互整合的數位匯流時代來臨，形成的數位媒體便擁有幾項特質，包括特殊化、網網相連、寬頻、數位化以及壓縮等；透過這些特質所形成的新媒體環境所產生的消費者端，則需要訂製以及提供各種不同專案的內容服務，對電視傳媒之傳播技術、跨媒體整合產生重大影響。

　　大陸自 2000 年開始快速發展數位電視、網路電視、移動多媒體及視頻網站，例如大陸央視「中國國家網絡電視台」在 2009 年開播；另外，民營網站如優酷土豆、愛奇藝等都是具有規模的視頻網站。

　　大陸國台辦二月底印發「關於促進兩岸經濟文化交流合作的若干措施」，在台商經營，以及台灣民眾在學習、創業、就業、生活等方面，推出三十一項具體措施，未來台灣人才可參加大陸五十三項專業技術人員職

業資格考試，及八十一項技能人員職業資格考試，申請參與大陸「千人計畫」，並對台灣圖書進口業務建立綠色通道，簡化進口審批流程（杜宗熹，2018 年 2 月 28 日）。

根據大陸國台辦官網，為深入貫徹中共「十九大」精神和中共總書記習近平關於深化兩岸經濟文化交流合作的重要想法，大陸願意率先同台灣同胞分享大陸發展的機遇，逐步為台灣同胞在大陸學習、創業、就業、生活提供與大陸同胞同等的待遇，並與相關部會推出三十一項具體措施。

大陸發展數位匯流與電視傳媒的整合，係採取強化大陸影視資訊輸出，防堵外界影視資訊進入大陸的做法，致使大陸民眾不易從網際網路中獲得台灣（包括境外國家）影視資訊。但台灣為網路開放自由社會，民眾很容易從網路點選進入大陸視頻網站收視，造成兩岸資訊的失衡。

本文採多元研究法，包含文獻分析法、質性問卷調查法、深度訪談法，探討以下問題：

1. 數位匯流時代來臨對「大陸」電視傳媒的影響，包括經營策略、傳播技術、跨媒體結合等面向。
2. 數位匯流時代來臨對「台灣」電視傳媒的影響，包括經營策略、傳播技術、跨媒體結合等面向。

第二節　數位匯流發展

匯流（convergence）一詞源自 17 世紀初科學家 Johannes Kepler 之光學研究，意指兩種力量或事物在一點聚集之現象。數位匯流之概念則由麻省理工學院媒體實驗室（MIT Media Lab）創始人 Nicholas Negroponte 於 1978 年首創，他認為資訊數位化技術的發展將使電腦、出版與廣播、製片等媒體產業的差距日益縮小，各產業之範疇也將很快地聚集重疊有如同

一產業。

數位匯流是以數位科技來融合異質寬頻網路的服務（蔡明朗譯，2012）；根據行政院數位匯流專案小組的解釋（蔡明朗譯，2012）：網路匯流目標是電腦、電信、電視數位匯流，意即將電話通訊、收看電視與上網整合在一起的應用服務。

歐盟執委會於 1997 年公布的「電信、媒體及資訊科技部門匯流發展及管制意涵綠皮書」，將數位匯流定義為：「不同的網路平台，提供性質相同服務之能力；或是消費者的設備，如電話、電視及個人電腦逐漸整合的過程。」綜合言之，數位匯流在技術上，代表著不同數位產品間的功能整合。為順應數位化科技以及寬頻網路快速普及的匯流發展趨勢，全球從過去傳統的電視服務業者到新興的視訊服務業者，無不爭相運用創新的數位與網路科技擴大產業之市場範疇與商機，其中歐洲以數位匯流為基礎的數位電視新媒體策略規劃最為完備（石佳相、謝光正、黃耀德，2013）。

變革，顧名思義是改變、改革、革新，英文為 change，其字根源於古法文 changer，原意為彎曲或轉彎，也翻譯為變遷或改變。牛津線上辭典（http://dictionary.cambridge.org/dictionary/english/change）將其界定為：

1.以一事物交換另一事物，尤其是相似的型態。
2.促使或成為不同。
3.將已經購買的物品退回原店，交換另一物品。
4.形成一個新的意見或決策，有別於之前的舊有決策。
5.變得更好。
6.改善行為。

一般來說，數位匯流的發展反映傳播媒體產生了以下幾種變革（黃葳威，2002，2008）：

1.節目訊號數位化：所謂的數位電視，是指電視訊號在發射端就是以

數位方式記錄、處理、壓縮、編碼、調變及傳送；而在接收端也是以數位的方式接收、解調、解碼、解壓縮及播放。換言之，真正DTV在訊號的所有傳播過程都是全數位化（fully digital；李長龍，1996）。

2. 傳輸管道網路化：由於各式通訊網路技術普遍應用於有線電視、電話、電腦網路、廣播網路等，這些應用促使跨媒介網絡的聯絡結合，建構了更寬廣的溝通形式。

3. 使用方式多樣化：簡單來說，過去觀看電視節目是藉由電視，一旦數位媒體日益普及，閱聽人可經由電腦觀看電視，即使收聽廣播亦然；甚至一般青少年極感興趣的電玩遊戲，已經不只透過使用電玩遊戲機，也可藉由電腦、手機來玩電玩遊戲。

4. 節目內容分殊化：數位電視系統將訊號數位化後加以傳送，可提供清晰無雜訊的影音訊號，業者亦可採用不同規格播送節目。例如以一個頻道播送一個高畫質電視節目或四個標準畫質節目（可做多頻道節目播送），同時還可播送數位化資料（股市、體育、旅遊、新聞、教育等服務）；此外還可發展連接網際網路、點播節目等互動功能，這意味著內容供應者將朝向更區隔、專業化的方向努力。

5. 資訊彙統全球化：數位媒體的聚合似乎勾勒理想的遠景。不過，如果各地區、國家的資訊產製能力有限，不同地區與地域的內容勢必受到資訊產製強勢國家的主導，全球化的形成將更為迅速。

挪威奧斯陸大學廣電學者甚至指出（Syvesten, 2000），數位化帶來頻道激烈的競爭，反而促使不同頻道由單一獨大媒體集團支持，致使媒體內容可能流於同質化。

其次，節目版權的競價大戰勢必揭幕。如一些影集、現場節目、體育節目會以拍賣競價方式推出，使商業媒體採出價優勢，搶得原本屬於公共服務屬性的內容，將其藉由付費頻道播出，直接損及民眾的媒介接近使用

權。

因此，如何帶動數位電視產業普及，並兼顧公共服務的平衡，備受矚目。

Gordon（2003）提出了五個媒體匯流的觀點：所有權、策略（跨平台的交叉推廣和內容分享）、結構（組織結構和功能變化）、資訊蒐集（多平台）和呈現（Gordon, 2003, p.61）。

Deuze（2004）定義了兩種多媒體匯流的類型：一是跨媒體匯流，亦即電子郵件、短信、印刷、廣播、電視、手機等媒體平台的匯流；另一種是指媒材的匯流，亦即口頭和書面文字、音樂、移動和靜止圖像、圖形動畫等兩個或更多的媒體格式的互動和利用，例如「超文本元素」所形成的媒材匯流。

本文將聚焦經營策略、傳播技術與跨媒體結合三面向。

一、各國數位匯流發展

(一)歐洲數位匯流發展

歐洲數位匯流發展的三大主軸為網路化、個人化和行動化（許超雲、石佳相、黃啟芳、陳建華，2009）。

歐洲廣電聯盟（European Broadcasting Union, EBU）於 1993 年成立 DVB（Digital Video Broadcasting）專案辦公室，正式進入數位電視發展時期。截至目前已經歷了三個階段數位電視基礎建設（DVB 1.0），與網際網路匯流的數位電視內容發展（DVB 2.0），及以消費者為中心的數位電視網路化新媒體平台發展（DVB 3.0）。目前 DVB 3.0 的最新概念為 Hybrid TV（複合式的聯網電視），是一種以複合、混搭的方式作為最新數位匯流的媒體經營模式（劉幼琍，2012），是歐洲廣電聯盟（EBU）對數位電視網路化新媒體運作模式的最新指導原則。

歐洲 OTT TV 發展採 DVB 的 HBBTV（Hybrid Broadcast / Broadband

TV）模式，是一種兼容 DVB 數位影音廣播和網際網路服務的混合廣播技術，包括英國、德國、法國等均採用此一標準（丹璐，2014 年 3 月 18 日），進行內容混搭、服務混搭、裝置混搭。所謂「混搭」，例如：廣播電視節目提供線性內容（無線、有線、衛星、ITU-IPTV），而網路資訊服務提供非線性內容的網際網路服務，兩者之間透過即時互動應用服務，聯網電視入口網站，資訊匯聚商連結（資通訊產業聯盟，2014 年 9 月 3 日）。

(二)美國數位匯流發展

美國發展數位電視採用單一目標，一步到位的經營策略（許超雲、石佳相、黃啟芳、陳建華，2009），其配套有整體的規劃。

原則上，美國尚未具有匯流和網路化的概念，仍是以傳統線性媒體的概念去發展高畫質的數位電視，因此美國新媒體的發展較不易從廣電數位化的角度去主導，現今大多是由網路影音媒體業者主導新興媒體平台的發展，也相當程度表現了各業者的本業特質（劉幼琍，2012）。

2000 年美國最大網路服務提供業者——美國線上（America Online, AOL）與全球最大媒體與娛樂業者暨美國第二大有線電視業者時代華納（Time Warner）之合併案，受到全球矚目，堪稱為 20 世紀最大的商業交易。雖然美國線上、時代華納與威望迪集團後來經營績效均不甚理想，因相關購併案所導致的反托拉斯法疑慮，並未實現由這些大型跨業購併案之演進與發展，但可以發現電信、媒體、娛樂及網路等數位產業已開始逐步整合，大媒體潮之趨勢也愈發明顯（李治安，2006）。

許多硬體廠商也開始推出協助整合語音、數據與視訊的三合一設備。如 Google TV 則是以搜尋引擎的概念經營，Google TV 所遭遇之瓶頸，為消費者觀看電視的同時，使用搜尋引擎的需求並不大，在市場接受度不高的情況之下，Google TV 目前面臨重新規劃。Apple TV 是採用內容集成商的角度去定義網路新媒體的經營方式，由於 Apple TV 採用類似 iTunes / APP Store 的經營模式，往往面臨版權上的問題（劉幼琍，2012）。

（三）日本數位匯流發展

日本的新興媒體政策採低度管理，以多目標一階段的做法（劉幼琍，2012）。傾向因應廠商新研發技術應用或消費者使用角度為策略（黃葳威，2015b）。

日本電視頻道接取方式分為無線、衛星及有線三種。五家民營電視台包含日本電視台（NNN）、朝日電視台（ANN）、TBS（JNN）、東京電視台（TXN）及富士電視台（FNN），以東京為播送範圍，其他地方電視台加入以上五家電視台的體系，形成聯播網；另有公營的 NHK 綜合頻道及 NHK 教育頻道。

日本衛星頻道有 BS（Broadcasting Satellite）及 CS（Communication Satellite）兩種。前者有免費與付費頻道（如 WOWOW）；後者皆為付費頻道。

文化部資料顯示（張建一，2015），日本電視平台以無線傳輸為主，有線電視訂戶數次之。BS 免費頻道透過安裝衛星接收器接收。僅有收費的 NHK-BS 和 WOWOW 用戶數逐年成長；CS 頻道在 2010 年用戶數開始增加。

日本的有線電視發展已近六十年，日本於 2013 年 3 月全國有線的普及率約 51.8%，用戶數提升到 2,804 萬戶，普及率超越日本家庭用戶數的50%。Jupiter Telecommunications（J:COM）是以外資與商社為主要投資人的 MSO，提供數位有線電視，高速互聯網接入和固定電話服務；另外也提供 VOD 與 PVR／HDR 服務，持續提供更多的樂趣以及便利的電視服務給收視戶。日本有線電視約於 2013 年 7 月累積用戶數達到 311.6 萬戶，99%都已達到數位化（石佳相、謝光正、黃耀德，2013）。

（四）韓國數位匯流發展

韓國數位無線電視發展依循美規，係採單一目標、一步到位的方式（劉幼琍，2012）。

韓國與日本相同，皆以聯播網向各地播送節目，主要聯播網有 KBS（Korea Broadcasting System）及 MBC（Munhwa Broadcasting Corporation）、SBS（Seoul Broadcasting System）三家（黃葳威，2015b）。

韓國類比與數位有線電視總用戶累積至 2013 年 6 月達到 1,494 萬戶，有線電視用戶數最多的營運商 CJ HelloVision，市場占有率約 22.1%。CJ HelloVision 在 2010 年推出了名為 "TVing" 的網路電視服務，使觀眾可以在任何地方收看 53 個直播頻道，並可進行 VOD 服務。TVing 服務開始時只可在桌上型電腦或筆記型電腦上收看，也提供移動設備如手機提供 TVing 網路電視服務，提高畫質且更具有移動性。在韓國多種平台如手機和 Internet 上提供有線電視節目的「多屏合一」策略已愈來愈受到重視（石佳相、謝光正、黃耀德，2013）。

整體觀察歐盟、美國、日、韓等國數位匯流發展，歐盟以內容、服務或裝置的混搭為策略；美國與韓國重視相關配套、一次到位的單一目標導向；日本則為多目標一階段、兼顧廠商與消費者角度為考量。

以上各國的數位匯流演進，分別以單一規格、混搭多元，或兼顧製造端與使用者雙重角度出發。

二、台灣數位匯流發展

面對全球性的匯流趨勢與大媒體潮，我國政府亦於 2002 年公布的「六年國家發展計畫」中，宣示要將台灣建設為整合消費性電子、通訊及電腦等 3C 產品的全球製造及研發中心；在管制政策方面，行政院公平交易委員會於 2002 年 2 月 11 日發布「公平交易法對 4C 事業跨業經營行為之規範說明」，除了指出數位匯流之產業趨勢外，亦揭示了公平交易委員會面對該趨勢之基本立場；立法院更於 2004 年 12 月及 2005 年 11 月間通過《通訊傳播基本法》及《通訊傳播委員會組織法》，作為因應數位匯流潮流的根本大法，據此我國國家通訊傳播委員會（NCC）於 2006 年 2 月正式成

立（李治安，2006）。

所謂「數位匯流」，在技術匯流層面上指的是電信、廣播電視及網際網路整合與 IP 化的趨勢，透過單一平台可提供相同的語音、數據與影音內容等應用服務（以往電信網路只能提供語音服務，廣播電視網路只能提供聲音與影像服務），產業與服務呈現垂直整合的樣態（行政院，2010）。

通訊與傳播技術朝向 IP 化發展後，技術藩籬的消融，服務提供者得透過同一個傳輸平台提供多樣化（包括語音、數據與影音內容）的服務，產業結構朝向水平式的發展。而消費者不需再受限於特定的技術或設備，可以選擇任何一個業者提供的傳輸平台取得他所想要的任何種類的應用服務時，業界的競爭也將轉向「以服務為中心」的競爭。

目前我國主要電視業務，無線電視、有線電視尚為類比數位共存的狀態。國家通訊傳播委員會廣播電視事業許可家數統計顯示（2015），截至 2015 年第一季，有線電視數位服務訂戶數有 4,131,941 戶，普及率為 82.44%；有線電視訂戶數有 5,012,159 戶，普及率為 59.65%。我國整體數位化程度近年逐步提升，五家無線電視業者維持垂直經營，集內容製作、平臺及網路於一身，營運成本較高。

文化部 2015 年「影視廣播產業趨勢研究」產業調查報告發現（2015），2014 年整體電視頻道廣告量較 2013 年衰退 0.89%，其中無線頻道廣告量縮減 3.56%，連續四年呈現負成長；衛星電視頻道廣告量降低 0.41%，降低幅度雖有限，但受到網際網路新媒體影響，衛星電視頻道廣告量也難再有成長突破空間。

國家通訊傳播委員會廣播電視事業許可家數統計（2015），有線電視市場有五十九家系統業者與三家播送系統，訂定月收視費最高上限為每戶每月六百元以下，經濟規模接近三百億；衛星廣播電視事業（衛星廣播電視節目供應者）計有 111 家、290 個頻道；衛星廣播電視事業（直播衛星廣播電視服務經營者）有六家。

　　另一方面，由電信產業提供的 IPTV 服務也快速崛起。中華電信自 2003 年 11 月推出 MOD 以來，至 2012 年 1 月已累積 108 萬用戶數，直接挑戰有線電視用戶規模。換言之，數位匯流後，電信與資訊業均得以跨足視訊內容產業，提供創新服務，傳統廣電業者也面臨全新的產業競合關係（馮建三，2012）。

　　為掌握「數位匯流」，透過電信、廣播電視及網際網路整合與 IP 化之技術變革，行政院於 2010 年 7 月 8 日通過「數位匯流發展方案（2010-2015 年）」，提供語音、數據與影音內容等應用服務所帶來之市場新契機，加速台灣資通訊產業轉型與升級，並訂定發展三大發展目標：2014 年，台灣光纖用戶預計提高至 720 萬戶、無線寬頻用戶 2100 萬戶，以及有線電視數位化普及率將大幅提高至 75%（行政院，2010）。

　　根據行政院「數位匯流發展方案」（2010），計畫從建構完善的發展環境，協助通訊傳播產業，開發新興領域之創新應用服務的角度出發，擬訂「整備高速寬頻網路」、「推動電信匯流服務」、「加速電視數位化進程」、「建構新興視訊服務」、「促進通訊傳播產業升級」及「調和匯流法規環境」等六大發展主軸，並據此規劃推動策略，期待藉由數位匯流發展方案的目標設定與各項策略的實施，達到「創造優質數位匯流生活、打造數位匯流產業、提升國家次世代競爭力」之願景。

　　台灣資通訊科技水平及產業規模已隨著通訊傳播服務業的高度成長而卓然有成，有線的 xDSL 或光纖網路、有線電視數位同軸纜線，或是無線 Wi-Fi、3.5G 或 WiMAX 等通訊產業的網路基礎建設大致已臻完善。如何透過網路整合，提供民眾多元的創新應用服務，並透過適當的管制架構調整，強化競爭機制、促進數位化的進程，是我國政府推動數位匯流首要面對的挑戰（經濟部工業局，2011）。

　　文化部 2015 年「影視廣播產業趨勢研究」產業調查報告顯示，我國節目主要進口國以美國占大宗，占 85.2%；較 2012 年多出 10.2%，代表

台灣民眾偏好美國影視節目；其次為日本，占 5.8%。

三、中國數位匯流發展

中國社會科學院新聞與傳播研究所發布的「中國新媒體發展報告 2013」，根據統計，中國大陸已擁有 5.78 億網民和超過 11 億的手機用戶，成為全球新媒體用戶第一大國。為因應網路的快速發展，帶動以下兩大發展趨勢（李傳偉，2013）：

1. 網路視訊：目前提供網路影音視頻主要的新興平台包括：IPTV、OTT TV、行動電視以及視訊網站。
2. 電子商務：據中國電子商務研究中心監測資料顯示，截至 2012 年 12 月，中國網路零售市場交易規模達 13,205 億元，同比增長 64.7%。

中國的網路新媒體早期缺乏管控，聯網電視（即彩電上網）相對發展迅速，可從網路上收視大陸電視無法收看的境外節目，例如 PPS，因此聯網電視在中國推行的很快速。

此現象一直到 2008 年中，廣電總局下禁止令，針對網路上的串流影音服務違反版權法，業者必須要下架或提出合法化的承諾，才能取得正式合法經營之授權。另一方面，中國官方則認為製造聯網電視的家電商同樣違反規定，由於其出貨時就先內建聯網電視的功能，因此上網機都遭到查禁。之後廣電總局除三張 IPTV 執照外，也正式發了三張網絡電視執照（劉幼琍，2012）。

截至 2010 年底，中國大陸有線電視用戶基數約為 1.87 億戶，其中數位電視用戶已近九千萬戶，已是世界第一，雙向網路覆蓋用戶已近五千萬戶，其中超過一千萬戶是雙向交互用戶（葉恆芬，2011 年 10 月 18 日）。

根據 2010 年中國大陸廣電總局所發布之「廣電總局關於三網融合試點地區 IPTV 集成播控平台建設有關問題的通知」，中國大陸 IPTV 播控平

台採取兩級架構，其中中央電視台設立 IPTV 集成「總播控平台」，中央電視台和地方電視台合作在各地成立試點地區的 IPTV 集成「播控分平台」，再下和電信營運商網路對接，形成三邊合作關係。央視也在 2010 年底完成中央播控平台和試點地區播控平台的建設，現有幾十萬 IPTV 用戶（葉恆芬，2011 年 10 月 18 日）。其中北京歌華有線於 2009 年起在北京開始推廣高畫質互動數位電視，2013 年高畫質互動電視使用者超過 330 萬，用戶規模居全國之首（石佳相、謝光正、黃耀德，2013）。

為加速推動數位匯流，中國提出加速實現電信、廣播電視與網際網路的三網融合政策，並已列入十二五規劃之一，預估 2015 年拉動投資和消費可達 6,880 億人民幣（約新台幣 3.2 兆）。2010 至 2012 年開展廣電和電信雙向進入試點，全國縣級以上城市有線廣播電視網路全面數位化，80% 基本實現雙向化，2013 至 2015 年全面實現三網融合（經濟部工業局，2011）。

參考中華人民共和國「國家新聞出版廣電總局」資料，中國大陸傳統媒體的接觸率（日到達率，昨天從電視收看電視節目的比率）自 2008 年的 92% 逐年遞減，2013 年已減少至 82.19%；相較之下，近兩年，中國的新聞媒體格局發生深刻的變化，媒體競爭更加激烈，傳統媒體面臨嚴峻挑戰，傳統媒體與新興媒體融合發展成為廣泛共識和發展主流。

清華大學 2015 年 5 月發布的「中國傳媒產業發展報告（2015）」統計數據顯示，2014 年電視日到達率為 78.8%，較 2013 年下降 3.4%；網絡視頻日到達率則從 2012 年 18.7% 上升到 53.8%。CTR 市場研究公司調研數據顯示，2015 年上半年，報紙廣告花費和面積分別減少 32.1%、33.9%，電視廣告花費同比減少 3.4%，時段廣告資源量也同比減少一成。2014 年，有超過三十家紙媒停刊或破產。與之相比，新興媒體廣告收入增長迅速。易觀國際調研數據顯示，2015 年第二季度中國互聯網廣告運營商市場規模為 532.4 億元人民幣，同比增長 42.7%，環比增長 33.1%。

　　媒體融合為中國傳統媒體的轉型發展提供廣闊空間。2014 年 8 月 18 日，中國習近平總書記主持召開中央全面深化改革領導小組第四次會議，審議通過「關於推動傳統媒體和新興媒體融合發展的指導意見」，為中國做好新形勢下媒體融合發展工作提供了戰略指導和行動指南。媒體機構著力推進媒體融合，採用最新信息傳播技術，深度整合資源，發展新的傳播平台和終端，探索適應新形勢的新聞信息生產傳播模式，嘗試採編、生產、發布等全流程再造，打造「中央廚房」式全媒體平台。當今中國，幾乎所有傳統媒體都在積極進入新興媒體領域，一個型態各異、載體多樣的現代傳播體系初具雛形。

　　根據中國互聯網絡信息中心（2016 年 1 月）公布的「中國互聯網絡發展狀況統計報告」，截至 2015 年 12 月，中國網民規模達 6.88 億，全年共計新增網民 3,951 萬人。互聯網普及率為 50.3%，較 2014 年底提升了 2.4 個百分點。截至 2015 年 12 月，中國手機網民規模達 6.2 億，較 2014 年底增加 6,303 萬人。網民中使用手機上網人群占比由 2014 年的 85.8% 提升至 90.1%。中國大陸主要的視頻網站有愛奇藝、優酷土豆、搜狐、樂視頻等。

　　2014 年，廣電總局共受理政府信息公開申請八十一件。其中，涉及電影生產、發行放映及管理工作的四件；涉及電視劇發行許可及管理工作的三件；涉及紀錄片製作及管理工作的一件；涉及新媒體、網路劇發展及管理的二十二件；涉及國外劇引進的兩件；涉及廣播電視播出機構及節目許可證的十三件；涉及行政管理通知、規定及標準等規劃性文件的二十一件；涉及法律投訴類工作的十件；涉及廣告治理的一件；涉及地面數位電視管理的兩件；涉及廣播影視發展、改革的兩件。

　　中國大陸是全球最大的華語電視市場，世界各國的投資者也在中國快速擴張的新媒體領域尋找機會。惟自 2011 年起，台劇占中國大陸引進劇總量自 25% 下滑至個位數，2013 及 2014 年，台灣與中國大陸的兩岸合拍

劇掛零。

中國大陸 2015 年實施國產劇「一劇兩星」及網路「限外令」等政策，規定引進劇在視頻網站有「數量限制，內容要求，先審後播，統一登記」四項主要原則，都對台灣電視產業產生影響，使得台灣藝人或影視產品進入中國大陸市場的門檻提高（徐宜君、呂美莉，2015）。

「一劇兩星」是指一部電視劇最多只能同時在兩家「上星頻道」播出，政策於 2015 年 1 月 1 日起實施，屆時，實行了十年的「4+X」政策將退出電視劇舞台。

中國影視藝術創新峰會 2014 年宣布，2015 年由於廣電總局實施「限外令」，海外影視劇引進規定，要求影片網站買到的境外內容必須持證上崗，並且規定海外劇引進的窗口滯後期約為半年（中國報告大廳，2015）。

「關於促進兩岸經濟文化交流合作的若干措施」內容（https://news.cnyes.com/news/id/4051032），根據大陸國台辦官網，為深入貫徹中共「十九大」精神和中共總書記習近平關於深化兩岸經濟文化交流合作的重要想法，大陸願意率先同台灣同胞分享大陸發展的機遇，逐步為台灣同胞在大陸學習、創業、就業、生活提供與大陸同胞同等的待遇，並與相關部會推出三十一項具體措施。

有關兩岸影視產業文化交流部分，可參考第 18 條至 31 條，大陸對台灣人士參與大陸廣播電視節目和電影、電視劇製作可不受數量限制，而且大陸電影發行機構、廣播電視台、視聽網站和有線電視網引進台灣生產的電影、電視劇不做數量限制，放寬兩岸合拍電影、電視劇在主創人員比例、大陸元素、投資比例等方面的限制，取消收取兩岸電影合拍立項申報費用，縮短兩岸電視劇合拍立項階段故事梗概的審批時限。

圖書方面，大陸將對台灣圖書進口業務建立綠色通道，簡化進口審批流程，同時段進口的台灣圖書可優先辦理相關手續。大陸將支持台灣文化藝術界團體和人士參與大陸在海外舉辦的感知中國、中國文化年（節）、

歡樂春節等品牌活動，參加中華文化走出去計畫。而符合條件的兩岸文化項目，可納入海外中國文化中心項目資源庫。

第三節　研究設計

本研究結合文獻分析法、質性問卷調查法與深度，共有六十七位兩岸媒體學者專家受訪。其中包含：專家學者兩位、無線電視電台十位、公協會組織兩位，衛星廣播電視節目供應業二十七位、新媒體八位、有線電視系統經營者六位、電信事業一位、報社一位及大陸媒體十位。

表 8-1　訪談總表

代表類別	人數	代表類別	人數
專家學者	1	無線電視電台	4
無線電視電台	1	無線電視電台	2
公協會組織	1	公協會組織	1
專家學者	1	雲端電視	1
衛星廣播電視節目供應者	3	衛星廣播電視節目供應業	1
衛星廣播電視節目供應者	2	電信事業	1
衛星廣播電視節目供應者	9	有線電視系統經營者	5
衛星廣播電視節目供應者	5	無線電視電台	1
衛星廣播電視節目供應者	1	衛星廣播電視節目供應業	5
無線電視電台	2	雲端電視	1
雲端電視	6	雲端電視	2
報社	1	雲端電視	3
衛星廣播電視節目供應業	1	雲端電視	3
有線電視系統經營者	1	雲端電視	2

資料分析參酌兩岸、專家業別、性別、參與人數等四個變項及訪談日期，由左至右進行四位編碼，編碼中各對應代碼如下表，再以完成後的編碼，呈現相關訊息及內容。

表 8-2　訪談人次編碼表

	兩岸	專家業別	性別	編號	訪談日期
1.	T	P	M	01	1118
2.	T	T	M	01	1119
3.	T	N	F	01	0111
4.	T	P	M	01	0113
5.	T	S	M	01	0126
6.	T	S	M	02	0126
7.	T	S	M	03	0126
8.	T	J	M	01	0127
9.	T	J	M	02	0127
10.	T	S	M	01	0202
11.	T	S	M	02	0202
12.	T	S	F	03	0202
13.	T	S	M	04	0202
14.	T	S	M	05	0202
15.	T	S	F	06	0202
16.	T	S	M	07	0202
17.	T	S	M	08	0202
18.	T	S	M	09	0202
19.	T	S	M	01	0203
20.	T	S	M	02	0203
21.	T	S	M	03	0203
22.	T	S	M	04	0203
23.	T	S	M	05	0203
24.	T	S	M	01	0204
25.	T	T	M	02	0204
26.	T	T	M	01	0204
27.	T	O	M	02	0204
28.	T	O	M	03	0204
29.	T	O	M	04	0204
30.	T	O	M	05	0204
31.	T	O	M	06	0204

(續)表 8-2　訪談人次編碼表

	兩岸	專家業別	性別	編號	訪談日期
32.	T	O	M	07	0204
33.	T	J	M	08	0204
34.	T	F	M	01	0219
35.	T	C	M	01	0223
36.	T	T	M	01	0226
37.	T	T	M	02	0226
38.	T	T	M	03	0226
39.	T	T	M	04	0226
40.	T	T	M	01	0303
41.	T	T	M	02	0303
42.	T	N	F	01	0308
43.	T	O	M	01	0310
44.	T	S	M	01	0316
45.	T	M	M	01	0317
46.	T	C	M	01	0318
47.	T	C	M	02	0318
48.	T	C	M	03	0318
49.	T	C	M	04	0318
50.	T	C	M	04	0318
51.	T	S	F	01	0331
52.	T	T	M	02	0331
53.	T	S	M	03	0331
54.	T	S	F	04	0331
55.	T	O	M	05	0331
56.	T	S	M	06	0331
57.	T	S	M	07	0331
58.	C	O	M	01	0404
59.	C	O	M	02	0404
60.	C	O	M	03	0405
61.	C	O	M	04	0405
62.	C	O	M	05	0405
63.	C	O	M	06	0406
64.	C	O	M	07	0406
65.	C	O	M	08	0406
66.	C	O	M	09	0407
67.	C	O	M	10	0407

第四節 分析結果

一、經營（營運）面

（一）軟硬體設備

本次調查受訪對象的因應數位匯流在軟硬體設備部分，歸納以下幾點發現：

1. 頻寬：數位匯流的基礎，除技術革新外，首要取決於頻寬；而為因應數位匯流，受訪者均表示需要 4G 以上之高頻寬，諸多加值應用服務才能順利推動，並朝多元之發展。
2. 平台：本次調查發現，所有受訪者均在頻寬的基礎下，首要建置的就是跨平台的服務，如：APP、FB 粉絲團、影音平台及各頻道之建立等，以建立及擴大不同客群。
3. 傳播技術：因應數位匯流提供之不同服務，受訪者依據公司所需之業務服務發展，擴增相關設備，如：編解碼器、壓縮設備、拍攝後製器材、雲端硬碟及行動裝置等。

（二）資金

本次調查發現受訪對象在資金部分，歸納以下幾點發現：

1. 獨資運作：本次調查發現，大部分台灣的受訪者均表示，在資金上相較於大陸或韓國，都是明顯缺乏，而且都是靠業者自己在經營及運作，很難得到政府或財團的支援。
2. 政府支援：部分國內受訪者表示，韓國或中國政府提供大筆的資金協助業者進軍海外，因為有更多的資源，有更大的資本，才能創造

更多的可能性。

（三）產業類型

本次調查發現受訪對象在跨產業類型部分，歸納以下幾點發現：

1. 新媒體：近年來由於新科技的發展，多數受訪者表示，為因應趨勢的發展，公司則必要轉型，而新媒體儼然成為產業下的新興寵兒，且種類很多，目前則以網路新媒體、移動新媒體、數位新媒體等為主。

2. OTT 服務：最近相當夯的 OTT 服務，部分受訪者表示，繼新媒體之後的必然趨勢，已有不少業者已陸續整合，提供更多元及完整的服務。

3. 有線電視：這次調查訪談中，有極少數受訪者為新進業者，且以有線電視為主，但其發展之內容也以跨平台之整合服務為主。

表 8-3　原始發言文本——經營（營運）面

構面	類別	原始發言文本
經營面	軟硬體設備	BB01：以後的 OTT 就一定都是要有購物台的內容 CC01：終端裝置比較沒有，但在製播器材上的數位化是有的，且金額相當龐大；數位化的進展這兩年一日千里，所以當時我們就預估 2015 年就會有很大的變化。所以公司內部製播器材設備全面數位化，像 TVBS 數位化就花了七億多，還有所謂的軟體在工作上的 SOP 也需要改，因為數位化最大的特色就是變動很快 ED01：目前有四大平台，三個新媒體，電視、新聞網、影音 OTT 及電視購物，未來會整合為物聯網 GD06：建置即時新聞網、視傳網與 APP 平台 GD07：建置 APP 平台、FB 粉絲頁及視頻網 GD08：建置即時新聞網及 APP 平台 GD09：建置即時新聞網及 APP 平台 HD01：建置即時新聞網及 APP 平台 IB02：APP 新聞直播 IB03：建置網路平台，如：YouTube、官網、PChome、Yahoo 及 FB 粉絲團 IE06：成立影音中心擴大影片製作

(續)表 8-3　原始發言文本——經營（營運）面

構面	類別	原始發言文本
經營面	軟硬體設備	IE08：建置儀器設備及 APP 平台 IE09：MS Windows Azure 雲端服務及 MS Azure 平台 IF10：建置電子報系統 LB01：建置 4G 行動平台及 OTT 平台 LB02：建置壓縮訊號設備及網路播控至內容平台 LB03：1.提供電信業者手機電視收視服務、編解碼器、壓縮設備；2.提供 OTT 業者頻道與節目收視服務、編解碼器、壓縮設備及 OTT 平台拍攝後製器材，提供播出平台、4G 互動應用功能，建置大數據分析及電信平台 LB04：1.提供平台電信業者頻道內容、編解碼器、手機系統商，提供 MOD 等 IPTV or OTTTV 頻道內容、編解碼器；2.建置網路直播傳輸設備及網路互動技術至新媒體平台 NC01：因為行動產業及網路產業的影響（尤其現在 OTT 網路串流），有線業者必然也要走向與行動及網路業者整合，以目前市場看來，消費者的使用習慣，偏向以行動裝置為主 TH01：1.UGC：手機、專用攝像頭視頻回傳、網站和 APP；2.PGC 業務：即時 Wi-Fi 或 4G 回傳專業攝像機或手機視頻 UH01：新聞類 APP：綜合新聞、體育、財經、娛樂等幾大頻道的主要內容 UH02：1.視頻相關硬體設備的升級改造；2.視頻客戶端的內容優化 UH03：1.終端及業務：電視、手機、自行車、汽車、體育、音樂、影業等 2.生態布局：入股 TCL、酷派、易道等公司 VH01：1.各個頻道每年有 PGC 簽約數量的 KPI 指標/優酷土豆；2.互聯網跟播向網台聯動 WH01：直播綜藝節目：利用 4G 網路與直播平台（含 APP 端）進行真人秀或室內直播綜藝節目/4G 手機、移動 Wi-Fi、室內寬頻、PC 或筆記型電腦 WH02：手機服務、APP、影音服務 OE01：目前以內容建置為主，需要的軟硬體有：拍攝用之攝影機、剪輯軟體；主機及頻寬可以搭配業者，不一定需要自行建置 PD01：搭配影視內容，增加 4G 互動應用，提供高畫質，如：導購及資訊搭配等，增加 4G 用戶，主要提供即時內容，以新聞及體育為主，也提供趣味性互動遊戲，如：看 NBA 賽事，可以在線上以趣味方式下注，提供看片金等方式進行，這部分目前有線電視是無法做到 QI01：硬碟設備及平台整合，MOD（機上盒＋聯網）走向多終端方式，中華影視 OTT 部分也持續擴充頻道及內容，另外整合行動載具及服務 RG01：智慧 APP、隨選視訊運用在安卓系統，為一二類電信執照，整合第三方支付、家庭保全及健康管理

(續)表 8-3　原始發言文本──經營（營運）面

構面	類別	原始發言文本
經營面	軟硬體設備	RG03：建置於雲端硬碟及行動裝置，影音行動匯流服務，使用雲端及 OTT 相關設備，並結合行動裝置 RG04：OTT、線上學習遠距教學、物聯網、家庭監視及保全，家庭監視系統及視訊，並應用一雲多屏，寬頻上網 RG05：高畫質影音及支援 4K 影音技術的內容服務，點播 VOD、SVOD，時移及回看服務，跨螢服務及多項電視 APP，寬頻網路，最高速率達 900M（下行）， IoT 物聯網相關跨領域之應用服務，相關跨領域之應用服務，OTT 服務及購物平台 SB02：建置影音網路平台 SD03：建置 SVOD 服務及聯網電視 SD04：建置戲劇節目專屬 APP SE05：OTT 頻道及隨選、廣告業務及電子商務 SD06：推動服務行動化 SD07：建置新聞網及影音平台
	資金	BB01：有在想整合 OTT 跟電信業者合作，要把這些資源如何運用，所有可能性都會去思考，但是台灣在金融的狀況上又是受限 ED01：公司今年度預計要投入十億在 4G 設備上，可能更多 ED02：台灣業者還是缺少資金，尤其如果要跟中國或香港有合作關係，資金就拚不過；另外像韓國或中國政府有大筆的資金協助業者進軍海外，台灣就相對弱很多 LB01：傳播技術正積極升級改裝，唯受限經費預算，難以一步到位 MB02：公視需要新媒體平台的財源，尤其內容要推廣，需要更多的寬頻，成本會日益增加 UH03：作為互聯網 NO.1，在面對行業轉型升級和大環境的更新換代中擁有更多的資源，有更大的資本，能夠創造更多的可能性 WH01：公司優勢是創新能力強，對行業走向把握能力強，資源整合能力強。但對知識產權保護不足，製作資金不足而有所影響 OE01：總管理處為幕僚單位，以整合資源為主，目前仍為育成階段，沒有設限 KPI，形成新服務樣態為目標，公司目前提撥兩千萬經費運用 PD01：台灣市場太小，資金不足，根本無法與大陸相比
	產業類型	ED01：電視媒體及新媒體 GD01：成立新媒體研發部門 GD02：成立新媒體研發部門 GD03：成立新媒體研發部門 GD04：成立新媒體研發部門 GD05：成立新媒體研發部門 GD07：增設新媒體部門與視頻網部門 IB03：成立新媒體小組及提供 OTT 服務

(續)表 8-3　原始發言文本──經營（營運）面

構面	類別	原始發言文本
經營面	產業類型	UH03：打通美國和印度移動市場等 WH02：擴增電信服務 OE01：轉型為新媒體及提供 OTT 服務 PD01：跨入電視產業

二、政策面

（一）既有政策

　　本次調查發現，受訪對象在既有政策部分，多數受訪者均對於「產業發展的影響」有以下看法：

1. 目前的廣電三法，對比現今媒體環境的不合時宜，應適當調整。
2. 匯流大法能盡快通過，媒體的管理政策要走向鬆綁開放。
3. 鼓勵並輔助企業媒體轉型，舉辦鼓勵獎項，尤其自製內容創新部分。
4. 政府應重視影視傳媒快速變動的趨勢，尤其對有線電視產業及網路產業法規的因應政策想法。
5. 訂定明確的法令，並解決不公平的競爭環境。

（二）建議調整

　　本次調查發現，受訪對象在政策建議部分，多數受訪者均對於「有效協助產業發展」有以下看法：

1. 政策應該要有優先順序的產業目標，比如主力要以：生活、國防、經濟或是文創等，業者才能依循目標來達成。
2. 政府應整合電信業者共同成立一個播映平台以推動影視產業。
3. 第三方支付的部分，政府應積極推動。

4.健全公平競爭的市場，有效管理頻道代理商，降低垂直壟斷的程度。

5.針對網路 OTT 服務，境外節目內容應予放寬，降低管制。

6.政府在未來匯流法規的條文制定上與執行上，應落實開放政策，展現公權力，打破產業壟斷。

表 8-4　原始發言文本──政策面

構面	類別	原始發言文本
政策面	既有政策	**AA01：**1.一旦三網融合就會面臨這樣的問題，整個國家各省都這問題，是分級管的，中央有廣電總局，地方有省的，各省有寄生關係，像衛星電視，湖南電台不是全國播放，只有幾個省，因為省之間有簽訂，湖南就只播這幾省。我看新聞是針對這樣的應用 2.在視頻上中國節目還是預審，要廣電總局主責專家審過。也有人呼籲要分級。現在還是預審審查制 **BB01：**中國大陸的管理先放任讓 OTT 成長，現在又一次拉回來，台灣則是收一點就開始管，最後就是媒體壟斷 **CC01：**我覺得政府要做他該做的事，就他必須要知道現在是 OTT 的時代，因為剛通過的叫廣電三法，是四年前的法案，現在 OTT 時代應該要有新的法來管，可以仿效歐盟的方式。那數位匯流法，第三條開宗明義說本法案排除 OTT，因為他不知道怎麼管他，就選擇不管。第一個我覺得他一定要正視 OTT 的事實，第二個我覺得他一定要正視內容，不只是被當作是王，他被定位成國家戰略定位加戰略價值，一定要確認這個價值這個地位，政府應該用國家資源或政策的導向，去形成一個正向循環，讓台灣業者的內容可以蓬勃發展，才會是三贏 **ED02：**政府管制的部分多了一些，太過限制 **GD01：**法規面的整合有待突破 **GD03：**軟體內容的支持、研發，不要如 NCC 老是管不該管的 **GD09：**鼓勵並輔助企業，舉辦鼓勵獎項，並協助媒體轉型 **HD01：**執照規劃時程必須加快 **HD03：**應該要鼓勵及協助業者補助設備及減稅措施 **HD04：**金鐘獎應頒發網路戲劇或節目獎項，另應加強抓取盜版刑事、民事責任，並施行邊境管理，不因業者 server 在海外就沒轍 **IE05：**放寬管制門檻，合理督導 **IE08：**對盜版影片來源應加強取締，第三方金流政策加速開放 **IE09：**給予創新服務的支持，資金的調度，資源的整合，理解網路現狀：包括使用者及社群文化，並制定相關的輔助規則 **LB01：**TV 業者系統建置成本高，宜專案輔助，扶植具整合能力之廠商 **LB02：**多鼓勵國內業者製作內容，沒有內容只思考硬體平台完全無用

(續)表 8-4　原始發言文本——政策面

構面	類別	原始發言文本
政策面	既有政策	**LB03**：多鼓勵既有內容業者參與 4G 內容製作，提供業者實質輔助 **LB04**：應多輔導與補助傳統媒體發展自己的新媒體或者與新媒體多合作 **NC01**：政府的政策應該是在做對的政策方面，有些產業提出的若是對的就應該要全面支持，而不是看似支持，但又限制了某些條件，使得業者綁手綁腳，窒礙難行；就算沒有補助方案，對的政策就足以讓業者在推動及發展有所突破 **TH01**：北京市政府已經給予相關組織架構、體制優惠政策，並與市屬其他媒體進行內容合作 **TH02**：希望政府提出相應政策，一方面規範市場，一方面支持媒介融合的創新舉動 **UH01**：實行更加嚴格的實名制，對於網站發展來說，一是可以確保所發布資訊的準確性，能夠進行責任問責制；二是在突發事件中可以第一時間聯繫到內容的發布人 **UH03**：希望政府進一步完善相關法律法規，尤其是針對版權的規則需要進一步規範 **VH01**：境外內容上線符合相關規定的希望能盡快和境外上線時間同步 **VH02**：政府對網路劇的審核調控更加清晰化，政策有一定的傾斜力度，對網路平台的視頻及影視作品給予更多的支持，並且更明確網路平台產品與傳統影視公司作品之間的差異化 **VH03**：鼓勵創新，對網路傳媒向傳統領域延伸融合加強扶持，同時相關法律法規相應調整 **WH01**：1.稅費減免優惠；2.節目知識產權保護；3.放寬本土娛樂文化創業公司的上市標準，增強該領域資本市場活躍度 **OE01**：應該很多業者都有同樣的想法，希望政府不要干涉太多，法令可以放寬限制，產業會自行競合，會自然的自行演化，產業生態自然能形成，有實力的業者自然有轉變市場的能力；政府只要對於產業政策目標能一致性，比如：交通部、NCC、文化部等，讓業者能知道政府對於產業的方向，才能全力前進 **PD01**：1.相對於大陸在製播的規範上太過限制，比如廣告置入、播放秒數等。但現在幾乎都走向廣告置入偏多，政府要兼顧觀眾的權益與業者的營收，當中的拉扯是希望能再開放點。目前的廣電三法是舊時代的產物，對比現今的媒體環境的確是不合時宜。因此我會希望匯流大法能盡快通過，媒體的管理政策要走向鬆綁開放，而不是封閉鎖國。特別是 OTT 服務興起後，整個媒體產業的思維會跟過去的思維有很大的不同 　　2.舉例韓國政府，他們是階段性支持某一項目，比如韓劇，他們會全力出錢出力把韓劇推向國際，強力行銷；但台灣則為公平原則，因為台灣產業結構特性，以中小型企業為主，且分散很難做到，無法聚焦某產業，更何況誰為代表，又是個爭議……

(續)表 8-4　原始發言文本——政策面

構面	類別	原始發言文本
政策面	既有政策	QI01：大陸可築高牆，但台灣不行，所以政府應採用鼓勵方式，不要限制，目前看似沒有法規，但其實不利產業發展，應促成鬆綁自主權，且政府也應擔負起領航者角色，而不是放任；另政府仍應重視影視傳媒快速變動的趨勢，尤其對有線電視產業及網路產業法規的因應政策想法 RG04：解決不公平的競爭環境，訂定明確的法令，輔導新業者，獎勵創新 RG05：制訂有線電視數位匯流平台建設的獎勵措施及經費預算 SD04：提倡應用新媒體技術及推廣給予獎勵補助 SE05：1.注重內容版權，防止盜版；2.內容／平台／硬體輸出 SD06：1.線上金融；2.全力推動行動支付 SD07：協助硬體建置之獎勵補助，邊境管制之盜版取締，提供大數據分析
	建議調整	BB01：電視台現在滿在意自己的智慧財產權，可以回歸民法來處理 CC01：盜版一定要防護，打盜版一定要嚴格；交易機制，我說的是版權，提高版權的收入是最好。我版權收入愈高，minimum guarantee 的基礎愈雄厚，我愈能做優質的節目，而不受到市場的低俗品味牽動 ED02：就以自製節目來說，美國艾美獎很就常頒發自製節目獎項，政府至少給予一個鼓勵的管道 ED03：巴哈姆特第三方支付的部分，這是他們在意的。台灣現在都擺不平，因為金融界，中國都起來了，所以他給我們的建議是希望這塊要加強。大陸第三方支付可以蓬勃發展，是因為銀行支付體系不被信任。銀行都是壞帳，黑幕重重，對一般消費者不友善，所以中小企業都貸不到錢，才有阿里巴巴代行了銀行的職權。 GD01：利益團體干擾影響法規創新 GD02：相關法規應尊重市場實際運作，避免不規則原則 GD03：公平原則，如無線台進入頻寬世界後，立足點應平等，無線台不必入必載 GD04：無線電視公司已是品管商業台，不應有必載的特權，無線頻譜產金的所有也應「歸公」 GD05：無線台不列入必載頻道 GD06：法規應因應實際市場調整，並提供獎勵金 HD02：NCC 應該擺脫過去電視思維，跨界傳播不用同樣方式規範 HD05：法令應跟上時代，因應實際市場調整 LB01：補助金之規定，宜擴及硬體建置，軟體更新，內容製作生產 LB02：政府應更鼓勵內容廣製，也應由政府整合電信業者共同成立一個播映平台控動影視產業。 LB04：補助跨媒內容之金額應提高 LB05：不同智財權的授權應不同

(續)表 8-4　原始發言文本──政策面

構面	類別	原始發言文本
政策面	建議調整	NC01：政策應該要有優先順序的產業目標，比如主力要以生活、國防、經濟，還是文創等，業者才能依循目標來達成，比如希望使用 4G 成長率達成國際排名幾位或成為亞洲的什麼地位，才是產業目標，而不是只有 KPI 的達成，但看不到達成後的目標在哪裡 TH02：加強立法，完善法規，放開電視牌照的審核 UH01：增加移動端的投入，如今移動端流量已占到新浪網流量的 30%，而且隨著 4G 時代的到來，移動端流量會更多，對於整個網站來說，廣告投入也已發生變化，更多廣告商希望在移動端有所體現，技術層面則需要更大的投入來提高移動端的速度與品質 VH01：目前的版權費用過高 VH02：相關法規更加清晰和明確化，避免留有空白 VH03：加強知識產權保護，加強網路新聞領域監管，建立鼓勵創新的體系 WH01：1.專屬網路娛樂文化創業園區規劃；2.專屬網路娛樂文化創業基金扶持；3.專屬網路娛樂文化展會交流活動組織。 WH02：配置牌照 OE01：可以參考韓國推動的 TOP-DOWN 決策方式，但由於台灣政策及太過官僚可能很難執行，那就應當請政府不要太過干涉，讓業者自由競合，自然進化，產業則會自己開闢市場 PD01：1.大陸 OTT 某個程度是保護電視台第一，非執照擁有者只有七家，且只能 BOT，不能直播，以免侵犯原電視台權益，還是掌控著電視；但台灣走開放，沒有法律規範無此管制，只能讓業者自行消長，讓市場來決定，政府還是得想辦法，才能幫助產業競爭 　　2.公部門補助的都是傳統電視台，類型都是紀錄片、電視劇、電影等，但像愛爾達在體育這塊小有成績，但都是公司自己在運作 RG01：健全公平競爭的市場，有效管理頻道代理商，降低垂直壟斷的程度 RG02：防止產業上下游垂直壟斷 RG03：鬆綁影音匯流法規限制，修改部分衛星暨有線廣播電視法條文 RG05：1.目前有線電視產業垂直與水平壟斷的情形十分嚴重，阻礙新數位業者的發展，政府在未來匯流法規的條文制定上與執行上，應落實開放政策，展現公權力，打破產業壟斷，避免托拉斯整合 　　2.針對內容服務在跨平台、跨螢幕的應用與授權上，法規制定上應該有更開放的思維，做更前瞻的規劃，有助於加速匯流平台上內容與服務的發展 　　3.針對數位新技術，如 OTT、時移、回看功能等，在匯流法規上，應與時俱進修法開放 　　4.針對網路 OTT 服務，境外節目內容應予放寬，降低管制

(續)表 8-4　原始發言文本──政策面

構面	類別	原始發言文本
政策面	建議調整	SD01：頻寬費用應降低，要向保護內容產製的方向調整 SD03：檢討 20%權利金所得的繳納方式 SD06：行動支付法規鬆綁 SD07：冠名置入法規鬆綁，境外節目入侵適當管制，海外發行之獎勵補助

三、頻道內容

（一）代理

本次調查發現，受訪對象在頻道內容以代理為主的部分，歸納幾點發現：

1. 版權問題：台灣愈來愈多的節目內容是由國外代理進來，智慧財產局要做好邊境管理，並協助國內業者有同等輸出入的平等協定，才能創造更多產業競爭力。

2. 播放頻道：台灣的產業優勢之一在於多元平台及頻道，並以行動化、內容多元影音化等，製作分眾內容，並滿足各不同族群的市場需求。

（二）自製

本次調查發現，受訪對象在頻道內容以自製為主的部分，歸納幾點發現：

1. 著作版權：台灣的創意、內容都是主軸，也一直是具有產業競爭力的，然而如何保障國內業者，而在新媒體及傳統媒體上的節目授權部分，也形成排擠問題，相關政府單位，應該思索如何加強保障業者的著作權，及在新舊媒體上相關版權問題的解決方案。

2. 優質內容：台灣因為既有的特性問題，在市場及資金上較為劣勢，

提高創新研發的自製內容節目及品質，則是新舊媒體轉型的契機，也才能因應大陸或其他境外節目的威脅。

表 8-5　原始發言文本──頻道內容

構面	類別	原始發言文本
頻道內容	代理	ED02：像愛奇藝還有大陸廣電總局都很注重版權了，我們更要教育民眾應該要付費才能看到好的內容。我覺得當水準到一定程度，大家會願意為了好的內容去付費，智慧財產局要做好邊境管理 ED03：1.我們的頻道代理是從國外來的，國內並不是收到傳輸到平台，是平台直接接收，這段沒收到費。我們的廣告是直接印成實體拷貝到每個地方灌入。大家都說網路頻寬便宜，傳輸不就好了，少掉人不是比較安全，成本目前降不下來 　　　2.據說兩岸在打盜版是有管道的，或是坦白講，我們是他們的子民，只要我們公協會來，他們有音樂著作人協會，定期去開會，他們是媽媽，媽媽會幫小孩出氣。台灣電視台只要一年一次去北京報告國台辦，他就會幫你掃盜版掃三個月，但是三個月後就不行 IB02：內容發展更多元化，以增加公司之優勢 IE08：海外 APP 透過 APP store 或 Google 直接於台灣販售 IE09：行動化、內容多元影音化、個人計算邏輯與數據政策自動化，應是我產業幾大要點 LB01：既有內容開拓多元平台，加速製作分眾內容，因應市場需要 TH02：技術精進之後肯定會為網路平台或是移動平台提供更多機會，但是如何有效利用還須布局 UH01：網路自發展以來，開拓了北美、日本、韓國、台灣等領域，在以上領域內都成立了自己的記者站，記者站既作為內容的提供方，也作為內容的發布方，世界各地分站的成立也為新浪網提供了更多的內容與資源，同時也擴大了網站在當地的影響力。各地分站的成立需要各國政府的相互支持與幫助，但是作為網站來說，需要更多的權利能夠參與到各種類型活動的報導中來，這一點需要當地的大力支持 UH03：始終堅持「平台+內容+終端+應用」完整生態系統，打造開放的垂直產業鏈整合業務 VH03：作為脫胎於傳統媒體的網路媒體，對於媒體融合有著天然優勢，熟悉傳統媒體和網路媒體特性，善於運用兩者的優勢，對於移動和新媒體的發展敏感度高，同時對於新聞產品意識強，善於與各種管道（包括商業管道）打交道，整合管道資源 RG01：有線、無線結盟，提供完整數位的服務 SD06：全力發展線上商城、線上金融及行動服務

(續)表 8-5　原始發言文本──頻道內容

構面	類別	原始發言文本
頻道內容	自製	**BB01**：立招牌節目很重要，但無線台經營的困難就在這邊。因為如果要跟民視不同就要走另一條路，但我的成本在哪，連新聞部的採訪方式都要去做調整，我們這幾年還用這些戲劇去跟大陸談 IP 重製，用現代的技術語言去重製這些戲劇，所以我們在走一條大家都沒走的路 **CC01**：1.我們的會員除了是 content provider，也是 content creator，他除了會自己自製節目，也會採購節目包裝組合成一個頻道，然後有的把節目拆開來丟在網路平台上，也有的把全頻道丟在網路平台上，有的是用別人的平台，有的是用自己的平台。internet 來看視頻這件事，跟透過 cable 來看電視這件事，使用者經驗很類似，已經沒有界限了 2.作為一個 content provider 我是比較超然的，第一個盜版防護做得好；第二個你給我合理的價錢，我是賣東西的人，然後我做了好的內容，然後我要賣給不同的平台，幫我拿去給 distribute 去給觀眾 **ED01**：三立一直百分之百純自製 **ED02**：網路發展及線上視頻觀看率，讓大家更願意投注在網路上，尤其我會覺得很多人會認為在網路上播的是低製作成本的，可是在電視就是大製作，而現在大家也會願意為了好的內容去付費 **GD02**：著作權的保障有必要加強，提高創意品質管理 **GD04**：著作權的保障有必要加強，創意、內容都是主軸，必須分階段進入，控管管道成本 **GD05**：全程創意、提高自製節目動力，提升硬體設備，延攬 OTT 人才 **HD04**：只能提高自製內容品質，以因應大陸視頻的威脅 **LB02**：內容為王更趨重要，必須廣製有特色及有收視率的內容才能與新媒體合作或抗衡 **LB03**：收視習慣的改變，影響傳統收視率計算思維，所以就內容本身、危機亦即轉機，在改變的過程中，以豐富的內容產製經驗，在 4G 搶占一席之地 **MB02**：新媒內容的開發相形重要，但節目內容上傳網路對傳統節目授權收入的排擠的確形成問題 **VH01**：對於內容製作者而言，4G 技術發展使得我們與受眾的互動更為快速直接，資訊更為有效、多樣的傳達，因此我認為這是最好的時代 **WH01**：人力、研發、產品是重點，重視低成本節目的研發和創新能力建設，建立好節目品牌品質，樹立自有節目品牌 IP，利用行業新的技術趨勢和新的產品型態來研發新的視頻節目內容，不斷走在行業創新嘗試的前端 **WH02**：提供了一個傳統媒體向新媒體轉型的契機，傳統內容是我們的優勢，但平台競爭也需面對

(續)表 8-5　原始發言文本——頻道內容

構面	類別	原始發言文本
頻道內容	自製	OE01：目前主要規劃以台灣第一個有系統的醫學影音為目標，結合醫療醫學行銷資訊提供，且不是單一的病因資訊，而會將可能發生的關聯性的資訊一併推薦提供給觀看者，並以恐嚇行銷（如：循利寧產品廣告），提醒民眾其嚴重性，可能因為做了什麼自認為沒什麼的事，其實將造成嚴重的病症。目前一年兩百則視頻，一則約兩至三分鐘，以生理層面為主，未來將會走向心理層面 PD01：因公司最早以科技公司為主，後期才跨入電視產業，所以較為多元，會因應頻道族群購買不同內容 SD04：結合新媒體及網路科技製作電視節目，設計出戲劇專屬 APP 平台，製作的戲劇會推出至大陸市場 SD07：公司擁有製作節目實力，但成本回收較不易，面對現在環境的改變，尤其境外節目的入侵，數位匯流仍是我們的機會，公司在近期投入新媒體發展，自製原創節目及海外布局等，全面 HD，提升 4K 製作之質與量

四、市場環境

（一）國內市場

　　本次調查發現，受訪對象在國內市場環境部分，多數受訪者均對跨業競合關係有以下看法：

　　很多人看節目已經不限於在電視上，已逐漸轉型網路及行動裝置等，以至於傳統媒體需要跨足到新媒體。以現在市場趨勢，跨媒體是一定要的，不然就會被這產業淘汰；然新媒體競爭也愈來愈大，尤其需要將平面、電視、網路及行動等跨屏完整結合及找到自身的定位，才是確保立足於產業的重要要素。OTT 是未來的主流，無論是電信、機上盒、網路、有線與無線電視等業者，也由競爭轉而與 OTT 業者互相合作，從產業內競爭到產業間競合，才能提升媒體產業發展。

（二）國際市場

　　本次調查發現，受訪對象在國際市場的部分，可歸納以下幾點發現：

1. 大陸傳媒的影響性：這一兩年中國大陸在視頻的發展迅速，世界各地華人知道只要上中國大陸視頻就可以觀賞；然而與中國大陸相比，台灣市場相對小，資金不足，因此與大陸合作也是必然的趨勢，在內容資源提供上及大陸資金的輔助下，才能創造雙贏的局面。

2. 跨國市場競爭力：數位匯流後，國際化趨勢也是不可避免，目前除了業者自行開拓國際市場外，對於境外要進入國內頻道，希望政府應該也要對於境外頻道設置管制方法，而且應該要在公平的條件下，制訂兩國業者可以互惠的方式來進行，這樣對於產業發展才能有所幫助，而不是單方接受境外的入侵，我國業者則無法向外拓展。

表 8-6　原始發言文本——市場環境

構面	類別	原始發言文本
市場環境	國內市場	BB01：台灣的文創太淺碟了，就做一個鑰匙圈、肥皂盒，人家的文創是把文化放進去，我們則是做得非常表象，台灣也有很多 OTT，只是內容是本土的比較受限 CC01：1.這一兩年台灣市場有很大的轉變，很多人看電視不再只是透過 cable TV，他可以透過手機 internet 去看電視，而且還可以看 live 的。2013 年是一個分水嶺，所謂的 OTT TV 進入一個開放式的架構下，因為在 2013 年看電視比較是封閉的一件事，可是 2013 年之後這兩件事已經開始互相影響，我可能在客廳裡打開電視，然後我同時用手機另外看，它變成一個很方便的行為 2.在所謂內容業者的營運上，他就是落後於市場太多，他就是一直引進同質性的惡性競爭，他覺得 cable operate 是獨大。更妙的邏輯，我們內容是上架在有線電視系統平台上，比如我上架在凱擘，它給我很好的條件，第一個 minimum guarantee，再來廣告是我電視台自己做，不用拆給任何人，結果它找了一個第三者要引進競爭去打凱擘，全國數位要打的時候它也要買我（衛星公會）內容，它不能空空的做，它就想用及廉價的價錢買我們的內容，這樣當然不賣，第一個不知道它有多少會員，第二個得罪凱擘也不好，不賣竟然 NCC 介入，它就說要引進競爭，它不知道它引進的是惡競爭

(續)表 8-6 原始發言文本──市場環境

構面	類別	原始發言文本
市場環境	國內市場	ED02：影音產業，如果現在不做，台灣會被邊緣化，其實現在就很明顯 ED03：1.電視衰退很厲害是因為廣告衰退。廣告衰退是從電視報紙廣播轉到網路跟行動。不知道你們的數字，但整體說，我的印象是傳統的掉得很厲害，我們是傳統的，我們參與的廣告、電影、廣播都掉 　　　2.大陸有夠大市場支撐，只要一個成功，超過千百倍資源給你，想做什麼都可以拿到。台灣第一個小國心態，第二個沒有足夠舞台，要統整影視平台沒可能 DA01：1.今天再跟經濟部的沈治長，在談就是台灣這麼小卻這麼多平台，要去把它整合成一個大的平台，而且它本位主義，有點難 　　　2.我覺得 content 還沒發現到 OTT 對他們的衝擊性，還在固守原來的廣告量和基本盤，然後斤斤計較，就把自己封在那個地方，完全是短視，然後近利，沒注意到中長期發展的需要 FD01：1.台灣如果不是政治上的阻隔，台灣一定會有很多人願意花相當錢，去做一個華文世界可以接受的東西，哪怕避開很多敏感的政治議題，都還有相當的空間可以發揮，台灣的音樂在過去是首屈一指的，但現在已經慢慢不見了 　　　2.蘋果日報下了猛藥，在網路上去衝流量，當時中時電子報是相當早的，但現在大家都往新媒體的方向走，現在很少看到網路的媒體經營得不錯又賺錢，真的很難，大家都是養大了在等轉手的機會 GD06：新媒競爭激烈，定位更加重要，應將平面、電視、新媒做完整結合 GD09：預計規劃 4G SNG 車，並已朝向跨屏整合 IB03：經營 TV+網路+廣播 IE08：籌劃動畫平台再擴張 IE09：目前積極結合跨媒體 360 度行銷的規劃 LB04：集團有成立新媒體事業群，將會跨媒體合作，亦不排斥與外面新媒體合作 MB02：目前已朝 4K 技術發展，增加 4K 攝影棚後製中心，製作 4K 節目 NC01：以現在市場趨勢，跨媒體是一定要的，不然就會被這產業淘汰，協會還是會協助產業做一些整合 VH03：2015 年建立融媒中心，統一協調媒體融合事宜 WH01：注重移動社交網路間的行銷與公關，注重通過移動網路影響年輕的節目受眾群體，多做新型態媒體平台產品嘗試，迎合年輕受眾需求 WH02：加強手機客戶端 APP 的開發上線推廣，以三網融合為目標

(續)表 8-6　原始發言文本──市場環境

構面	類別	原始發言文本
市場環境	國內市場	OE01：轉型為新媒體，包含企業形象、環保議題，進行行銷溝通，以網路媒體方式，提供預防醫檢等資料整合資訊提供；另外也與世新、長庚大學進行產學合作，未來將擴大學校合作，如：政大、明志科大、銘傳、文化，在內容產製及後製等合作 PD01：OTT 是未來的主流，愛爾達會強化自身的內容產製能力，積極的引進具吸引力的運動賽事或戲劇節目，來爭取眼球商機。因此簡單的說，短期我們會以購片、代理的方式來進行，中長期則是合製或是自製內容 QI01：目前中華電信分為兩塊：MOD 部分則以機上盒＋聯網；中華影視OTT 則將既有的網路頻道整合，目前內容來源已超過一百家供應者，而於廠商採用拆帳模式經營，約為二至五成，中華電信的服務為轉檔、露出、點閱等 RG03：1.未來因應 cable docsis 技術的再提升，本公司將持續往前推進，朝向更高速、更有效率的寬頻網路技術邁進；2.因應行動寬頻網路的技術進步與應用普及，將尋覓合適的策略夥伴，提供四合一（quad-play）匯流服務，跨螢應用、開發電視 APP 是第一步，第二步將以本公司自有的網路與平台，與外部跨領域應用服務做更多的策略合作，創新更多的匯流服務 SD07：結合雜誌、電商、網路影音平台，讓同一素材可跨媒體達最大效益
	國際市場	AA01：兩岸生活層面有很多很像的，所以會有很多共鳴，舉文化的接近性，譬如兩邊有共同的興趣，已經有很多了，有古裝、武俠劇，兩邊很多合作共同製播的；另一方面，有相近有互補，互補的角度，我覺得台灣這邊有很多傳統文化的元素，保存得很好，台灣還是有很多值得學習的 BB01：只要跟大陸扯上關係的時候，大陸的強大資金基本上就講話很大聲，台灣只是幫忙做代工，到最後結果是什麼，就是他享受了最大部分的成果，在合作過程當中他們也不太瞧得起台灣的 knowhow 他覺得就那樣子而已 CC01：韓國影視文化絕對是國家戰略價值，韓國在簽 WTO 的時候，是有些門檻，它的電視台的黃金時段是不可能播外劇的，一定要播自製劇，外資也歡迎進來，但要你出錢就好，我掌握結果。但我們政府完全不是這樣，又不敢管，又怕被人家罵，然後就把自己本土的業者打死了，因為我們絕對不可能有外資的口袋。韓國就是非常歡迎外資來投資電視台，但你只能 30%，不能有董事會的席位，不可以影響劇本。 DA01：1.兩岸以後在新媒體有沒有合作的機會，台灣這麼小卻這麼多平台，要去把他整合成一個大的平台，但它本位主義，有點難，也不太可能透過公協會，因為你可以看公協會後面那些錢都是贊助，所以比較不客觀

(續)表 8-6　原始發言文本——市場環境

構面	類別	原始發言文本
市場環境	國際市場	2.對於與大陸來抗衡，其實從民間或從政府都有一定難度，因為大家都想當老大，然後本位主義，無法有共識 3.台灣跟大陸 OTT 合作我覺得內容反而有點機會，像霹靂就很有在地文化特色，可是其他戲劇類或其他反而沒什麼機會，霹靂那種就模仿不來，不然其他一下就學去了 ED02：現在中國大陸視頻發展得很好，所以世界各地華人知道只要上中國大陸視頻就可以觀賞；而台灣華人娛樂不論是戲劇或音樂，尤其是音樂非常強勢，有絕對的機會，大家應該更支持 ED03：1.大陸市場實在太大，他們在做的事情是他們以前從來沒有經驗的，所以任何 idea 都敢去 try，因為市場大。全世界哪個國家哪個產業是每年 30%至 40%成長，它現在還在發生，所以它敢做嘗試，看到好節目不惜重價買來，買來複製規模玩大，因為有市場支撐，做成即時的，手機 QR CODE 一刷就上去，幾百萬人同時在點，只有幾個名額，可以用到廣告不斷湧進。上個月約大陸人研討會，看了節目嚇壞了，台灣早就沒得比了 2.台灣有沒有可能影視團隊去大陸？老實講，錢沒人家多，市場沒人家大。跟你合作的原因兩個：一個要 idea 跟人；一個要統戰，賠錢沒關係，所有人用資源綁住 3.台灣狀況就是還沒意識，市場太小，就有很多在市場裡眼光短淺的人在搶市場。譬如說，最近音樂著作權的事非常嚴重。我覺得大家沒有把架構搞清楚，台灣市場小是事實，可是我們的內容產業影響力是可以沒有界線的，是可以到海外到其他地方，但我們需要有資源做內容，資源哪來呢？平台業者，還有老百姓。 FD01：大陸是一個獨裁的國家，很難談國際交流，他真正想發展的東西很多都不見得給你，如果兩岸當初是垂直整合，慢慢的把資金技術等等給他們。但現在不是，是一下資金技術都過去了，我們已經錯過垂直整合這個時機，沒有資金又怎麼有創意，最終還是要回到政治上面去談，因為最核心的問題不解，很多問題都沒法解。我們的影音能不能跳脫文化人種，用數位匯流，透過網路的無遠弗屆，像音樂，去打通全世界的人共通心弦，讓更多人瞭解我們 GD06：正積極與對岸進行內容、新媒和人才的交流與建置 GD07：目前有與 BBC 中文網、CCTV、東方、央視皆有合作，另外參考韓國對文化文創節目交流 GD09：視頻網打開華人市場，另與國際媒體合作 IB03：已有和大陸傳媒資訊新聞節目流通 LB02：目前仍做內容的提供，也在研討兩岸 4G 內容之可能性 LB03：持續與對岸的電視台及視頻平台保持交流，進行必要交換研討 LB04：一直與對岸傳統媒體及新媒體洽談合作 MB02：目前兩岸合作仍是節目交易，過去以電視台為主，現擴大到視頻

(續)表 8-6　原始發言文本──市場環境

構面	類別	原始發言文本
市場環境	國際市場	TH01：希望在內容上能與台灣媒體進行深度合作，尤其現非意識型態領域的合作勢不可擋，內容、產品、技術、市場，甚至資本方面的合作可以先行 TH02：曾在過去幾年請《康熙來了》製片人來製作節目，效果一般。積極尋找更多合作機會，以利於進一步擴大市場 UH01：增加主站與新浪台灣站的溝通交流，加大對台灣站內容的有效利用，並共同打造 PGC 資源 UH03：開放和交流是必然趨勢 VH01：技術層面的合作帶動全產業的合作，小球轉動大球 WH02：搭建多個海外站點 PD01：台灣人才創意很好，但資金不足，且環境及市場相對太小，現在對岸愈來愈強大，對於台灣產業會很辛苦，政府需要有因應政策來協助業者 QI01：網路打開後，國際化趨勢是不可避免，而對國內產業是威脅還是機會呢？威脅只是別人的內容取代我們的內容，失掉我們的主題性文化的主導性，政府應該要對於境外頻道的管制方法要達到什麼產業政策，須釐清楚，而且應該要在公平的條件下，你要進到我國的頻道，相對的我們的內容也要在你們國家頻道露出，才會接受進到我們國家的頻道，政府應該要考量到產業政策設置一條線，這樣對於產業的發展既可幫助國內業者，也可避免政治對於媒體的干擾 SD06：已至北京、上海、杭州、哈爾濱、昆明及烏魯木齊做交流 SD07：擬結合兩岸網劇合製

第五節　結論與討論

　　根據行政院數位匯流專案小組的解釋（蔡明朗譯，2012），網路匯流目標是電腦、電信、電視數位匯流，亦即將電話通訊、收看電視與上網整合在一起的應用服務。數位匯流意味著數位科技在我們的文化當中擁有更廣的多樣性（Bolter & Grusin, 1999, p.225）。

　　經由質性問卷調查發現，兩岸電視傳媒在政治體制（政策面）、經營面、市場面上各有不同；其中產業政策調查發現，大陸傳媒產業以國營為

主，公部門對於電視傳媒產業，政府給予相關組織架構、體制優惠等政策，並協助與其他媒體進行內容合作。

在經營運作上，兩岸均因應數位匯流的發展，同步在新媒體及網路視頻 OTT 產業上各自努力，大陸因應大市場的重要策略，先搶先贏的占地，看準消費者的需求及喜好，先讓消費者對其品牌有印象並進一步認同。

大陸幅員廣闊，人口眾多，市場比台灣大，加上近年產業開放，已加速腳步發展，已然超越台灣，但也因為發展時間較短，作品品質仍有努力空間。

台灣僅有 2,300 多萬人口，因此在先天的市場上，規模已經決定了一切，而也出現了一種現象，台灣業者會專精在某一個領域，因而會在其他方面有所忽略或者不足，比方說，行銷面、業務面，因此也凸顯了台灣多數中小企業的資源有限性。在兩岸的合作關係上，撇開政治議題，台灣反而可專精研發內容製作品質。

台灣媒體與大陸媒體最大的差異在於經營管理者不同，台灣媒體以企業自行經營為主，而大陸媒體大部分則為政府管理，相對在資源上台灣也較大陸少；而在經營運作上，兩岸均因應數位匯流的發展，同步在新媒體及網路視頻 OTT 產業各自努力。台灣與大陸媒體性質不同，造成的節目型態差異甚遠。

在新舊媒體版權及法規上，兩岸媒體業者均同樣表示，希望政府能因應現在市場環境相關法律法規能適度之調整，加強產權保護及加強網路領域監管等，更加明確及清晰化。

兩岸媒體交流已是必然趨勢，借助科技、電信等技術的突飛猛晉，自然形成不同形式的異業匯流發展模式。兩岸過去所製播的節目深受兩地民眾的喜愛；在「第五屆海峽論壇——海峽影視季」的頒獎典禮上，《畫皮 II》和《甄嬛傳》獲得最受台灣觀眾歡迎的大陸電影和電視劇兩大獎項，而台灣製播的《賽德克·巴萊》和《我可能不會愛你》分別獲得了最受大

陸觀眾歡迎的台灣電影和電視劇獎。

　　曾經，受限於以往兩岸交流過程中，在「通路」及「審批制度」的環節上遭遇諸多限制和障礙的兩岸影音產品，「網劇」可說開啟了當代全新的影視產製模式，象徵「網路」已從「傳播平台」轉型為「內容提供者」，對產業界而言，今後將擁有更多競爭優勢。其中，「網路原創劇」結合了電視與網路，提供閱聽眾隨選隨看、不受時間限制的大利多，網民們勢將益形依賴網路媒體來觀看影視節目。這也正是自 2010 年起，中國大陸因網路戲劇的製作風潮而有「2010 網路原創劇元年」之稱（李傳偉，2013）。

　　2008 至 2013 年，是兩岸新聞、出版交流合作發展最迅速的一段時期，在新聞交流方面，兩岸新聞媒體積極尋找合作的機會與空間，各種形式的交流與合作活動順勢而生（項國寧，2013）。

　　面對新匯流時代來臨，為加速兩岸間文化交流，須評估引進國際標準與新興通訊技術，協助台灣產業發展數位匯流終端應用平台，建構國際標準與寬頻網路相關之測試認證能量，並推動軟硬體與服務整合，發展數位匯流解決方案。

第九章

數位時代網安治理

第一節　前言

網路安全日自 1996 年在歐洲發起，陸續經由歐盟委員會和國家互聯網安全中心在歐洲各國推動，並結合 Insafe／INHOPE 等非政府組織，至今在全球一百多個國家響應，目的在呼應全球公民善用網路與手機，成為負責任的數位公民，營造數位公民社會。

近年以社會基層轉變為基調的聯合國系列論壇應運而生，包含「資訊社會高峰會」（World Summit on the Information Society, WSIS）及「網路治理論壇」（Internet Governance Forum, IGF），兩者定期關注全球經歷，由 20 世紀的工業化社會，快速地邁向 21 世紀資訊化社會的變遷（黃葳威，2012）。

為了制衡市場決定論治理模式的風險，公部門逐漸脫離傳統強而有力的行政角色，逐步轉型為治理眾人之事的政府（Osborne & Gaebler, 1992, p.48）。所謂新治理（new governance）便是集結公私部門的資源，建立不同的協力關係，共同承擔責任、分工與授權，達成公共政策的綜效（Kooiman, 1993; Radcliffe & Dent, 2005; Ferlie, Musselin & Andresani, 2008）。

面對跨部門治理的運籌帷幄，學者認為有以下須克服的課題（John, 2001, pp.11-13）：全球化的經濟活動、私部門參與公共決策的要求、公共政策所面臨的新挑戰、公民對於政治參與的轉變，以及國家朝向後官僚時代等因素。

此外，地方主義（localism）與區域合作（regional cooperation）的興盛，促使中央與地方傳統上對下的從屬關係已不復再，企業與第三部門也在公共事務的活動中占有一席之地。

因而，以治理（governance）為核心，透過跨部門夥伴（interdepartmental partnerships）與協力（collaboration）的架構，所型塑出的府際協力治理（intergovernmental collaborative governance, ICG），已形成趨勢（李長晏，2009）。

網路治理過程中，內容如何分類便是一項挑戰。台灣對媒體內容的分級制度其實一直存在著多頭馬車的現象，分別由文化部、國家通訊傳播委員會、經濟部工業局三個不同的主管機關管理。對於網際網路則呈現低度管理的樣態。

2011 年 4 月間，國家通訊傳播委員會提出全面檢討現行的電視節目分級制度，分級將更細緻化，並推動優質兒少節目認證標章。2015 年 12 月 18 日，廣電三法（有線廣播電視法、廣播電視法與衛星廣播電視法）趕在第八屆立法院會期完成修法。國家通訊傳播委員會表示，將盡速完成廣電三法相關授權子法的訂定，並以廣電三法為基礎，持續推動「匯流五法」，完備通傳法制，並藉以提升通訊傳播產業競爭力，增進消費者權益與福祉。

台灣立法院於 2011 年 11 月 17 日初審通過行政院所提《兒童及少年福利法》修正草案，將沿用近十年的法案名稱修正為《兒童及少年福利與權益保障法》，條文由現行的 75 條增列至 115 條，藉此彰顯台灣社會維護兒童及少年的權益，從而展現我國落實聯合國《兒童權利公約》的努力。

依據立法院第八屆第六會期社會福利及衛生環境委員會於 2015 年 1 月 5 日召開之「防制網路兒少色情」公聽會，邀集政府行政部門、學者專家、民間團體代表、家長及學校輔導員廣泛交換意見，討論兒少使用智慧型手機之上網及不當交友被詐騙而遭受性侵害問題，與會專家及立法委員建議政府在教育端、資訊管理端、行政層面都須加強保護兒少，就網路內容、網路機構功能規定及網路 APP 分級管理等，蒐集相關資料作為未來政策規劃及修法參考。

　　社會責任論由美國長春藤大學學術菁英提出（李瞻，2009），是自由主義的變體，主張自由主義的傳媒必須建立在一個先決條件之上，那就是「必須要有一個觀點和信息的『自由市場』。無論是少數還是多數，強者還是弱者，都能夠接觸傳媒（access to the press）」（戴鑫譯，2007，頁3）。在傳媒所有權逐漸集中、市場惡性競爭，政府的放任已經無法保障人民的媒體近用權時，也就出現了社會責任論的觀點，認為必須採取必要的介入以確保媒體發揮其社會責任。

　　我國《兒童及少年福利與權益保障法》第 46 條第 1、2 項規定：「為防止兒童及少年接觸有害其身心發展之網際網路內容，由通訊傳播主管機關召集各目的事業主管機關委託民間團體成立內容防護機構。網際網路平台提供者應依前項防護機制，訂定自律規範採取明確可行防護措施；未訂定自律規範者，應依相關公（協）會所定自律規範採取必要措施。」

　　媒體自律問責源於自由主義與社會責任論，亞洲太平洋沿岸國家深受儒家價值系統所影響（Tu, 1993），本文將比較分析日本、韓國、新加坡等國之網路安全治理與內容分級，作為台灣在網路安全治理的參考。

第二節　研究方法

　　有鑑於網際網路治理涉及公部門、私部門以及利益關係代表，本研究透過文獻分析法，以及深度訪談方式，探討新日韓三國的網路治理模式。

　　研究者先後前往新加坡、日本、韓國進行個別訪談，並於韓國代表訪台交流期間採取面訪。

　　訪談對象如下：

SG1 新加坡媒體發展管理局外拓司陳麗媚經理

SE1 新加坡理工大學邱燕妮（KHOO Cheok Eng Angeline）助理教授

SN1 新加坡青年協會林菁清主任

JN1 日本網際網路協會伊藤葉子副秘書長

JI1 日本雅虎公共政策部長兼日本網路安全協會秘書長吉川德明

JI2 日本過濾軟體協會管野泰彥秘書長

KG1 韓國廣電通信審議委員會基翁泰（Keon, Oh Tae）秘書長

KE1 韓國梨花女子社科院媒體研究金炫淳（Hoon-Soon Kim）教授

KG2 韓國廣電通信審議委員會朴孫華（Sun-Hwa Park）委員

訪談問題包括：

1. 對於網路上的非法與有害內容的界定方式為何？

2. 對於網路上的非法與有害內容的處理方式為何？境內境外如何處理？

3. 對於兒少上網安全的相關政策有哪些？是否有相關規管單位？

4. 參與兒少上網安全的相關權責機構如公部門、私部門，或民間機構有哪些？彼此如何協力合作？

5. 其他網路治理案例與經驗？

根據文獻分析及深度訪談，以下三節將分述新加坡、日本及韓國三國網路治理方式。

第三節　新加坡網路治理

新加坡媒體發展局（Media Development Authority, MDA）成立於 2003 年，係新加坡廣播電局（Singapore Broadcasting Authority）、影片與出版部（Films and Publications Department），及新加坡電影委員會（Singapore Film Commission）合併後新設機構，為新加坡媒體產業主管機關（黃葳

威，2016a；https://www.imda.gov.sg）。

新加坡媒體發展管理局隸屬於新加坡政府的新聞通訊及藝術部（Ministry of Information, Communications and the Arts）之下。媒體發展管理局在 2009 年初提出新加坡媒體融合計畫（Singapore Media Fusion Plan, SMFP），目前致力於讓新加坡轉變成為一個新亞洲媒體值得信賴的全球性國都（trusted global capital for new Asia media）。

一、網際網路

依據新加坡媒體發展管理局代表表示，新加坡廣電局將網路視為廣電媒體之一，因而負責管理網路內容，網路內容服務業者必須遵照 1996 年根據廣電法所頒布的《網路自律公約》（Internet Code of Practice）與《網路內容指導原則》（Internet Content Guidelines）規定才核發營運執照。

《網路內容指導原則》第 4 條，禁止網路傳遞有害公共安全與國家安全的內容；第 5 條則禁止透過網路傳遞有害種族與宗教和諧的內容；最特別的是第 6 條，禁止網路宣揚傳遞與新加坡道德標準相違的內容，包括色情、性、裸露、暴力、恐怖與同性戀。凡是違反上述規定傳遞禁止內容的網路業者將被廣播局吊銷執照，網友也會受到嚴格的處分。

二、網路治理架構

網路管制架構的法源基礎在 1996 年廣電（類別執照）通知〔Broadcasting（Class Licence）Notification〕，網路內容供應商與服務商都在這規範下，必須遵守類別執照條件（Class Licence Conditions）、《網路自律公約》與網路產業指南（Internet Industry Guidelines）。

管制重點採「三管齊下」（three-pronged approach）：結合低度管理（light-touch）、鼓勵業者自律、透過教育提倡網路安全觀念。

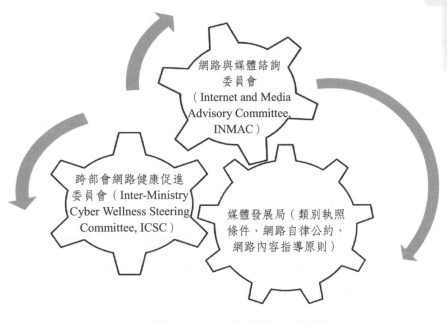

圖 9-1　新加坡網路治理架構

　　媒體發展局採取低度管理的治理，並鼓勵業者自律，訂定自己的內部標準。

　　媒體發展局與跨部會網路健康促進委員會（Inter-Ministry Cyber Wellness Steering Committee, ICSC）和網路與媒體諮詢委員會（Internet and Media Advisory Committee, INMAC）討論有關網路安全的議題，推廣「健康上網」（cyber wellness）的觀念，成立網站，讓家長和兒童學習如何正確使用網路。

三、網路內容篩選

　　新加坡關注涉及公眾利益、種族、宗教、色情和內容對兒童有害的網路內容。新加坡媒體發展局要求網路服務提供業者，限制一般民眾接取包含涉及侵犯或有害於新加坡的種族和宗教和諧，或反對國家利益的內容，

多數為色情網站。此外，媒體發展局不限制或監控個人網路使用。媒體發展局的相關準則不包括個人及其通信，如電子郵件和即時消息操作的網頁（SG1）。

2015 年 2 月開始，根據新加坡國會通過的《遠程賭博法》（Remote Gambling Act）第 20 條，未經授權的網站推廣、促使或廣告遠距賭博的網站將被封鎖，以保護未成年人等弱勢人群不受侵害或遙控賭博利用（SG1）。

此外，新加坡兼顧公眾教育的需要，並賦權於公眾來管理自己的媒體／網絡消費。家長可以選擇新加坡當地網路服務提供業者的互聯網過濾服務，降低兒少接取非法與有害內容的可能性（SE1）。

媒體發展局與新加坡三大 IASP 業者合作，提供家長 Family Access Networks（FAN）或內容篩選軟體。其次，提供相關過濾軟體 CyberPatrol、Net Nanny、CYBERsitter 供民眾選擇。

媒體發展局於 2009 年製作一系列六集有關網路安全的一分鐘動畫短片，結合童話故事向青少年宣導網路安全，主題包含網路霸凌、網路成癮、網路病毒、隱私權等。

媒體素養評議會（Media Literacy Council）於 2012 年成立，主要宣導和教育有關媒體素養與網路安全議題。

新加坡媒體發展局治理媒體議題的特色如下（SG1、SE1；黃葳威，2016b；黃葳威，2015a）：

1. 分級授權制度（class license）：目前媒體發展局從過去傳統的監理機構與管制，逐漸希望朝向媒體分級制訂與提倡媒介識讀，不同的媒體適用不同的分級準則和管理辦法。

2. 共同管制（co-regulation）：媒體發展局邀請業者共同管制，一起制訂管理辦法與規定。例如在電影、影片和電玩遊戲的範疇，業者可以透過電影審查委員會平台來表達對內容管制的意見。此外，也重視民眾對於內容規範的意見，讓民眾能透過網站發表和回應自己

的意見。

3.諮詢會（consultation with committees）：由超過 260 位的民眾代表成立的諮詢會，幫助媒體發展局在內容規範與法規制訂，希望能夠因應社會的快速變遷與民眾的期待。諮詢會主要的指導指南有三項：在保護兒童與提供大人更多節目選擇上找到一個平衡；彰顯社會價值與促進族群與宗教和諧；維護國家與公眾利益。目前共有十一個意見諮詢會與兩個申訴諮詢會。

第四節　日本網路治理

日本於 2001 年 4 月成立日本網際網路協會（一般財団法人インターネット協会）（Internet Association Japan，簡稱：IA Japan）並於同年 7 月正式運作，在 IA Japan 的主導下日本也致力於網路內容分級（JN1, JI1）。

2005 年 2 月，由於網路資訊的傳播影響造成日本許多社會問題，於是日本政府召開相關會議來決定如何防治這些不良內容，決議透過推廣與研發電腦與手機使用的過濾軟體來防堵不良資訊的傳播，並且也要求 ISP 業者自律，開設倫理教育與拓展諮詢單位，期望達到有效防堵的作用。通商產業省（Minstry of International Trade and Industry）與 NEC 就共同開發過濾軟體，用來防堵青少年透過網路的接取來閱讀色情與暴力的內容。

前往日本訪查後發現，日本網際網路協會表示（JN1, JI1），網路安全並非僅限單一的議題，需要受保護的對象也不只限於兒少。

日本網路安全非由單一單位來負責，係建立跨部門的合作機制。例如：網路內容安全協會（ICSA）和日本網際網路協會的互聯網熱線中心（IHC）便互相合作，互聯網熱線中心受理案件可以轉給網路內容安全協會，而網路內容安全協會也會轉知相關業者。

圖 9-2　日本網路治理架構

　　參考日本網路內容安全協會網站，日本網路內容安全協會在 2011 年 3 月 3 日成立，參與營運商共有九十一間公司，目前主要執行防止兒童色情內容在互聯網上散布之具體措施計有：

1.ISP（Internet Service Provider）業者自行阻擋不良網站。
2.提供過濾軟體服務。

　　根據訪談日本網際網路協會代表得知（JN1, JI1, JI2），有關日本境內兒少色情圖檔可向警察廳和互聯網熱線取締，並由 ICSA 告知網路內容提供者自律下架。

　　網路內容安全協會由三位專職同仁受理網路內容申訴。協會每三個月提供個人心理諮詢，保障同仁的身心健康，並設置網站內容諮詢委員會，共有十二位專家，包括律師、醫生、教育工作者與專家學者等。

　　網路熱線中心受理民眾申訴兒童色情後，轉知網站管理人刪除，警方負責逮捕嫌疑犯，網路內容安全協會請業者自律、下架。

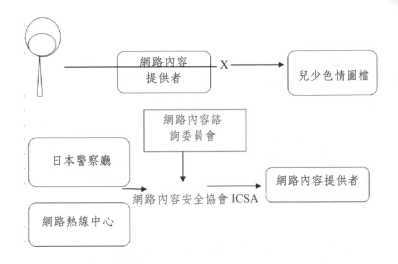

圖 9-3 網路內容安全協會（ICSA）受理舉報處理流程

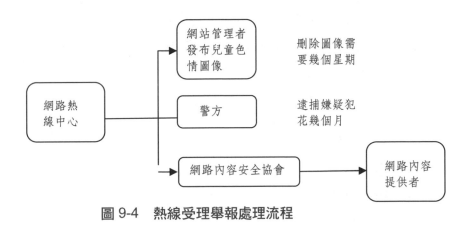

圖 9-4 熱線受理舉報處理流程

日本網路信息處理，分成違法及有害內容（參見**表 9-1**）。

違法內容界定如下：猥褻信息、毒品交易、網路欺詐等違法經營、網路駭客。

猥褻信息包括：成人色情、兒少性剝削等內容，色情廣告、交友網站的發展。

表 9-1　網路熱線中心的信息處理

違法	侵犯人權等		法律禁止的其他內容
	誹謗 侵犯隱私 侵權 侵權商標權等		猥褻的相關信息 與毒品有關的信息 匯款拉客詐騙相關信息 非法獲取相關信息
有害	有違社會秩序和風俗		兒童和青少年不宜內容
	簽合同或仲介邀約非法行為 有關自殺邀約訊息		殘酷、怪誕、意淫、 暴力等

毒品交易係指：徵求其他人使用非法藥物的廣告。

網路詐欺等違法經營，諸如個人銀行帳戶的誘惑，或手機未授權交易的誘惑。

未經授權侵入電腦，則指網路釣魚騙局，或盜用他人帳號／密碼。

有害內容：邀請他人參與非法活動；或很難判斷是非法的，但在非法邊緣，或邀請其他人參加集體自殺。

邀請其他人參與非法活動，包括下列方式：

1.提供槍枝、炸藥生產。

2.正式文件偽造。

3.殺人、傷害、毆打和勒索。

4.假冒或收購貨幣。

5.人體器官買賣、人口販運。

6.誘導或協助自殺。

7.生產致命的硫化氫氣體。

8.性騷擾等等。

9.非法訪問。

10.攝影偷窺。

11.非法獲取戶籍謄本居住等證書及複印件。

很難判斷是非法的，但在非法邊緣，如兒童性虐待的議題，或非法藥物廣告。

網路內容安全協會和互聯網熱線中心提供網路申訴服務，經費分別來自總務省與警察廳；網路內容安全協會提供之申訴服務，經費來自業者。

根據日本雅虎暨網路安全協會代表表示（JI1），雅虎公司在亞太地區的各國法務代表常定期開會，而日本雅虎公司結合產業並捐贈經費，提供網路申訴服務；其他如互聯網熱線中心由警察廳支持（由十九位專員專責申訴服務）；日本網路安全促進協會在總務省支持成立媒體發展研究中心（Media Development Research Institute, MDRI），由三位專員專責受理民眾網路內容相關申訴服務。

其中日本雅虎結合另外六家資訊科技公司設置網路安全協會（Safer Internet Association, SIA），由產業組成協會自行提供的申訴服務（兩位專責申訴服務），形同資訊網路業者社會責任之展現（JI1, JI2）。

日方相當重視網路安全素養（internet safety literary）；此外，日方在網路媒體自律相關立法（青少年が安全に安心してインターネットを利

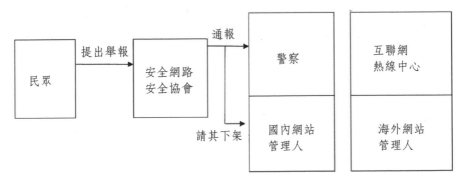

圖 9-5　網路內容安全協會受理舉報處理流程

用できる環境の整備等に関する法律；Act on Development of an Environment that Provides Safe and Secure Internet Use for Young People, Act No.79 of 2008），完善《青少年網路利用環境法》要求手機業者須提供青少兒用戶過濾軟體服務，以及在賣場販售電腦給未成年用戶時須提供過濾軟體安裝服務。

　　日本官方並沒有投入人力與資金進行過濾軟體研發（JI1, JI2），而交由民間研發過濾軟體與販售推廣。民間過濾軟體公司的主要客戶在政府部門與機構的資通安全系統，兒少保護之過濾軟體提供由政府補助基本款，家戶再視個別需求自行額外付費安裝。

第五節　韓國網路治理

　　韓國放送委員會（Korean Broadcasting Commission, KBC）負責電影、影片、表演、廣告的內容分級。1966 年，其前身為南韓藝術文化委員會（South Korea Art and Culture Ethics Committee），1999 年更名為現在的名稱（黃葳威，2015b）。

　　韓國放送委員會由九位委員組成，任期三年。後勤管理部門由七位組成，一年一任。另外還設有次級分級委員，由主任委員指派，不超過二十三位。

　　主任委員下設有副主任委員、稽核人員及秘書長；秘書長下設有行政處、政府公關處、電影處、錄影帶內容處、表演處等五個部門。

　1.行政處：經理、人事、預算、會計、庶務、搬遷、收據、電腦、觀
　　察室。
　2.政府公關處：經理、審核公告、月報、年鑑、監看。

3.電影處：經理、分級、廣告、放映室。

4.錄影帶內容處：經理、境外分級、廣告、境內分級。

5.表演處：經理、表演更改、表演推薦。

組織圖如下：

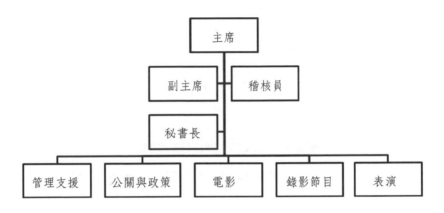

圖 9-6　韓國廣電委員會組織架構

資料來源：筆者參考 KCSC 網站繪製。

一、網際網路

　　韓國政府主要以情報通信部（Ministry of Information and Communication, MIC）主管國家資訊化、資訊與通訊、廣播與傳播等相關事務，因此也負責研擬網路內容管制政策。

　　2008 年，韓國放送通訊審議委員會（Korea Communications Standards Commission, KCSC）接管信息傳播倫理委員會（Information Communication Ethics Committee, ICEC）的任務。依據《促進資通訊網路利用與資訊保護法》（Act on Promotion of Communication Network Utilization and Data, CNA）第 42 條，要求網路進行過濾和分級，提供對

圖9-7　韓國網路內容監理架構

資料來源：研究者繪製。

青少年有害的標示措施，並邀集志工擔任網上巡邏的「鸚鵡警察」（Nuri Cops），協助清理和刪除兒少色情圖片，維護兒少上網安全（Juriah, 2015）。

　　事實上，從 2007 年，韓國放送通訊委員會（Korea Communication Commission, KCC）和警察推動所謂的「鸚鵡警察」，招募近八百名志工，擔任網路清道夫，協助公部門處理網路兒少色情內容。凡是散布傳遞類似內容違反法令會遭受處罰（http://www.koreatimes.co.kr/www/news/nation/2016/04/116_177571.html）。

　　韓國放送通訊審議委員會（KCSC）係韓國最主要的網站內容分級組織，以國際分級標準 RSACi 及 ICRA 等作為依據，制訂韓國的網站內容分級機制 "SafeNet"，並負責推動網路及通訊倫理，提供網路使用者申訴管道，研發適合韓國文化之過濾技術等。

　　娛樂軟體諮詢委員會（Recreational Software Advisory Council, RSAC）

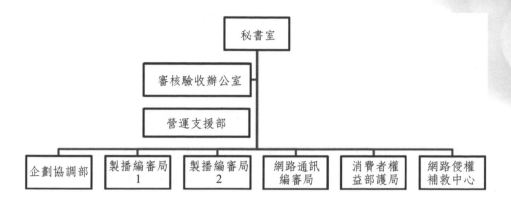

圖 9-8　韓國放送通信審議委員會組織架構
資料來源：研究者參考 KCSC 網站繪製。

為一成立於美國的非營利組織，1994 年由軟體出版協會以及其他六個行業組成，處理電腦遊戲的爭議和因應政府監管的威脅的獨立組織。該委員會的目標是處理電腦遊戲分級，類似於早期形成視頻遊戲分級委員會（Videogame Rating Councel, VRC），和後來娛樂軟體分級委員會（Entertainment Software Rating Board, ESRB）的內容分級。分級的界定係參考史丹福大學唐納德‧羅勃茲博士（Dr. Donald F. Roberts）有關媒體對兒童影響的研究。

網路娛樂軟體諮詢委員會 RSACi（Recreational Software Advisory Council on the Internet）係對網站內容的分級系統，由 RSAC 在回應美國聯邦規管的方式，立法禁止攻擊性，或不雅素材在網路上傳遞。網路內容分級協會（Internet Content Rating Association, ICRA）為一在美國和英國均設有辦事處的非營利國際組織。2010 年 10 月，其主張的網路分級制度被永久停用，組織也已經解散。

為對抗網際網路的相關負面影響，韓國另設數位推廣局（Korea Agency for Digital Opportunity and Promotion, KADO），致力於降低數位落

差，減少國民的網路成癮現象。另亦設立韓國資訊安全局（Korea Internet Security Agency, KISA），負責研發資訊安全技術及從事資訊安全政策研究。

二、網路實名制

韓國政府為樹立網路使用者的責任與自律意識，於 2005 年 10 月決定逐步推行網路實名制，並制訂與修改促進資訊化基本法及資訊通訊基本保護法等法規，以為網路實名制提供法律依據。

針對網際網路普及後所帶來的種種問題，韓國主要大型網站業者如入口網站 Naver、社群網站 Cyworld 皆已在政府相關法令施行之前，要求網路使用者必須提供真實姓名及身分證字號，並經過電話及手機驗證身分後，才得以註冊成為會員，期望藉此緩和韓國歷年來在網路色情暴力方面所產生的問題。

2006 年年底，韓國國會通過了《促進資訊與通訊網路使用及資訊保護法》修正案，規定主要門戶網站在接受網友留言、發布照片和視頻等操作前，必須先對網友個人的真實姓名、住址、身分證號、職業等詳細訊息進行記錄和驗證，否則將對網站處以最高三千萬韓圜的罰款。透過這種方式，可以對上網聊天和發送電子郵件的用戶真實資料進行備案，防止不法之徒利用虛假訊息從事網路犯罪。由此，韓國成為世界上首個強制推行網路實名制的國家。

韓國最為人注目的網路內容防護措施為 2009 年實行的網路實名制，要求人民於網站上發表言論時須輸入個人資料，並由第三方機構確認使用者之身分；但網路實名制無法有效達到預期成效，反遭箝制言論自由之批評，且個人資料的保存更考驗服務提供者防駭的技術。

由於網路實名制的爭議不斷，韓國憲法法庭於 2012 年宣布網路實名制違憲，2012 年韓國全國政策協調會議決議指示（葉奇鑫，2013），應發

展替代網路實名制的機制。

　　韓國憲法裁判庭經全體法官一致同意，宣布「網路實名制」違憲。判決書中寫道：「資訊通信網法賦予經營網路討論板的資訊通信服務提供人確認用戶本人的義務，讓討論板的用戶必須經過確定是本人的程序才能使用討論板，現在這項法律違反過剩禁止原則，侵犯網路討論板用戶的言論發表自由、個人資訊自主決定權，以及違反經營網路討論板的資訊通信服務應提供人的言論自由，因此判決違憲（http://gnn.gamer.com.tw/3/70033.html）。

三、第三方身分認證與業者自律

　　2006 年 12 月韓國政府頒布了《促進資訊與通訊網路使用及資訊保護法》，以建立第三方身分認證機制，賦予網際網路業者得暫時移除或封鎖有害資訊之權利等方式管理網路違法內容，期望藉此促進業者自律，並在言論自由及受害者權益中尋得平衡，該法已於 2007 年 7 月正式實施。

四、檢舉通報

　　韓國放送通訊審議委員會受理來自對網路內容不滿，或遭受各類違法和有害信息傷害的舉報，並且還提供輔導服務。檢舉通報非法與有害兒少的網站內容，可透過以下管道：網頁、藍芽、電話申訴、電子郵件、郵寄或是線上申訴（https://www.kocsc.or.kr/eng/report02.php）或傳真。

　　韓國對於非法網路內容的界定：所有違背韓國在地法律，並侵犯公共利益與社會秩序的內容。有害兒少的網路內容就廣義而言係指：被韓國放送通訊審議委員會或青少年保護委員會通知有不道德、暴力、猥褻、投機與反社會等具體內容。

　　一般而言，韓國將舉報的內容分類為：猥褻、誹謗、暴力／殘酷、煽動賭博、反社會秩序，及其他等。

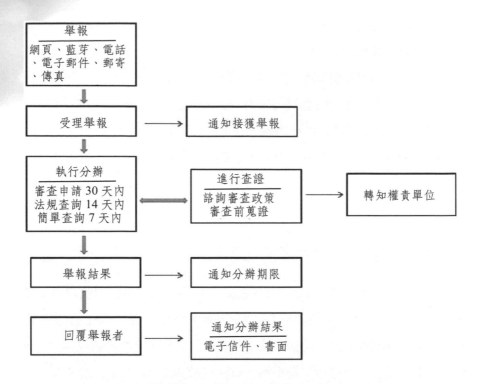

圖 9-9 韓國對於非法與有害網站內容的舉報流程

資料來源：研究者參考 KCSC 網站繪製。

1.猥褻：猥褻內容、兒少販運與性交易、色情電話服務、色情素材訊息交易、鼓吹猥褻與暴力的遊戲、傳遞成人色情、色情垃圾郵件、兒少色情。

2.誹謗：網路誹謗與性暴力訊息。

3.暴力／殘酷：暴力、謀殺、荒誕。

4.煽動賭博：賭博、投機遊戲、非法直銷。

5.反社會秩序：翹家／班、炸藥製造、自殺。

6.其他：設置「有害兒少」警告標誌。

五、網咖管理

　　此外，韓國政府還對相關兒童及青少年保護的法律進行了修訂，增添了與網路有關的內容。如新修改的《青少年保護法》規定，19 歲以下及高中以下學生禁止在晚上十點後出入網咖，從而杜絕青少年在網咖徹夜不歸的現象。

　　除了法制保障，也積極倡導民間自律和監督行動。為了在兒童及青少年中樹立正確的網路倫理觀，韓國相關部門還在小學、初中的德育教科書和高中的道德、市民倫理、電腦等教科書中增添了有關網路倫理的內容。政府還要求教師必須進修「訊息通信倫理意識」的課程，以在教學中向學生正確傳授相關知識。

第六節　結論與討論

　　本文比較分析新加坡、日本、韓國之網路內容分級與網路安全治理，以下將分述研究結論。

　　比較新加坡、日本、韓國因應數位匯流的網路媒體治理，隨著社會民情不同，在跨媒體分級制度有若干差異。

　　在網路內容分級處理方面，三國皆重視免於兒少接取違法當地法令，與有害兒少身心健康的網路內容，且以色情（兒少色情、成人色情、色情廣告等）、暴力、違法公共秩序或國家安全為主。

　　有關網路賭博部分，新加坡與韓國皆列為非法與有害內容行徑，日本則以不可涉及詐欺為主。

　　新加坡因國情考量，將同性戀列為網路猥褻內容；日本與韓國則視內容情況評估，未直接納入猥褻內容。

其中新加坡《網路內容指導原則》第 4 條禁止網路傳遞有害公共安全與國家安全的內容；第 5 條則禁止透過網路傳遞有害種族與宗教和諧的內容；第 6 條禁止網路宣揚傳遞與新加坡道德標準相違的內容，包括色情、性、裸露、暴力、恐怖與同性戀。凡是違反上述規定傳遞禁止內容的網路業者將被廣播局吊銷執照，網友也會受到嚴格的處分。

2015 年 2 月開始，根據新加坡國會通過的《遠程賭博法》（Remote Gambling Act）第 20 條，未經授權的網站推廣、促使或廣告遠距賭博的網站將被封鎖，以保護未成年人等弱勢人群不受侵害或遙控賭博利用。

日本網路信息處理，分成違法及有害內容。所謂違法內容界定如下：猥褻信息、毒品交易、網路欺詐等違法經營、網路駭客。

有害內容計有：邀請他人參與非法活動；或很難判斷是非法的，但在非法邊緣，或邀請其他人參加集體自殺；或很難判斷是非法的，但在非法邊緣，如兒童性虐待的議題，或非法藥物廣告。

韓國將舉報的內容分類為：猥褻、誹謗、暴力／殘酷、煽動賭博、反社會秩序及其他等：

1.猥褻：猥褻內容、兒少販運與性交易、色情電話服務、色情素材訊息交易、鼓吹猥褻與暴力的遊戲、傳遞成人色情、色情垃圾郵件、兒少色情。

2.誹謗：網路誹謗與性暴力訊息。

3.暴力／殘酷：暴力、謀殺、荒誕。

4.煽動賭博：賭博、投機遊戲、非法直銷。

5.反社會秩序：翹家／班、炸藥製造、自殺。

6.其他：設置「有害兒少」警告標誌。

三國各媒體平台的內容分級，不會因為數位匯流進行一致性級別標示，皆整合原有傳統媒體的法案或自律規範。

三國政府對於網際網路治理，原則以低度管理為主。新加坡與韓國皆透過立法由特定機構主導，兼採跨部會、產業與民間團體共同治理；韓國還邀集志工擔任網上巡邏的「鸚鵡警察」（Nuri Cops），協助清理和刪除兒少色情圖片，維護兒少上網安全。

日本則由三民間團體受理舉報，其中日本網路內容安全協會和互聯網熱線中心皆提供網路申訴服務，經費分別來自總務省與警察廳，網路內容安全協會提供之申訴服務，經費來自業者。

三國亦鼓勵資訊科技產業藉由過濾軟體機制，提供友善的兒少上網空間。其中日方在網路媒體自律相關立法，完善《青少年網路利用環境法》要求手機業者須提供青少兒用戶過濾軟體服務，並且在賣場販售電腦給未成年用戶時須提供過濾軟體安裝服務。

三國皆重視業者自律，新加坡和韓國設有特定機構受理非法與有害內容舉報，都以立法方式推動產業自律；日本則由公部門出資交由民間團體受理舉報。

為維護網路自由發展並兼顧兒少上網安全，三國過濾軟體服務均不直接由政府出資，新加坡係結合業者合作，日、韓兩國皆透過網路安全教育，對社區家長或兒少宣導相關資訊或機制。

三國皆重視網路安全教育，預防宣導勝於治療；韓國放送通訊審議委員會受理來自對網路內容不滿，或遭受各類違法和有害信息傷害的舉報，並且還提供輔導服務。

整體而言，三國皆重視網路社會責任，新加坡與韓國以立法促成資訊產業自律；日本則由公部門資助民間團體，或產業協會提供網路舉報服務，公部門退居幕後。

自由主義看重人的平等性，政府的存在是為了建構一社會成員都可合理接受的公共制度；新自由主義則以「市場至上」為核心，強調市場、個人自由、國家退位。

　　檢視新加坡與韓國的網路安全治理，大抵從自由主義出發；而日本網路安全治理模式，則從新自由主義著眼。

參考書目

中文書目

中國互聯網絡信息中心（2016 年 1 月）。「中國互聯網絡發展狀況統計報告」。北京市：中國互聯網絡信息中心。https://www.cnnic.net.cn/hlwfzyj/hlwxzbg/201601/P020160122469130059846.pdf。

中國報告大廳（2015 年 12 月 8 日）。〈2015 年廣電總局實施限外令　海外電視劇將延遲半年播出〉。北京市：中國報告大廳。http://big5.chinabgao.com/info/79505.html。

丹璐（2014 年 3 月 18 日）。〈突圍 OTT TV，廣電去哪兒？〉。《中國電子報》。取自 http://znzd.cena.com.cn/2014-03/18/content_218200.htm。

內政部戶政司（2018 年 4 月 10 日）。〈老年人口突破 14% 內政部：台灣正式邁入高齡社會〉。取自 https://www.moi.gov.tw/chi/chi_news/news_detail.aspx?type_code=02&sn=13723。

文崇一（1989）。《台灣的工業化與社會變遷》。台北：東大。

文崇一（1991）。〈台灣工業化與家庭關係的轉變〉。見喬健主編，《中國家庭及其社會變遷》。香港：香港中文大學社會科學院暨亞太研究所。

王石番（1991）。《傳播內容分析法》。台北：幼獅。

王志弘（2002）。〈自我的技術中介：網路空間、分身組態與記憶裝置〉。《資訊社會研究》，3: 1-24。

王秀燕（2002）。《國中生電腦網路沉迷現象之研究》。國立政治大學教育所碩士論文。

王貴珠（2006）。〈二十一世紀資訊科技對倫理價值的探討〉。《警學叢刊》，36(4): 325-336。

王毓莉（2014）。〈台灣新聞記者對「業配新聞」的馴服與抗拒〉。《新聞學研究》，119: 45-79。

王維鳴（2001）。《虛擬社群與虛擬經驗、網路練達性、產品知識與產品資訊搜尋成本對消費者認知風險影響之研究——以電腦遊戲軟體為例》。國立中央大學企業管理研究所碩士論文。

王澄華（2001）。《人格特質與網路人際互動對網路成癮的影響》。輔仁大學心理所碩士論文。

台灣網路資訊中心（TWNIC）（2019年1月10日）。「2018台灣網路報告」。取自 https://report.twnic.tw/2018/。

台灣數位媒體應用暨行銷協會（2018年6月20日）。〈2017數位廣告量調查報告出爐！全年達330.97億台幣〉。取自 http://www.dma.org.tw/newsPost/275。

石佳相、謝光正、黃耀德（2013）。〈有線電視數位匯流平台技術發展及規範〉。台北市：國家通訊傳播委員會委託研究報告。

立法院（2016年7月22日）。〈立法院第9屆1會期交通委員會第4次全體委員會議記錄〉。《立法院公報》，105(14): 73-128。

朱瑞玲（1993）。〈中國人的慈善觀念〉。《中央研究院民族學研究所集刊》，75: 105-132。

朱瑞玲（1994）。《子女教養問題之變遷探討》。未發表之論文。

朱瑞玲、章英華（2001）。〈華人社會的家庭倫理與家人互動：文化及社會的變遷效果〉。發表於華人家庭動態資料庫學術研討會。台北市：中央研究院經濟研究所、國科會社會科學研究中心主辦，2001-07-27~2001-07-28。

行政院（2010）。《數位匯流方案（2010~2015年）》。台北市：行政院。

行政院主計總處（2014年10月）。《102年家庭收支調查報告》。台北市：行政院主計總處出版。

何于凡（2016）。《樂齡族生態旅遊互動體驗設計之研究——以杉林溪森林生態渡假園區為例》。國立雲林科技大學數位媒體設計系碩士論文。

何彥鋌（2018）。《影響觀眾於直播拍賣網站競標因素之研究》。大葉大學資訊管理系碩士班碩士論文。

何英煒（2016 年 9 月 27 日）。〈上半年網路廣告量超越電視〉。《中時電子報》，取自 http://www.chinatimes.com/newspapers/20160927000061-260202。

余富強、胡鵬輝（2018 年 7 月）。〈擬真、身體與情感：消費社會中的網絡直播探析〉。《中國青年研究》，13: 6-12, 32。南京：南京大學出版社。

利翠珊（1993）。〈已婚婦女代間互動與婚姻滿意度之關係〉。《輔仁學誌》，27: 81-98。

吳仁捷（2017 年 5 月 9 日）。〈喇舌女學生家長怒提告 鄧佳華下跪道歉〉。《自由時報》，取自 https://news.ltn.com.tw/news/society/breakingnews/2062063。

吳明烈（2002）。〈全球數位落差的衝擊及終身學習因應策略〉。中華民國成人教育學會主編，《全球化與成人教育》，頁 301-329。台北：師大書苑。

吳明隆（2003）。《SPSS 統計應用學習實務》。台北市：知城數位。

吳建國（1981）。《家庭傳播形態與子女關心公共事務關聯性之研究》。國立政治大學新聞研究所碩士論文。

呂玉瑕（1983）。〈婦女就業與家庭角色、權力結構之關係〉。《中央研究院民族學研究所集刊》，56: 113-143。

李秀珠（2002）。《新傳播科技與媒體市場之經營管理》。台北市：廣電基金。

李治安（2006）。〈關於數位匯流的基本管制問題〉。《科技法學評論》，V3: 163。

李芝（2009）。《從商業倫理探討台灣媒體新聞倫理》。中央大學哲學研究所碩士論文。

李金泉（1993）。《SPSS/PC+實務與應用統計分析》。台北市：松岡電腦圖書公司。

李長晏（2009）。〈府際協力治理政策工具之設計與選擇〉。《府際與地方治理研習論壇月刊》，101: 27-29。

李長龍（1996）。〈數位電視的國際標準與現況〉。《電腦與通訊》，48: 3-15。

李傳偉（2013）。〈數位匯流時代下──兩岸新媒體發展現況、契機與挑戰〉。台北市：國家政策研究基金會研究報告。

李瞻（2009 年 6 月）。〈英美報業危機與社會責任論及新觀念之誕生〉。「政大機構典藏」。台北市：國立政治大學。

杜宗熹（2018 年 2 月 28 日）。〈國台辦今發布 31 項惠台措施　推大陸同等待遇〉。《聯合報》。取自 https://udn.com/news/story/6656/3004152。

周佑玲（2001）。《國小學童自我對話與自我概念之相關研究》。台南教育大學國民教育研究所碩士論文。

周昆逸（2004）。《3G 手機行動上網使用者創新採用研究──以台灣地區為例》。世新大學傳播研究所碩士論文。

周麗端、何慧敏（1998）。《我國中小學學生家庭價值觀及其影響因素之研究（II）》。台北：國科會。

林火旺（2006）。《道德──幸福的必要條件》。台北市：寶瓶文化。

林世欣（2000）。《國中生自我概念與同儕關係之研究》。國立屏東教育大學教育心理與輔導所碩士論文。

林如萍、張則凡、黃秋華、戴秉珊（2009）。「祖孫互動之現況全國民意調查」。教育部。

林宇玲（2015）。〈制度化公民新聞學的新聞品質與倫理問題之初探：以台灣四家線上新聞組織的公民平台為例〉。《傳播與社會學刊》，33: 189-223。

林行健（2018 年 2 月 2 日）。〈全球 40 億人上網　菲人最愛社群網站〉。《中央通訊社》。取自 https://www.cna.com.tw/news/ait/201802010398.aspx。

林志明譯（1997）。《物體系》。台北市：時報文化（原書 Baudrillard, J [1968]. *Le Système des Objets*. London, UK: Verso Books）。

林邦傑（1887）。〈從測驗的內部一致性看試題的鑑別度〉。《現代教育》，10(8): 67-74。

林怡廷（2018）。《消費者使用社群網路直播平台之動機與行為意圖之研究》。亞東技術學院行銷與流通管理碩士班碩士論文。

林俊孝（2015）。《大學生對網路影音新聞可信度之影響因素研究》。台北市：政治大學新聞所碩士論文。

林南（2007）。〈社會資本理論與研究簡介〉。《社會科學論叢》，1(1): 1-32。

林奕辰（2017）。《影響閱聽人觀看網路直播意圖之因素研究》。中原大學資訊管理所碩士論文。

林韋婕（2018）。《以劇場理論探討消費者參與直播拍賣意願之研究》。朝陽科

技大學休閒事業管理系碩士班碩士論文。

林照真（2005）。〈「置入性行銷」：新聞與廣告倫理的雙重崩壞〉。《中華傳播學刊》，8: 27-40。

林照真（2009）。《收視率新聞學：電視新聞商品化》。台北：聯經出版社。

林慧芬（2015）。〈企業倫理與企業社會責任意涵之探討〉。《社區發展季刊》，152: 39-68。

社區發展季刊社論（1995）。〈從社區發展的觀點，看社區、社區意識與社區文化〉。《社區發展季刊》，69: 1-4。

施玉鵬（2002）。《出生序、父母管教方式對國小高年級學生自我概念、同儕關係、社會興趣之關係研究》。台南教育大學輔導教學在職進修碩士論文。

柯志祥、張文德（2019）。〈擴增實境使用者操作介面研究——以銀髮族 3D 試戴系統為例〉。《資訊社會研究》，36: 151-188。

洪千涵（2019）。《高齡者學習智慧手機資訊素養探討》。國立政治大學傳播學院碩士學程論文。

洪若和（1995）。〈國小兒童自我概念之相關研究〉。《台東師院學報》，6: 91-134。

洪貞玲（2006）。〈誰的媒體？誰的言論自由？——解嚴後近用媒介權的發展〉。《台灣民主季刊》。台北：台灣民主基金會，3(4): 1-3。

科技報橘 TechOrange(2019 年 3 月 27 日)。〈Google 公布 2019 智慧台灣計畫〉。取自 https://buzzorange.com/techorange/2019/03/27/google-for-taiwan-03/。

胡幼慧（1988）。〈台灣地區婚姻別自殺死亡率之型態與趨勢分析〉。《中華心理衛生學刊》，4(1): 43-56。

胡佩蘭（2016）。《樂齡人工智慧服務平台策略》。國立政治大學經營管理碩士學程論文。

胡榮、王小章譯（1988）。《心靈、自我與社會——從社會主義者的觀點出發》。台北市：桂冠。

胡鵬輝、余富強（2018 年 7 月）。〈網絡主播與情感勞動：一項探索性研究〉。《中國青年研究》，頁 5-32。

倪瑞陽（2018）。《臉書直播文本與閱聽眾分析》。世新大學公共關係暨廣告所

碩士論文。

孫得雄（1991）。〈社會變遷中的中國家庭：以台灣為例〉。見喬健主編，
　　《中國家庭及其社會變遷》。香港：香港中文大學社會科學院暨亞太
　　研究所。

徐江敏、李姚軍譯（1992）。《日常生活中的自我表演》。台北市：桂冠。

徐宜君、呂美莉（2015 年 10 月 20 日）。「『2015 中國國際影視節目展』及
　　中國大陸影視產業發展趨勢參展報告」。台北市：文化部。

徐碧蓮（2017）。《樂齡主播營學員媒體近用實踐歷程之行動研究》。國立高雄
　　師範大學成人教育研究所碩士論文。

財團法人台灣網路資訊中心（2019）。「2019 年台灣網路報告」。台北市：財
　　團法人台灣網路資訊中心。https://report.twnic.tw/2019/assets/download/
　　TWNIC_TaiwanInternetReport_2019_CH.pdf。

財團法人資訊工業策進會（2013a）。《數位內容產業年鑑》。台北市：經濟部
　　工業局。

財團法人資訊工業策進會（2013b）。「通訊產業鏈整合與應用躍升推動計畫」。
　　專案計畫期末執行成果報告。台北市：經濟部工業局。

高詩怡（2017）。《網路直播：直播平台優勢、直播主吸引力、閱聽人個人動
　　機、以及黏著度》。中原大學資訊管理所碩士論文。

國家通訊傳播委員會（2015）。「104 年 6 月廣播電視事業許可家數」。台北
　　市：國家通訊傳播委員會統計資料。https://www.ncc.gov.tw/chinese/
　　news. aspx?site_content_sn=2028。

張元力（2005）。《虛擬社群之價值共創活動──以 BBS 社群為例》。國立政
　　治大學科技管理研究所碩士論文。

張宏文（2000）。《社會學》。台北市：商鼎文化。

張建一（2015）。「影視廣播產業趨勢研究產業調查報告──期中報告」。台北
　　市：文化部。

張慧心（1988）。《家庭傳播形態與青少年的政治知識與興趣之關聯性研
　　究》。國立政治大學新聞研究所碩士論文。

張簡郁庭（2017）。《臉書直播拍賣下標衝動意圖之研究》。中山大學資訊管理

所碩士論文。

教育部大學社會責任推動中心（2020）。「透過人文關懷 協助城鄉永續發展」。http://usr.moe.gov.tw/about-2.php。

曹文瑜、林政坤、楊惠貞（2009）。〈影響網路直播持續收看意圖相關因素之研究〉。《企業管理學報》，81: 107-129。

章英華（1993）。〈台北縣移入人口與都市發展〉。蕭新煌等編，《台北縣移入人口之研究》，頁53-78。台北縣：台北縣政府文化中心。

莊文忠（2016）。《非營利組織與公共傳播：理論與實證》。台北：雙葉書廊。

莊英章（1986）。《家族與婚姻：台灣北部兩個閩客村落之研究》。台北：中央研究院。

莊道明（1998）。〈從台灣學術網路使用者調查解析網路虛擬社群價值觀〉。《資訊傳播與圖書館學》，5(1): 52-61。

許超雲、石佳相、黃啟芳、陳建華（2009）。《數位新媒體於視訊平台技術發展及應用服務趨勢之研究》。台北市：國家通訊傳播委員會。

郭芝榕（2017年3月24日）。〈幫台灣換數位腦袋〉。《數位時代》。取自 https://www.bnext.com.tw/article/43737/legislative-yuan-digital-nation-congress-promote-by-legislator-yu-wan-ju。

郭為藩（1996）。《自我心理學》。台北：師大書苑。

郭貞（1994）。〈台灣地區民眾之消費動機與習性〉。《廣告學研究》，3: 93-113。

陳世敏（1989）。〈讀者投書：接近使用權的實踐〉。《新聞學研究》，41: 25-46。

陳其南（1985）。〈房與傳統中國家族制度——兼論西方人類學的中國家族研究〉。《漢學研究》，3(1): 127-184。

陳俍任（2009年11月26日）。〈看了動新聞 NCC 喊夭壽 彭芸：動新聞根本不叫新聞 官員暗示壹電視新聞台不會過了〉。《聯合報》，A2 版。

陳俐伶（1988）。《已婚職業婦女之角色期望、現代與傳統取向，與其角色衝突的關係之探討》。台北：國立台灣大學心理學研究所碩士論文。

陳思賢（1999）。〈近代自由主義政治的古典前驅：希臘化時代反城邦政治與自然法的興起〉。《政治科學論叢》，10: 195-226。

陳炳宏（2005）。〈探討廣告商介入電視新聞產製之新聞廣告化現象：兼論置

入性行銷與新聞專業自主〉。《中華傳播學刊》，8: 209-246。

陳英豪、汪榮才、李坤崇（1991）。〈國中學生學習適應及其相關因素之研究〉。《台南師院學報》，27: 75-94。

陳琇玲譯（2003）。《變革之舞》。台北市：天下雜誌。

陳媛嬿（1988）。《已婚職業婦女的家人關係之研究》。台北：中國文化大學家政研究所碩士論文。

凱絡媒體週報（2016年5月20日）。「新眼球爭奪戰開打，你對『網路直播』知多少？」。取自 https://www.inside.com.tw/article/6379-broadcasting-live-video-online。

彭賢恩、張郁敏（2008）。〈政治置入性新聞對新聞可信度之影響〉。《新聞學研究》，95: 55-110。

曾佩珊（2008）。《Blog 社群資訊尋求及知識分享行為影響因素》。台北：國立政治大學新聞所碩士論文。

曾淑芬、吳齊殷、黃冠穎、李孟壕（2002）。「台灣地區數位落差問題之研究」。行政院研究發展考核委員會委託之專題成果報告（報告編號：RDEC-RES-909-006）。

項國寧（2013）。「兩岸新聞與出版邁入新匯流時代」。10月26-27日發表於廣西。台北市：國家政策研究基金會研究報告。

馮建三（2012）。《傳媒公共性與市場》。台北：巨流。

黃光國（1995）。《知識與行動──中華文化傳統的社會心理學詮釋》，頁179-180。台北市：心理出版社。

黃拓榮（1997）。〈國中生父母管教方式、自我概念、失敗容忍力及偏差行為之關係〉。《教育資料文摘》，40(3): 113-134。

黃迺毓（1998）。《家政高等教育》。台北：五南。

黃彥瑜（1997）。《青少年學生對廣播媒介回饋型態研究》。台北：中國文化大學新聞研究所碩士論文。

黃偉誌（2017年8月9日）。〈社群媒體活躍用戶突破30億大關！而且沒有成長趨緩的跡象〉。《數位時代》。取自 https://www.bnext.com.tw/article/45730/social-media-mobile-phone-global- digital -statshot-internet。

黃淑玲（1995）。〈特種行業婦女的生活型態與自我概念〉。《思與言》，33(3): 161-198。

黃煜（2015）。〈傳播倫理的變化與挑戰〉。《傳播與社會學刊》，33: v-viii。

黃葳威（1997）。《走向電視觀眾：回饋理念與實證》。台北市：時英。

黃葳威（2002）。《聲音的所在》。台北市：道聲。

黃葳威（2004）。《閱聽人與媒體文化》。新北市：揚智。

黃葳威（2008）。《數位傳播與資訊文化》。新北市：威仕曼。

黃葳威（2012）。《數位時代資訊素養》。新北市：威仕曼。

黃葳威（2020）。〈台灣青少兒上網趨勢調查〉。發表於 2020 年 1 月 16 日「我的自拍生活」攝影比賽頒獎典禮。台北市：天母。

黃葳威（2014）。「103 年度網際網路內容防護機構計畫」。台北市：國家通訊傳播委員會。

黃葳威（2015a）。「104 年度網際網路內容防護機構計畫」。台北市：國家通訊傳播委員會。

黃葳威（2015b）。「104 年度網際網路內容防護機構計畫成果報告」。台北市：國家通訊傳播委員會。

黃葳威（2016a）。「104 及 105 年度網際網路內容防護機構計畫」。台北市：國家通訊傳播委員會。

黃葳威（2016b）。「iWIN 網際網路內容防護機構計畫三週年成果報告」。台北市：國家通訊傳播委員會。

黃葳威（2018a）。「2018 台灣青少兒上網安全長期觀察報告」。發表於 10 月 30 日白絲帶關懷協會，「慎 PO 照片，遠離剝削」記者會。台北市：立法院中興大樓 102 會議室。

黃葳威（2018b）。《數位時代網路治理》。新北市：揚智。

黃葳威（2019a）。〈台灣青少兒直播使用者自我形象分析〉。「2019 數位創世紀學術實務研討會」。台北市：國立師範大學博愛樓會議廳。

黃葳威（2019b）。〈社會傳播創新與發展〉。發表於「2019 媒介與生態環境研討會」（11 月 23 日）。新北市：輔仁大學傳播學院。

黃葳威（2020）。〈台灣青少兒消費形象與上網趨勢調查〉。《數位世代研究》。

http://www.cyberangel.org.tw/study/56-dg-study。

黃葳威、樊誌融（2004 年 7 月）。〈從跨組織模仿探析台灣廣播電台對數位化趨勢之因應〉。《廣播與電視》，13: 36-60。台北市：國立政治大學廣播電視學系編印。

楊以凡（2018）。《行動直播平台經營模式之研究》。國立政治大學科技管理與智慧財產研究所碩士論文。

楊志弘、莫季雍譯（1988）。《傳播模式》。台北市：正中。

楊國樞（1974）。〈小學與初中學生自我概念的發展及其相關因素〉。《中國兒童行為的發展》。台北：環宇出版社，頁 417 至 453。

楊靜俐、曾毅（2000）。〈台灣的家戶推計〉。《台灣社會學刊》，24: 239-279。

經濟部工業局（2011）。「陸三網融合營運商來台」。台北市：經濟部工業局，2011 兩岸廣電產業合作交流會新聞稿。

葉光輝（1992）。《孝道認知的類型、發展及其相關因素》。台北：國立台灣大學心理學研究所博士論文。

葉光輝（1997）。〈台灣民眾之孝道觀念的變遷情形〉。張苙雲、呂玉瑕、王甫昌主編，《九〇年代的台灣社會：社會變遷基本調查研究系列二（下）》，頁 170-214。台北：中央研究院社會學研究所。

葉奇鑫（2013）。「我國兒童及少年網路使用情形及上網安全防護措施」（國家通訊傳播委員會委託計畫）。台北市：國家通訊傳播委員會。

葉恆芬（2011 年 10 月 18 日）。〈中國大陸主要數位匯流服務分析──有線數位電視及 IPTV〉。「IEK 產業服務──產業情報網」。取自 https:// ieknet. iek.org.tw/iekrpt/rpt_more.aspx?rpt_idno=861275223。

詹火生（1989）。〈台北都會地區老人福利需求與家庭結構間關係之研究〉。伊慶春、朱瑞玲主編，《台灣社會現象的分析》，頁 57-87。

資通訊產業聯盟（2014 年 9 月 3 日）。〈我國匯流趨勢下的 OTT 政策、法規與重要議題〉。取自 http://www.fbblife.com/new/Preview.asp?id=1835。

廖學茹（2017 年 8 月 18 日）。〈「世大運」竹縣首日賽事插曲 選手遺失證、觀眾直播〉。《自由時報》。取自 https://sports.ltn.com.tw/news/breakingnews/2167489。

劉幼琍（2012）。《數位電視與新媒體平台政策白皮書》。台北市：國立政治大學頂尖大學研究子計畫「未來傳播權之實踐」。

劉成富、全志鋼譯（2008）。《消費社會》。南京市：南京大學出版社。

劉希望（2017）。《電視直播與網路直播持續使用行為之研究》。萬能科技大學資訊管理所在職專班碩士論文。

劉蕙苓（2005）。《新聞置入性行銷的危機：一個探索媒體「公共利益」的觀點》。《中華傳播學刊》，8: 179-207。

劉蕙苓（2008）。《探索廣告主導向新聞：置入性行銷對電視新聞常規與記者專業性的影響》。政治大學新聞研究所博士論文。

蔡廷軒（2018）。《直播內容與網路直播觀看意願之研究》。中國文化大學企業實務管理數位碩士在職專班碩士論文。

蔡明朗譯（2012）。〈何謂數位匯流？〉。台北市：行政院匯流專案小組。

蔡勇美、伊慶春（1997）。〈中國家庭價值觀的持續與改變：台灣的例子〉。《九〇年代的台灣社會：社會變遷基本調查研究系列二（下）》。台北：中央研究院社會學研究所。

蔡清華（2017 年 8 月 18 日）。〈限量龍眼蜜直播拍賣秒殺 2 分鐘清光 20 組〉。《自由時報》。取自 https://news.ltn.com.tw/news/life/breakingnews/2174126。

蔡琰（1995 年 7 月）。〈生態系統與控制理論在傳播研究之應用〉。《新聞學研究》，51: 163-185。

蔡琰、臧國仁（2008）。〈熟年世代網際網路之使用與老人自我形象與社會角色建構〉。《新聞學研究》，97: 1-43。

蔡琰、臧國仁（2013）。〈兒孫輩輔助家中長者學習電腦之研究〉。《興大人文學報》，51: 87-114。

蔡琰、臧國仁（2018）。〈爺爺奶奶部落格——對老人參與新科技傳播從事組織敘事之觀察〉。《中華傳播學刊》，18: 235-263。

鄭佳興（2017）。《臉書直播主的互動模式與印象管理之研究》。世新大學公共關係暨廣告所碩士論文。

鄭瑞城（1983）。《組織傳播》。台北市：三民。

鄭維婷（2018）。《台灣網路直播產業商業模式之研究》。國立台灣藝術大學廣

播電視系碩士班碩士論文。

盧祐德（2016）。《樂齡學習者的資訊素養與社交媒體使用行為研究》。南台科技大學資訊傳播系碩士論文。

蕭竣瑋（2018）。《線上直播拍賣關鍵成功因素之研究：以 Facebook 為例》。大葉大學資訊管理系碩士班碩士論文。

賴明弘、張峻維（2016 年 12 月）。〈網路影音直播平台的使用者行為探討：從知曉到持續使用〉。《中科大學報暨教育特刊》，3 (1): 31-48。

錢莉華（1988）。《家庭傳播型態與青少年傳播行為關聯性之研究》。台北市：政治大學新聞研究所碩士論文。

龍裕鴻（2016）。《我播故我在：網路影音直播主之對話性探討台灣網路直播產業商業模式之研究》。國立中山大學行銷傳播管理所碩士論文。

戴鑫譯（2007）。《傳媒的四種理論》。北京：中國人民大學出版社。

謝佳蓉（2016）。《直播電商對消費者購買決策流程之影響》。國立政治大學企業管理所碩士論文。

謝宗林、李華夏譯（2000）。《國富論》。台北市：先覺出版。

鍾思嘉、陳彰儀、黃葳威等（2005）。「教育部優質世界公民整合計畫」。台北市：教育部。

瞿海源（1991）。「台灣地區社會變遷基本調查計畫：第二期第一、二次調查計畫執行報告」。台北：中央研究院民族學研究所。

簡淑如、吳孟芸（2008）。〈網路強制分級之隱憂：我國網路內容管制政策之探討與建議〉。《廣播與電視》，28: 161-194。

羅文婉（2018）。《探討網路直播對消費者購買意願之影響：信任的角色及前置因素》。銘傳大學國際企業系碩士在職專班碩士論文。

羅文輝（2015）。〈數位時代的傳播倫理〉。《傳播與社會學刊》，33: 45-47。

羅文輝、劉蕙苓（2006）。〈置入性行銷對新聞記者的影響〉。《新聞學研究》，89: 81-125。

羅世宏譯（1992）。《傳播理論——起源、方法與應用》。台北：五南（原著 Werner J. Severin & James W. Tankard, Jr.. *Communication Theories-Origins, Methods, and Uses in the Mass Media*）。

羅紀瓊（1987）。〈近十年來台灣地區老人家庭結構變遷的研究〉。《台灣經濟研究》，18: 83-107。

羅珮婷（2018）。《樂齡族行動載具課程教學之個案研究》。國立台北教育大學課程與教學研究所學位論文。

蘇文彬（2011 年 7 月 20 日）。〈壹電視新聞台獲 NCC 通過拿到頻道執照〉。《IT之家》。取自 http://www.ithome.com.tw/node/68774。

蘇龍麒（2016 年 6 月 12 日）。〈洪素珠事件，段宜昌要公廣集團承認責任〉。《中央社》。取自 http://www.cna.com.tw/news/aipl/201606120083-1.aspx。

蘇鑰機（1997）。〈完全市場導向新聞學：《蘋果日報》個案研究〉。《大眾傳播與市場經濟》，頁 215-223。香港：鑪峰學會出版。

龔雋幃（2020）。〈你幸福嗎？台灣家庭滿意度研究：婚姻效能最關鍵〉。《研之有物》。取自 http://research.sinica.edu.tw/family-efficacy-belief-marriage/。

英文書目

Adler, P. S. & Kwon, S. W. (2000). Social Capital: The Good, the Bad, and the Ugly. In E. L. Lesser (ed.), *Knowledge and Social Capital*. Oxford, UK: Butterworth-Heinemann.

Albarran, A. B. (2013). *The Social Media Industries*, London: Routledge.

Andreasen, A. R. (1994). Social marketing: Its definition and domain. *Journal of Public Policy and Marketing, 13*(1), 108-114.

Armstrong, A. G. & Hagel, J. (1997). *Net Gain: Expanding Markets Through Virtual Communities.* Cambridge, MA: Harvard Business school Press.

Bakhtin, M. M. (1984). *The Dialogic Imagination: Four Essays* (M. Holquist, ed. & trans.). Austin, TX: University of Texas Press.

Barron, J. A. (1967). Access to the press - A new first amendment right. *Harvard Law Review,* 80: 1641-1678.

Barron, J. A. (2003). Rights of access and reply to the media in the United State today. *Communications and the Law,* 25(1): 1-13.

Belk, R. W. (1985, December). Materialism: trait aspects of living in the material world. *Journal of Consumer Research,* 12: 265-280.

Berelson, B. (1952). *Content Analysis in Communication Research.* New York, NY: Free Press.

Berger, J. (2014). Word of mouth and interpersonal communication: A review and directions for future research. *Journal of Consumer Psychology,* 24(4): 586607.

Beschorner, T. & Hajduk, T. (2017). Creating shared value. A fundamental critique. In J. Wieland (Ed.), *Creating Shared Value – Concepts, Experience, Criticism,* Cham, DE: Springer.

Beschorner, T. (2013). Creating shared value: The one-trick pony approach – a comment on Michael Porter and Mark Kramer. *Business Ethics Journal Review,* 1(17): 106-112.

Blank, G. & Dutton, W. H. (2012). Age and trust in the internet: The centrality of experience and attitudes toward technology in Britain. *Social Science Computer Review,* 30(2): 135-151. 342 L. RENELAND-FORSMAN

Bolter, J. D. & Grusin, R. (1999). *Remediation – Understanding New Media.* Cambridge, MA: The MIT Press.

Bourdieu, P. (1986). The forms of capital. In J. Richardson, *Handbook of Theory and Research for the Sociology of Education* (pp.241-258). Westport, CT: Greenwood.

Bozinis, A. I. (2007). Internet politics and digital divide issues: The rising of a new electronic aristocrats and electronic meticians. *Journal of Social Sciences,* 3(1): 24-26.

Briggs, X. S. (1997). Social capital and the cities：Advice to change agents. *National Civic Review,* 86(2): 111-118.

Bronfenbrenner, U. (1979). *The Ecology of Human Development.* Cambridge, MA: Harvard University Press.

Bründl, S. & Hess, T. (2016). Why do users broadcast? Examining individual motives and social capital on social live streaming platforms. Pacific Asia Conference on Information Systems (PACIS 2016). Chiayi, Taiwan.

Bründl, S., Matt, C. & Hess, T. (2017). Consumer use of social live streaming services: The influence of co-experience and effectance on enjoyment, In Proceedings of the 25th European Conference on Information Systems (ECIS), Guimarães, Portugal, June 5-10, 2017 (pp.1775-1791). ISBN 978-989-20-7655-3 Research Papers. Retrieved from http://aisel.aisnet.org/ecis2017_rp/114.

Burgoon, J. K., Norah, E. D. & Segrin, C. (2002). Nonverbal Influence. *The Persuasion Handbook: Developments in Theory and Practice,* pp. 445-473.

Burke, L. & Logsdon, J. M. (1996). How corporate social responsibility pays off. *Long Range Planning,* 29(4): 495-502.

Burt, R. S. (1992). *Structural Holes: The Social Structure of Competition.* Cambridge, MA: Harvard University Press.

Byrne, B. M. & Shavelson, R. J. (1987). Adolescent self-concept: Testing the assumption of equivalent structure across gender. *American Educational Research Journal*, 24(3): 365-385.

Carnes, P. J. (1989). *Contrary to Love: Helping the Sexual Addict.* MN: Hazelden.

Carroll, A. B. (1974). Corporate social responsibility: Its managerial impact and implications. *Journal of Business Research,* 2(1): 75-88.

Carroll, A. B. (1991). The pyramid of corporate social responsibility: Toward the moral management of organizational stakeholders. *Business Horizons,* 39-48.

Cash, T., Cash, D. & Butters, J. (1983). 'Mirror, mirror, on the wall… ?': Contrast effects and self-evaluations of physical attractiveness. *Personality and Social Psychology Bulletin*, 9(3): 351-358.

Chaffee, S. H. & Tims, A. R. (1976). Interpersonal factors in adolescent television use, *Journal of Social Issues*, 32(4): 98-115.

Chaffee, S. H., McLeod, S. M. & Atkin, C. K. (1971). Parental influences on adolescent media use. In Kline, F. G. & Clarke, P. (Eds.). *Mass Communications and Youth: Some Current Perspectives*. Berverly Hills, CA.: Sage Publication, pp.21-38.

Cheung, C. & Thadani, D. (2012). The impact of electronic word-of-mouth communication: A literature analysis and integrative model. *Decision Support Systems,* 54(1): 461-470.

Chu, G. C. & Chu, L. L. (1981). Parties in conflict: Letters to the editor of the people's daily. *Journal of Communication,* 30(4): 74-91.

Clough, J. R. (1979). Development of a self-concept scale for use in pre-school and primary school. (ERIC Document Reproduction Service No. ED188763).

Cohen, A. (1985). *The Symbolic Construction of Community*, New York, NY: Routledge.

Cohen, M. L. (1976). *House United, House Divided: The Chinese Family in Taiwan*. New York and London: Columbia University Press.

Coleman, J. S. (1988). Social capital in the creation of human capital. *American Journal of Sociology,* 94: 95-120.

Conrad, C. & Poole, M. S. (1998). *Strategic Organizational Communication: Into the 21st Century*. Harcourt Brace, Ft Worth, TX.

Crane, A., Palazzo, G., Pence, L. J. & Matten, D. (2014). Contesting the value of the shared value concept. *California Management Review,* 56(2): 130-153.

Crittenden, J. (1971). Democratic functions of the open mike forum. *Public Opinion Quarterly,* 35(2): 200-210.

Dahlsrud, A. (2008). How corporate responsibility is defined: An analysis of 37 definitions. *Corporate Social Responsibility and Environmental Management,* 15(1): 1-13.

Daniels, T. D. & Spiker, B. K. (1991). *Perspectives on Organizational Communication*, 2nd edition. Iowa: Wm. C. Brown Publishers.

Davis, K. (1973). The case for and against business assumption of social responsibilities. *Academy of Management Journal,* 312-317.

DeFleur, M. L. & Ball-Rokeach, S. (1982). *Theories of Mass Communication,* 4th edition. New York, NY: Longman.

Deuze, M. (2004). What is multimedia journalism? *Journalism Studies,* 5(2): 139-152.

Dickinson, A., Newell, A., Smith, M. & Hill, R. (2005). Introducing the internet for the over 60's: Developing an email system for older novice computers users. *Interacting with Computers,* 17(6): 621-642.

Dodson, K. J. (1996). Peak experiences and mountain biking: Incorporating the bike into the extended self. *Advances in Consumer Research.* 23: 317-322.

Donath, J. & Boyd, D. (2004). Public displays of connection. *BT Technology Journal,* 22(4): 71-82.

Ellison, Nicole B., Charles Steinfield & Cliff Lampe (2007). The benefits of Facebook friends: "Social capital and college students" use of online social network sites. *Journal of Computer-Mediated Communication*, 12(4): article 1. Retrieved from http://jcmc.indiana.edu/vol12/issue4/ellison.html.

Epstein, M. J. & Roy, M. J. (2001). Sustainability in action: Identifying and measuring the key performance drivers. *Long Range Planning,* 34(5): 585-604.

Epstude, K. & Mussweiler, T. (2009). What you feel is how you compare: How comparisons influence the social induction of affect. *Emotion*, 9(1): 1-14.

EU-USR (2018). Social responsibility of universities in Europe and development of a community reference framework. Retrieved from http://www.eu-usr.eu/wp-content/uploads/2014/05/2013_EU-USR_e-leaflet.pdf.

Eynon, R. & Helsper, E. (2015). Family dynamics and internet use in Britain: What role do children play in adults' engagement with the internet? *Information, Communication & Society,* 18(2): 156-171.

Eynon, R. & Malmberg, L. E. (2011). A typology of young people's internet use: Implications for education. *Computers & Education,* 56: 585-595.

Felt, U. (2003). University autonomy in Europe: Changing paradigms in higher education policy. Proceedings of the Seminar of the Magna Charta Observatory 17 September 2002. *Managing University Autonomy: Collective Decision Making and Human Resources Policy* (pp.13-16). Bologna, IT: Bononia University Press.

Ferlie, E., Musselin, C. & Andresani, G. (2008). The steering of higher education systems: A public management perspective. *Higher Education,* 56: 325-348. 10.1007/s10734-008-9125-5.

Fernandez, W. (2016). Keynote Address by Mr Ong Ye Kung, Acting Minister for Education (Higher Education and Skills), at the Straits Times Education Forum at Singapore Management University. Retrieved from https://www. moe.gov.sg/news/speeches/keynote-address-by-mr-ong-ye-kung--acting-minister-for-education-higher-education-and-skills--at-the-straits-times-educa tion-forum-at-singapore-management-university.

Ferrell, O. C., Fraedrich, J. & Ferrell, L. (2009). *Business Ethics, Decision Making and Cases.* Boston, MA: South-Western Cengage Learning.

Field, J. (2003). Civic engagement and lifelong learning: survey findingson social capital and attitudes towards learning. *Studies in the Education of Adults*, 35(2): 142-156.

Findahl, O. (2012). De som står utanför: En rapport om digital delaktighet. Retrieved from https://dokodoc.com/desom-str-utanfr-en-rapport-om-digital-delaktighet-av-olle-.html.

Findahl, O. (2017). Swedes and the internet. Retrieved from http://www. soi2017.se/the-swedes-and-the-internet-2017-summary/:http:// www.soi2017. se/the-swedes-and-the-internet-2017-summary/.

Fingarette, H. (2004). *Mapping Responsibility: Explorations in Mind, Law, Myth, and Culture*. Chicago, IL: Open Court.

Flathman, R. (1988). *The Philosophy and Politics of Freedom* (pp.235-246). Chicago, IL: Chicago University Press.

Forsythe, S. A. (1950). An exploratory study of letters to the editor. *Public*

Opinion Quarterly, 14(1): 143-144.

Fox, K. F. A. & Kotler, P. (1980). The marketing of social causes: The first ten years. *Journal of Marketing,* 44(Fall): 24-33.

Friedman, M. (1962). *Capitalism and Freedom.* Chicago, IL: University of Chicago Press.

Friedman, M. (1970). The social responsibility is to increase its profits. *New York Times Magazine,* 32-34: 122-126.

Friemel, T. N. (2016). The digital divide has grown old: Determinants of a digital divide among seniors. *New Media & Society,* 18(2): 313-331.

Fukuyama, F. (1997). Social capital. *The Tanner Lectures on Human Value*, 19: 375-484.

Galston, William A. (1995). Two concepts of liberalism. *Ethics.* (105: 516-534). Chicago, IL: Chicago University Press.

Galvin, K. M. & Brommel, B. J. (2004). *Family Communication: Cohesion and Change.* New York, NY: Addison, Wesley, *Longman.*

Ganzeboom, H. B. & Flap, H. (1989). *New Social Movements and Value Change: Theoretical Developments and Empirical Analysis.* Amsterdam, NL: SISWO, 1989.

Girard, B. & Ó Siochrú, S. (Eds.). (2003). *Communicating in the Information Society* (pp.1-10). Geneva, CH: UNRISD.

Gisela Striker (1974). *Essays on Hellenistic Epistemology and Ethics* (pp.170-171). Cambridge, UK: Cambridge University Press.

Goffman, E. (1959). *The Presentation of Self in Everyday Life.* New York, NY: Doubleday Anchor Book.

Goldhaber, G. M. (1990). *Organizational Communication*, 5th edition. Dubuque, IA: Brown.

Gómez, L. L. (2006). Acción voluntaria y responsabilidad en Aristóteles. In Rodríguez, N. et al. (Ed.). *III Jornadas Filologicas Noel Olaya Perdomo* (pp.139-154.), Bogotá: Universidad Nacional de Colombia- Universidad delos Andes.

Goodwin, N. R. (2003). *Five Kinds of Capital: Useful Concepts For Sustainable Development*. Paper presented for the American Association of Legal Scholars Annual Meeting. Jan. 2003.

Gordon, R. (2003). The meanings and implications of convergence. In K. Kawamoto (Ed.). *Digital Journalism: Emerging Media and the Changing Horizons of Journalism* (pp. 57-73). Lanham, MD: Rowman & Littlefield.

Granovetter, M. S. (1973, May). The strength of weak ties. *American Journal of Sociology,* 78:1360-1380.

Grant, C. B. (2003). Destabilizing social communication theory. *Theory, Culture & Society* (SAGE, London, Thousand Oaks and New Delhi)*,* 20(6): 95-119.

Gross, D., Wanner, B., Hackenholt, A., Zawadzki, P. & Knautz, K. (2017). World of streaming. motivation and gratification on twitch. In G. Meiselwitz (Ed.), *Social Computing and Social Media*, 2017, Part I, LNCS 10282: 44-57.

Guilford, J. P. (1959). *Personality*. New York, NY: McGraw-Hill.

Guliani, L. K. & Rizwan, S. A. (2016). *Cooperate Social Responsibility in the Hospitality and Tourism Industry*. Business Science Conference: Hershey PA.

Habermas, J. (1996). *Between Facts and Norms: Contributions to a Discourse Theory of Law and Democracy, trans.* William Rehg. Cambridge, MA: MIT Press.

Hamilton, W. A., Garretson, O. & Kerne, A. (2014). Streaming on twitch: Fostering participatory communities of play within live mixed media. In Proceedings of the 32nd Annual ACM Conference on Human Factors in Computing System, 1315-1324. New York, NY: ACM Press.

Hanifan, L. J. (1916). The rural school community center. *Annals of the American Academy of Political and Social Science*, 67:130-138.

Harris, T. C. (1993). *Applied Organizational Communication: Perspectives, Principles, and Pragmatics*. Hillsdale, NJ: Lawrence Erlbaum Associates.

Hartman, L. P. & Werhane, P. H. (2013). Shared value as an incomplete mental model. *Business Ethics Journal Review,* 1(6): 36-43.

Harvard University (2015). Harvard University sustainability plan. December 24, 2020, Retrieved from https://green.harvard.edu/sites/green.harvard.edu/files/Harvard%20Sustainability%20Plan-Web.pdf.

Harvey, D. (2005). *A Brief History of Neoliberalism.* Oxford, UK: Oxford University Press.

Hastings, G. & Saren, M. (2003). The critical contribution of social marketing: theory and application. *Marketing Theory,* 3(3): 305-322.

Hawkins, R. L. & Maurer, K. (2010). Bonding, bridging and linking: How social capital operated in New Orleans following Hurricane Katrina. *British Journal of Social Work,* 40: 1777-1793.

Heinonen, K. (2011). Consumer activity in social media: Managerial approaches to consumers' social media behavior. *Journal of Consumer Behaviour,* 10(6): 356-364.

Helsper, E. & Reisdorf, B. (2013). A quantitative examination of explanations for reasons for internet nonuse. *Cyberpsychology, Behavior, and Social Networking,* 16(2): 94-99.

Heslin, P. A. & Ochoa, J. D. (2008). Understanding and developing strategic corporate responsibility. *Organizational Dynamics,* 37(2): 125-144.

Hess, R. & Handel, G. (1959). *Family Worlds.* Chicago, IL: University of Chicago Press.

Hocevar, S. P. & Bhambri, A. (1989). Corporate social performance: A model of assessment criteria. In J. E. Post (Ed.). *Research in Corporate Social Performance and Policy,* 11: 1-20. Greenwich, CT: JAI Press.

Horowitz, E. (1988). *How the Hebrew Language Grew* (pp.42-63). New York, NY: KTAV Publishing House.

Hovland, C. (1948). Social communication. *Proceedings of the American Philosophical Society,* 92(5): 371-375.

Huang, C. (2009, July). The changing role of the media in Taiwan's democratization process. Brookings Institute Center for Northeast Asian Policy Studies. Washington D. C. Retrieved from https://www.brookings.edu/research/the-changing-roles-of-media-in-taiwans-democratization-process/.

Huang, V. W. (2015, July). To be happy? Seeking for the social responsibility of internet platform providers. 2015 Annual Conference of International Mass Communication Research. Montreal, CAN.

Huang, W. (2006, June). The impacts of internet upon Chinese immigrants' family communication, paper presented at 56th Annual Conference of International Communication Association (ICA), Dresdon, DE: Maritim Hotel & Internationales Congress Center.

Huang, W. V. (2007, June). *Exploring the demand for DAB and self-image in Taiwan*. Pan-Pacific Conference XXIV, Digital Convergence.

Huitt, W. (2009). Self-concept and self-esteem. *Educational Psychology Interactive*. Valdosta, GA: Valdosta State University. Retrieved [2019/2/27], Retrieved from http://www.edpsycinteractive.org/topics/regsys/self.html.

Ineland, J., Molin, M. & Sauer, L. (2009). *Utvecklingsstörning, samhälle och välfärd*. Malmö: Gleerups.

Ito, M. (2003a). Mobiles and the appropriation of place. *Receiver Magazines*, URL (consulted 10 October 2003). Retrieved from http://www.receiver.vodafone. com/08/article.pdf/ 08_07.pdf.

Ito, M. (2003b). Mobile phones, Japanese youth and the replacement of social contact. Paper presented at *Front Stage-Back Stage: Mobile Communication and the Renegotiation of Social Sphere*. Grimstad, Norway, June.

Jahoda, M. (1959). Conformity and independence: A psychological analysis. *Human Relations*, 12(2): 99-120.

James, W. (2009). *The Principle of Psychology*. eBooks@Adelaide http://ebooks.adelaide.edu.au/j/james/william/principles/.

James, W. (2009). *The Principle of Psychology*. New York, NY: Henry Holt and Company.

Jan, M., Soomro, S. A. & Ahmad, N. (2017, August). Impact of social media on self-esteem. *European Scientific Journal*. 13(23): 1857-7881.

John, P. (2001). *Local Governance in Western European*. London, UK: Sage.

Johnston, G. & J. P. S. (2003). In search of social capital. *Policy and Politics*, 31(3): 321-34.

Jones, S. (1982). Social marketing-dimensions of power and politics. *European Journal of Marketing,* 16(6): 46-53.

Juhlin, O., Engström, A. & Reponen, E. (2010). Mobile broadcasting: The whats and hows of live video as a social medium. In Proceedings of Mobile HCI 2010 (pp.35-44). New York, NY: ACM Press.

Juriah, A. J. (2015). Combating child pornography in digital era: Is Malaysian Law adequate to meet the digital challenge? *Social Sciences and Humanities*. 23(S): 137-152.

Kantor, D. & Lehr, W. (1976). *Inside the Family*. San Francisco, CA: Jossey-Bass.

Kaplan, M. A. & Haenlein, M. (2010). Social media: Back to the roots and back to the future. Invited Comment on the Theme of the Special Issue. *Journal of Systems and Information Technology,* 14(2):101-104.

Karande, K., Zinkhan, G. M. & Lum, A. B. (1997). *Brand Personality and Self Ceonept: A Replication and Extension*. AMA Summer 1997 Conference, 165-171.

Karhulahti, V. (2016). Prank, troll, gross and gore: Performance issues in esport live-streaming. *International Journal of Gaming and Computer-mediated Simulation*, 8(4): 53-66.

Kates, M. (2008). The relationship between body image satisfaction, investment in physical appearance, life satisfaction, and physical attractiveness self-efficacy in adult women. *Dissertation Abstracts International,* 68: 7667.

Kearns, A. (2003). Social capital, regeneration and urban policy. In M. Raco and R. Imrie (Eds), *Urban Renaissance? New Labour, Community and Urban Policy* (pp.37-60). Bristol, HK: Policy Press.

Khanh, N. Q. (2011). Special message. 2nd Asia-Europe Education Workshop, 5-7 June 2011. Innsbruck, Austria.

Kong, N., Salzmann, O., Steger, U. & Lonescu-Somers, A. (2002). Moving business/industry towards sustainable consumption: The role of NGOs. *European Management Journal,* 20(2): 109-127.

Kooiman, J. (1993). *Modern Governance.* London, UK: Sage.

Kotler, P. & Keller, K. L. (2011). *Marketing Management* (14th ed.). New Jersey, NJ: Pearson College Div.

Kotler, P. & Levy, S. J. (1969). Broadening the concept of marketing. *Journal of Marketing,* 33: 10-15.

Kotler, P. & Zaltman, G. (1971). Social marketing: An approach to planned social change. *Journal of Marketing,* 35(3): 3-12.

Kotler, P. (1982). *Marketing for Nonprofit Organization*(2nd ed.). NJ: Prentice-Hall.

Kotler, P., Roberto, N. & Lee, E. (1989). *Social Marketing: Strategies for Changing Public Behavior.* The Free Press.

Kotler, P., Roberto, N. & Lee, N. (2002). *Social Marketing: Improving the Quality of Life.* 2nd edition. Sage Publications Inc., Thousand Oaks.

Kuo, C. (1989). An identitiy formation approach to teenage consumers' socially. In Schumann (eds). *Society and Consumer Psychology.* Knoxville, TN: The University of Tennessee Press.

Lang, O. (1964). *Chinese Family and Society.* New Haven, CT: Yale University Press.

Larmare, E. C. (1990). Political literalism. *Political Theory,* 18(3): 339-60.

Lasswell, H. D. (1948). The structure and function of communication in society. In L. Bryson (Ed.), *The Communication of Ideas: A Series of Addresses* (pp. 37-51). New York, NY: Institute for Religious and Social Studies.

Lavee, Y. & Olson. D. (1991). Family types and response to stress. *Journal of Marriage and the Family,* 53: 786-798.

Lecky, P. （1951）. *Self-Consistency： A Theory of Personality* (2nd ed.). Washington, US: Island Press.

Lissa, K. J. (1990). The stability of self-concept during adolescent and early adulthood: A six-year follow-up study. *The Journal of Social Psychology*, 2: 14-43.

Livingstone, S., van Couvering, E. & Thumin, N. (2009). Converging traditions of research on media and information literacies: Disciplinary, critial and methodological issues. In J. Coiro, M. Knobel, C. Lankshear & D. J. Leu (Eds.), Central issues in new literacies and new literacies. *Research Handbook of Research on New Literacies.* New York, NY: Routledge.

Loges, W. & Jung, J. (2001). Exploring the digital divide: Internet connectedness and age. *Communication Research,* 28(4): 536-562.

Lottridge, D., Bentley, F., Wheeler, M., Lee, J., Cheung, J., Ong, K. & Rowley, C., (2017). *Third-Wave Livestreaming: Teens' Long Form Selfie.* Proceedings of the 19th International Conference on Human-Computer Interaction with Mobile Devices and Services. MobileHCI 2017. 10.1145/3098279.3098540.

Luckmann, T. (1977). *Lebensweltliche Zeitkategorien, Zeitstrukturen des Alltags und der Ort des historischen Bewußtseins*. Stuttgart, DE: Reclam.

Mahiou, A. (2011). Declaration on the establishment of a new international economic order. United Nations Audiovisual Library of International Law, pp.1-6. Retrieved from http://legal.un.org/avl/pdf/ha/ga_3201/ga_3201_e.pdf.

Makgosa, R. & Mohube, K. (2007). Peer influence on young adults' products purchase decisions, *African Journal of Business Management*, 64-71.

Maletzke, G. (1963). *Psychologie der Massenkommunikation*. Humberg, DE: Verlag Hans Bredow-Institute.

Margolis, J. D. & Walsh, J. P. (2003). Misery loves companies: Rethinking social initiatives by business. *Administrative Science Quarterly,* 48(2): 268-305.

Matta, F. R. (1984). A social view of information. In G. Gerbner & M. Siefer (Eds.) *World Communication: A Handbook*, pp.63-38. New York, NY: Longman.

Mayton, D. M. II (1992). Spontaneous concern about nuclear war: Value priority differences among rural adolescents. (ERIC Document Reproduction Service No. ED 314 342).

McAdams, D. P. & Cox, K. S. (2010). Self and identity across the life span. In M. E. Lamb, A. M. Freund & R. M. Lerner (Eds.), *The Handbook of Life-Span,* 2: 158-207.

McKeon, R. (1957). The development and the significance of the concept of responsibility. *Revue Internationale de Philosophie*, 11(39): 3-32.

McLeod, J. M. & O'Keefe Jr, G. J. (1972). The socialiazation perspective and communication behavior. In F. G. Kline & P. J. Tichenor (Eds.). *Current Perspective in Mass Communication Research.* Berverly Hills, CA: Sage.

McMillan, D.W. & Chavis, D. M. (1986). Sense of community: A definition and theory. *American Journal of Community Psychology*, 14(1): 6-23.

McQuail, D. (2010). *Mass Communication Theory* (6th ed.). London, UK: Sage.

Mead, G. H. (1967). *Mind, Self, and Society from the Standpoint of a Social Behaviorist.* In C. W. Morris (eds. & intro.). Chicago, IL: University of Chicago Press.

Menon, V. (1986). Access to information and participation in communication as basic necessities for the communication structure of Asian societies. *Media Asia*, 13(2): 88-90.

Middleton, A., Murie, A. & Groves, R. (2005). Social capital and neighbourhoods that work. *Urban Studies*, 42(10): 1711-1738.

Minuchin, S. (1974). *Families and Family Therapy*. Cambrige, MA: Havard University Press.

Monge, R. H.(1975). Structure of the self-concept from adolescence through old age. *Experimental Aging Research*, 1:281-291.

Mudambi, S. M. & Schuff, D. (2010). What makes a helpful review? a study of customer reviews on Amazon. com. *Management Information System Quarterly,* 34(1): 185-200.

Nagy, J. & Robb, A. (2008). Can universities be good corporate citizens? *Critical Perspectives on Accounting,* 19(8): 1414-1430.

Naylor, R. W., Lamberton, C. P. & West, P. M. (2012). Beyond the "Like" button: The impact of mere virtual presence on brand evaluations and purchase intentions in social media settings. *Journal of Marketing,* 76(6): 105-120.

Netemeyer, R. G., Burton S. & Lichtenstein, D. R. (1995, March). Trait aspects of vanity: Measurement and relevance to consumer behavior. *Journal of Consumer Research*, 21(4): 612-626.

Newcomb, T. (1953). An approach to the study of communicative acts. *Psychological Review*, 60: 393-404.

Newman, L. & Dale A. (2005). The role of agency in sustainable local community development. *Local Environment*, 10(5): 477-486.

Nie, N. H. (2001). Sociability, interpersonal relations, and the Internet: Reconciling conflicting findings. *American Behavioral Scientist*, 45(3): 426-437.

Niehaves, B. & Plattfaut, R. (2014). Internet adoption by the elderly: Employing is technology acceptance theories for understanding the age-related digital divide. *European Journal of Information Systems,* 23: 708-726.

Nussbaum, M. C. (2011). *Creating Capabilities: The Human Development Approach.* Cambridge, MA: Belknap Press of Harvard University Press.

Olson, D. H. (1997). Family stress and coping: A multisystem perspective. In S. Dreman (Ed.), *The Family on the Threshold of the 21ˢᵗ Century* (pp.259-282). Mahwah, NJ: Erlbaum.

Olson, D. H., Russell, C. & Sprenkle, D. (Ed.) (1983). *Circumplex Model: Systematic Assessment and Treatment of Families.* New York, NY: Haworth Press.

Orlitzky, M., Schmidt, F. L. & Rynes, S. L. (2003). Corporate social and financial performance: A mete-alysis. *Organization Studies,* 24(3): 403-441.

Osborne, D. & Gaebler, T. (1992). *Reinventing Government: How the*

Entrepreneurial Spirit is Transforming the Public Sector. New York, NY: Addison-Wesley.

Patterson, C. H. (1961). The self in recent rogerian theory. *Journal of Individual Psychology,* 17: 5-11.

Perse, E. M. (1986). Soap opera viewing pattern of college students and cultivation. *Journal of Broadcasting and Electronic Media*, 30: 175-193.

Peter, J. & Valkenburg, P. (2006). Adolescents' internet use: Testing the 'disappearing digital divide' versus the emerging 'digital differentiation' approach. *Poetics,* 34: 293-305.

Pierce, M. (1997). Improving elementary students' motivation. （ERIC Document Reproduction Service No. ED 412 002）

Pistole, M. C. (1994). Adult attachment styles: Some thoughts on closeness-distance struggles. *Family Process*, 33(2): 147-159.

Porter, E. M. & Kramer, M. R. (2006). Strategy and society: The link between competitive advantage and corporate social responsibility. *Harvard Business Review, 84*(12): 4-17, 78-92.

Porter, M. (2017). *WOM Or eWOM, Is There A Difference? An Extension of the Social Communication Theory to Consumer Purchase Related Attitudes.* LSU Doctoral Dissertations, 4485. Retrieved from https://digitalcommons.lsu.edu/gradschool_dissertations/4485.

Porter, M. E. & Kramer, M. R. (2002). The competitive advantage of corporate philanthropy. *Harvard Business Review, 80*(12): 56-69.

Potter, W. J. (1993). Cultivation theory and research: A conceptual critique. *Human Communication Research*, 19: 564-601.

Preston, L. E. (Ed.) (1978). *Research in Corporate Social Performance and Policy* (Vol. 1). Greenwich, CT: JAI Press.

Purkey, W. (1988). *An Overview of Self-Concept Theory for Counselors.* ERIC Clearinghouse on Counseling and Personnel Services, Ann Arbor, Mich. (An ERIC/CAPS Digest: ED304630).

Purkey, W. W. & Schmidt, J. J. (1996). *Invitational Counseling: A Self-Concept Approach to Professional Practice*. Pacific Grove, CA: Brooks/Cole.

Putnam, R. D. (1993). *Making Democracy Work: Civic Traditions in Modern Italy*. Princeton, NJ: Princeton University Press.

Putnam, R. D. (2000). *Bowling Alone: The Collapse and Revival of American Community*. New York, NY: Simon & Schuster.

Queen, S. A. & Habenstein, R. W. (1967). *The Family in Various Cultures* (3rd ed). Philadelphia, PA: Lippincott.

Radcliffe, J. & Dent, M. (2005). From new public management to the new governance? *Policy & Politics,* 33: 617-622. 10.1332/030557305774329172.

Raimy, V. C. (1948). Self reference in counseling interviews. *Journal of Consulting Psychology*, 12(3): 153-163.

Records of the General Conference Nineteenth Session (1976). Resolutions, 26 October to 30 November at Nairobi, Vol. 1, United Nations Educational, Scientific and Cultural Organization. http://ulis2.unesco.org/images/0011/001140/114038EO.pdf.

Reneland-Forsman, L. (2018). 'Borrowed access' – the struggle of older persons for digital participation. *International Journal of Lifelong Education,* 37(3): 333-344, DOI: 10.1080/02601370.2018.1473516.

Richardson, M., Weaver, K. & Zorn, T. (2005). 'Getting on': Older New Zealanders' perceptions of computing. *New Media and Society*, 7(2): 54-70.

Rogers, E. M. (2003). *Diffusion and Innovation* (5th ed.). New York, NY: Free Press.

Rose, R. (1998). Getting things done in an anti-modern society：Social capital networks in Russia. *Social Capital Initiative Working Paper* (6:1-23). Washington, DC: The World Bank.

Rustagi, N. & Shrum, L. J. (2019). Undermining the restorative potential of compensatory consumption: A product's explicit identity connection impedes self-repair. *Journal of Consumer Research*, 46(1): 119-139.

Savirimuthu, J. (2012). *Online Child Safety: Law, Technology and Governance*, London, UK: Palgrave Macmillan.

Scheibe, S., Spieler, I. & Kuba, K. (2016). An older-age advantage? Emotion regulation and emotional experience after a day of work. *Work Aging Retirement*, 2(3): 307-320.

Scheidel, T. M. & Crowell, L. (1964). Idea development in small discussion groups. *The Quarterly Journal of Speech*, 50: 40-45.

Schiffman, L. G. & Kanuk, L. L. (2000). *Consumer Behavior* (7th ed.). Englewood Cliffs, NJ: Prentice-Hall.

Schiffman, L. G. & Kanuk, L. L. (2007). *Consumer Behavior* (9th ed.). Englewood Cliffs, NJ: Prentice-Hall.

Schiffman, L. G. & Kanuk L. L. (2007). *Consumer Behavior*. 7th edition. Upper Saddle River, NJ: Prentice Hall.

Schiller, H. I. (1974). Freedom from the "Free Flow". *Journal of Communication,* 24: 110, 112

Schramm, W. (1954). How communication works. In Schramm, W. (Ed.), *The Process and Effects of Mass Communication*. Urbana, IL: University of Illinois Press.

Seale, J. & Dutton, W. (2012). Empowering the digitally excluded: Learning initiatives for (in)visible groups. *Research in Learning Technology,* 20(20214).

Selwyn, N. (2006). Digital division or digital decision? A study of non-users and low-user of computers. *Poetics, 34*: 273-292.

Sethi, S. P. (1979). A conceptual framework for environmental analysis of social issues and evaluation of business response patterns. *Academy of Management Review,* 4(1): 63-74.

Shao, G. (2009). Understanding the appeal of user-generated media: A uses and gratification perspective. *Internet Research*, 19(1): 7-25.

Shawyun, T. (2011). From corporate social responsibility (CSR) to university social responsibility (USR). 2nd Asia-Europe Education Workshop, 5-7 June 2011, Innsbruck, Austria.

Silberman, M. (1979). Popular participation through communication. *Media Asia,* 6(2): 22-35.

Smeesters, D., Mussweiler, T. & Mandel, N. (2010). The effects of thin and heavy media images on overweight and underweight consumers: Social comparison processes and behavioral implications. *Journal of Consumer Reserach*, 36: 930-949.

Snijders, M. L. (1983). The right to communicate: The latest effort to put the media under control. *Gazette,* 31: 3-7.

Spielmann, N. & Richard, Marie-Odile (2013). How captive is your audience? Defining overall advertising involvement. *Journal of Business Research,* 66(4): 499-505.

Stanley, K. L. (2016). The moral meaning of recent revision to the SPJ code of ethics. *Journal of Media Ethics*, 31: 2-17.

Steinfield, C., Ellison, N. B. & Lampe, C. (2008). Social capital, self-esteem, and use of online social network sites: A longitudinal analysis. *Journal of Applied Developmental Psychology,* 29(6): 434-445.

Stephen, W. N. (1963). *The Family in Cross-Cultural Perspectives.* New York, NY: Holt, Rinehard, and Winston.

Stogdill, R. M. (1948). Personal factors associated with leadership: A survey of the literature. *Journal of Psychology*, 25: 35-71.

Suler, J. (1998). Adolescent in cyberspace. Retrieved [2002/8/25], from http://ride.edu./user/suler/psycyber/adoles.html.

Suler, J. (2000). Ident management in cyberspace. Retrieved [2002/8/25], from http://ride.edu./user/suler/psycyber/identity management.html.

Syvesten, J. (2000). Digital broadcasting the competitve challenge for telecos and cable companies. *Ovum Reports*. Australian Government: Department of Broadband, Communications & Digital Economy.

Talbot, L. & Walker R. (2007). Community perspectives on impact of policy change on linking social capital in a rural community. *Health and Place*, 13: 482-492.

Tang, J. C., Venolia, G. & Inkpen. K. M. (2016). Meerkat and Periscope: I Stream, You Stream, Apps Stream for Live Streams. In Proceedings of the 2016 CHI Conference on Human Factors in Computing Systems (CHI, 16). ACM, New York, NY, 4770-4780. DOI: https://doi.org/10.1145/2858036.2858374.

Tarrant, W. D. (1957). Who writes letters to the editor. *Journalism Quarterly,* 34: 501-502.

Thomas, V. & Olson, D. H. (1994). Circumplex model: Curvilinearity using clinical rating scale (CRS) and FACES III. *Family Journal, 2:* 36-44.

Timms, D., Ferlander, S. & Timms, L. (2001). Building communities: Online education and social capital. In A. Szucs, E. Wagner & C. Holmberg (ed.). *Learning Without Limits: Developing the Next Generation of Education* (pp.118-123). Proceedings of the EDEN 10th Anniversary Conference held in Stockholm, Sweden June 10-13, 2001. Budapest: EDEN.

Todd, R. J. (1999). Back to our beginnings: Information utilization, Bertram Brookes and the fundamental equation of information science. *Information Processing and Management,* 35: 851-870.

Tu, Wei-Ming. (1993). *Way, Learning, and Politics: Essays on the Confucian Intellectual.* Albany, NY: State University of New York Press.

Ullmann, A. (1985). Data in search of a theory: A critical examination of the relationships among social performance, social disclosure, and economic performance. *Academy of Management Review,* 10: 540-577.

van Deursen, A. & Helsper, E. (2015). A nuanced understanding of internet use and non- use amongst older adults. *European Journal of Communication,* 30(2): 171-187.

Vasilescu, R., Barna, C., Epure, M. & Baicu, C. (2010). Developing university social responsibility: A model for the challenges of the new civil society.

Procedia Social and Behavioural Sciences, 2: 4177-4182.

Vincent, R. (1997). The new world information and communication order in the context of the information super-hightway, in *Democratizing Communication? Comparative Perspectives on Information and Power* (pp.375-404), by M. Bailie & D. Winseck (Eds.). New Jersey: Hapmton Press.

Vukasovic, M. (2008). The integrity of higher education from essence to management. Proceedings of the Seminar of the Magna Charta Observatory, 10 September 2007. *The Management of University Integrity* (pp.23-26). Bologna, IT: Bononia University Press.

Wartick, S. L. & Cochran, P. L. (1985). The evolution of the corporate social performance model. *Academy of Management Review,* 10: 758-769.

Watkins, S. C. (2009). *The Young and the Digital: What Migration to Social-Network Sites, Games, and Anytime, Anywhere Media Means for Our Future.* Boston, MA: Beacon Press.

Weber, M. (2008). The business case for corporate social responsibility: A \company-level measurement for CSR. *European Management Journal,* 26: 247-261.

Weiss, B. (2016). The rise of social responsibility in higher education. University World News: the global window on higher education. Retrieved from Global Page. https://www.universityworldnews.com/post.php?story=20160811095808959

Westley, B. H. & MacLean, M. (1957). A conceptual model for mass communication research. *Journalism Quarterly*, 34: 31-38.

William, A. (2001). *Intergenerational Communication Across the Life Span.* Mahwah, NJ: Lawrence Erlbaum Associates, 2001.

Williams, D. (2006). On and off the net: scales for social capital in an online era. *Journal of Computer-Mediated Communication*, 11(2): 593-628.

Williams, G. (2004). Two approaches to moral responsibility Part I. *Journal of Philosophy*, 6: 1-8.

Wolfe, T. R. (1980). A new international information order: The developing world and the free flow of information controversy. *Syracuse Journal of International Law and Commerce,* 8(1), Art. 7: 249-264.

Wood, D. J. (1991). Corporate social performance revisited. *Academy of Management Review,* 16(4): 691-718.

Wu, H. D. & Lambert, A. (2016). Impediments to journalistic ethics: How Taiwan's media market obstructs news professional practice. *Journal of Media Ethics*, 31: 35-50.

Wunsch-Vincent, S. & Vickery, G. (2007). Directorate for science, technology and industry committee for information, computer and communication policy. The Committee for Information, Organisation for Economic Cooperation and Development. Retrieved from https://www.oecd.org/sti/ 38393115.pdf.

Zambelli, A. (2013). A history of media streaming and the future of connected TV. *The Guardian*. Retrieved from https://reurl.cc/lLGl79.

新聞傳播叢書

數位時代社會傳播

作　　者／黃葳威
出　版　者／揚智文化事業股份有限公司
發　行　人／葉忠賢
總　編　輯／閻富萍
地　　址／新北市深坑區北深路三段 258 號 8 樓
電　　話／02-8662-6826
傳　　真／02-2664-7633
網　　址／http://www.ycrc.com.tw
　E-mail　／service@ycrc.com.tw
　ISBN　／978-986-298-348-5
初版一刷／2020 年 7 月
定　　價／新台幣 350 元

國家圖書館出版品預行編目（CIP）資料

數位時代社會傳播 = Social communication in
digital genesis / 黃葳威著. -- 初版. -- 新北
市 : 揚智文化, 2020.07
　　面；　公分. --（新聞傳播叢書）

ISBN 978-986-298-348-5（平裝）

1.大眾傳播　2.數位媒體

541.83　　　　　　　　　　　109009642